편집부 통신

독자 여러분은 '여름' 하면 가장 먼저 떠오르는 키워드가 무엇인가요? 아마 휴가와 바다를 가장 많이 언급하실 것 같은데요. 무더운 날씨로 지친 몸과 마음을 달래고, 그동안 열심히 살아온 나를 위해 떠나는 휴가야말로 누구에게나 설레고 특별한 이벤트 중 하나죠. 올해는 사회적 거리두기가 완전 해제된 이후 처음 맞는 여름인 만큼 가족 또는 친구들과 함께 휴가계획을 세우시는 분들이 지난해보다 더 많을 것으로 예상되고 있습니다. 특히 전년과 비교해 유럽 등 장거리 해외여행도 크게 늘었지만, 최근까지 계속되고 있는 경기불황으로 비용부담이 상대적으로 적은 일본, 동남아 등 단거리 해외여행이나 국내여행을 선호하는 경향도 높다고 하는데요. 이를 반영한 듯 최근 각 지자체와 관광업계가 협력해 다양한 가격대와 프로그램으로 구성된 국내여행 패키지 상품을 내놓고 있습니다. 실제로 7월 초에 방송된 MBC 예능 <놀면 뭐하니?>에 당일치기 국내여행 패키지가 소개되면서 저렴한 가격내와 일찬 여행일정으로 주목을 받기도 했죠. 또 정부에서도 국내관광 활성화를 위해 교통·숙박·놀거리 등 여러 분야에 여행객들을 위한 혜택을 제공한다고 하니 관심이 있는 분들은 한 번 알아보시면 좋을 것 같네요. 여름의 뜨거운 열기가 여전히 우리를 괴롭히고 있지만, 휴가가 주는 잠깐의 여유를 느끼면서 에너지를 재충전하는 시간이 되셨으면 좋겠습니다.

발행일 ▮ 2023년 8월 5일　　발행인 ▮ 박영일　　책임편집 ▮ 이해욱　　편저 ▮ 시사상식연구소　　편집/기획 ▮ 김준일, 김은영, 이세경, 남민우, 김유진
표지디자인 ▮ 김지수　　내지디자인 ▮ 장성복, 채현주, 곽은슬, 윤준호　　동영상강의 ▮ 조한　　마케팅홍보 ▮ 오혁종　　창간호 ▮ 2006년 12월 28일
발행처 ▮ (주)시대고시기획　　등록번호 ▮ 제10-1521호　　주소 ▮ 서울시 마포구 큰우물로 75[도화동 538번지 성지B/D] 9F　　대표전화 ▮ 1600-3600
홈페이지 ▮ www.sdedu.co.kr　　인쇄 ▮ 미성아트

수습기간 Q&A

궁금해요!

기업에서는

신입·경력사원을 채용할 때 수습기간을 두는 경우가 많다.
흔히 수습기간은 기업이 신입사원의 업무능력을 체크하고
계속 사용할 것인지 여부를 따지는 기간이라고 알고 있지만,
수습사원도 엄연히 정식채용된 정규사원이다.
이번 호에서는 수습기간에 대한 자세한 사항과 함께
수습사원이 궁금해할 만한 이모저모를 알아보도록 하겠다.

Q1 수습기간이란?

▶ 수습기간은 정식으로 직원을 채용한 후 근로자의 직업능력을 양성하기 위한 교육기간이다. 그러나
근로현장에서는 근로자의 직업적성과 업무능력을 파악해 계속 사용할 것인지 파악하는 '시용'과
혼용하고 있는 실정이다.

▶ 기업에서는 수습기간이라고 표현해도 근로계약서상에 정식채용 전에 적성과 업무능력을 파악해
채용을 결정한다고 명시돼 있다면 '시용'이라고 봐야 한다.

수습기간은 왜 꼭 3개월일까? Q2

▶ 수습기간은 법적으로 명시돼 있지 않지만 기업들은 보통 3개월을 수습기간으로 둔다. 그 이유는
수습기간 동안의 임금과 해고 등에 관련된 법률이 3개월을 기준으로 하기 때문이다. 기업 입장에
서는 3개월을 중심으로 수습직원을 사용하는 것이 여러모로 편하다.

▶ 또한 수습기간은 엄연히 교육기간이므로 근로자의 입장을 생각했을 때 지나치게 오래 설정하는
것은 바람직하지 않다.

Q3. 수습기간을 연장할 수도 있을까?

▸ 근로자와 기업의 합의하에 연장이 가능하다. 그러나 기업이 근로자의 동의 없이 일방적으로 기존의 수습기간을 연장하는 것은 불가능하다. 임의로 연장한 수습기간이 근로계약서에 명시된 수습기간과 다르다면 근로기준법 위반이다.

▸ 수습기간이 근로계약서에 구체적으로 명시돼 있고, 수습기간이 만료됐을 때 연장에 대한 내용이 없는데도 임의로 회사가 수습기간을 연장한다면 인정될 수 없다.

Q4. 수습기간 급여는 어떻게 될까?

▸ 보통 수습기간에는 기업에서 정한 급여보다 적게 받는 경우가 많다. 최저임금을 기준으로 보면 수습 사원에게는 원래 최저임금과는 다른 최저임금액을 정해 지급할 수 있다. 수습기간이 6개월인 경우 3개월까지는 최저임금의 90%까지 감액할 수 있지만, 4개월 차부터는 반드시 최저임금 이상의 임금을 지급해야 한다.

▸ 수습사원에게 임금을 적게 주려면 1년 이상의 기간으로 근로계약을 체결한 경우여야 한다. 따라서 1년 미만의 기간 동안 고용했을 경우에는 감액할 수 없다.

Q5. 수습기간 동안 급여를 깎는 게 가능할까?

▸ 근로계약기간이 1년 미만인 단기근로계약의 경우에도 수습기간을 설정할 수 있다. 그러나 그 기간 동안 급여를 깎더라도 법에서 정한 최저임금 이상은 꼭 지급해야 한다.

▸ 만약 수습기간 동안 최저임금이 아닌, 회사가 정한 급여의 70%를 지급한다고 계약서에 명시돼 있다면 그 금액은 최저임금의 90% 이상이 돼야 한다.

Q6. 수습기간에도 휴가를 갈 수 있을까?

▸ 수습기간에는 연차휴가가 없다고 하는 기업이 때때로 있는데 거짓이다! 상시근로자 5인 이상의 사업장인 경우 수습이든 아니든 계속근로기간 1년 미만의 근로자라면 1개월 만근 시 1일의 연차휴가가 발생한다.

▸ 고로 상시근로자 5인 이상의 사업장임에도 수습이라는 이유로 연차휴가를 적용하지 않는다면 근로기준법 위반이다.

Q7. 수습기간에도 해고가 가능할까?

▸ 결론만 이야기하자면 해고는 가능하다. 근로기준법에 따르면 기업이 근로자를 해고할 때에는 30일 전에 예고해야 하며, 예고하지 않았을 경우 30일분의 통상임금을 지급해야 한다. 하지만 계속근로기간이 3개월 미만인 경우에는 3개월 내 근로자를 해고해도 통상임금을 지불하지 않아도 된다. 그러므로 3개월 미만 근로자는 즉시 해고가 가능하다.

▸ 그러나 3개월 미만인 근로자라도 기업이 일방적으로 해고하거나 정당성이 없는 경우 등 해고의 합리적인 이유가 없는 경우에는 부당해고로 인정된다.

공모전·대외활동·자격증 접수/모집 일정

08 August

SUN	MON	TUE	WED	THU	FRI	SAT
		1	2	3 대 경동시장 서포터즈 모집 접수 마감	4 공 카페봄봄 세컨드 브랜드 공모전 접수 마감	5 채 세종문화회관·포항시시설관리공단·영상물등급위원회 필기 실시
6 대 천원의 아침밥 서포터즈 모집 마감 채 한국문화재단 필기 실시	7	8 공 대한민국 편지쓰기 공모전 접수 마감	9 공 대한민국 정책기자단 BI·슬로건 공모전 접수 마감	10 대 파란천사 서포터즈 모집 마감 공 에너지·환경 탐구대회 접수 마감	11	12 채 한국도로공사·한국인터넷진흥원·한국중부발전 필기 실시 채 세무사 2차 실시
13 공 여수광양만공사 공 필기 실시 채 한국사능력검정시험 실시	14 공 대구 시그니처 디저트 공모전 접수 마감	15	16	17	18 공 학교안전 아이디어 공모전 접수 마감	19 채 그랜드코리아레저·한국보건산업진흥원·정부부처공단 필기 실시
20 채 KBS 한국어능력시험 실시	21 공 내가 만난 한글 사진·영상 공모전 접수 마감	22	23	24	25 공 맞춤복 문화 확산을 위한 사진·영상 공모전 접수 마감	26 채 한국산업기술시험원 필기 실시
27 공 문화콘텐츠 다양성 공모전 접수 마감	28 공 창의아이디어·발명 디자인 경진대회 접수 마감	29	30	31 대 국제애론봉사단 모집 마감 공 기술보증기금 혁신아이디어 공모전 접수 마감		

대외활동 Focus | 6일 마감

서포터즈모집
2023 청년이 바꾼다

천원의 아침밥 서포터즈

대학생들에게 아침밥 먹는 문화를 확산시키고, 쌀 중심의 식습관을 형성하도록 돕는 '천원의 아침밥' 사업이 대학생 서포터즈를 모집한다. 145개의 사업참여 대학 재학생을 대상으로 진행된다.

채용 Focus | 12일 실시

ex 한국도로공사

한국도로공사

고속도로의 운영과 보수·관리를 책임지는 한국도로공사에서 4급, 5급, 8급 신입 정규직 인원을 채용한다. 행정, 경영, 법률 등 다양한 직렬을 큰 규모로 채용하며 필기시험은 12일에 치러진다.

09 September

SUN	MON	TUE	WED	THU	FRI	SAT
					1 공 영향예보 활용 우수 사례·아이디어 공모전 접수 마감	2 자 기사·산업기사 필기 실시
3 대 이야기모바일 서포터즈 모집 마감 공 스포츠산업 창업 아이디어 공모전 접수 마감	4	5	6	7	8 공 순환경제 신사업 공모전 접수 마감 공 금융공모전 접수 마감	9 공 시티문화재단 청소년 빌보 공모전 접수 마감
10 공 해외로드 앱 로고 공모전 접수 마감 자 CS Leaders 관리사 실시	11	12	13 공 KYSFF 대한민국 청소년 스마트폰 영화제 접수 마감	14	15 공 청년이야기대상 접수 마감 공 ICT 표준 챌린저 공모전 접수 마감	16 재 공군 부사관후보생 모집 실시 자 한국실용글쓰기 실시 자 TESAT 실시
17 공 정부 공공기관 외국어 남용 이야기 공모전 접수 마감	18	19	20	21	22 공 K-Water 대국민 물 빅데이터 공모전 접수 마감	23 자 회계관리 1·2급, 재경관리사 실시 자 ERP 정보관리사 실시
24	25	26	27	28	29 공 경기도 지역사회 신규 서비스 아이디어 공모 접수 마감	30 공 우리 농산물 과채류 매력 알리기 콘텐츠 공모 접수 마감

공모전 Focus · 15일 마감

청년이야기대상

좋은생각사람들에서 만 18세~만 39세의 청년을 대상으로 생활수필을 공모한다. 젊은이들의 삶과 꿈을 응원하고자 마련된 이 공모전은 2016년부터 매년 가을 이어지고 있다.

자격시험 Focus · 16일 실시

한국실용글쓰기

국어사용능력을 바탕으로 국민의 직무능력 향상과 의사소통능력 증진을 목적으로 하는 국가공정 한국실용글쓰기 시험이 16일 실시된다. 경찰·소방공무원 응시 가산점을 받을 수 있다.

※ 일정은 향후 조율될 수 있습니다. 참고 뒤 상세일정은 관련 누리집에서 직접 확인해주세요.

대 대외활동 **재** 채용 **공** 공모전 **자** 자격증

2023
이슈&시사상식

VOL.197

CONTENTS

HOT
ISSUE

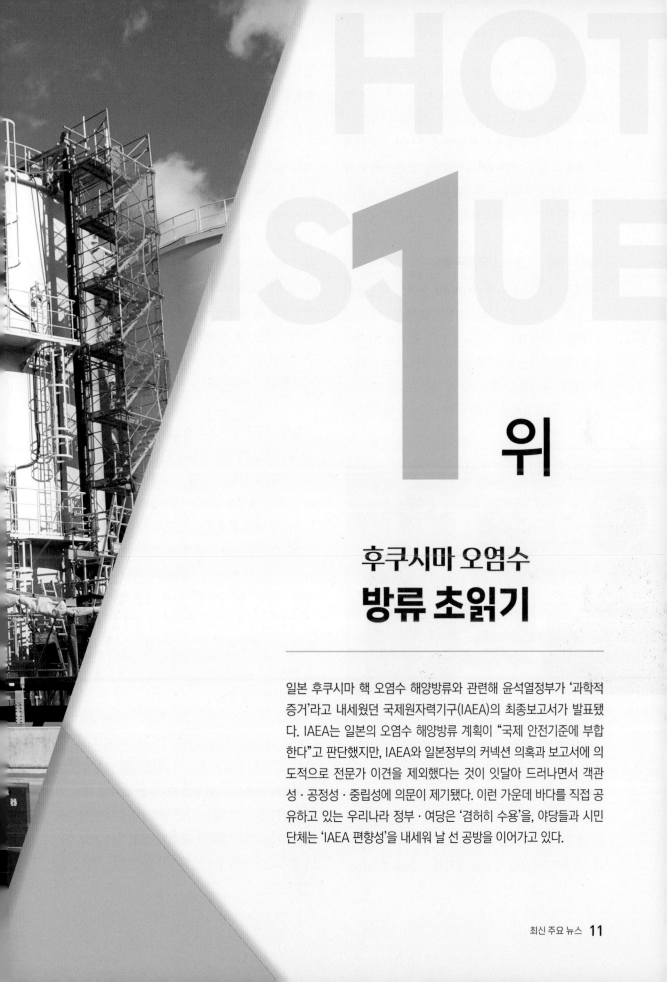

1위

후쿠시마 오염수
방류 초읽기

일본 후쿠시마 핵 오염수 해양방류와 관련해 윤석열정부가 '과학적 증거'라고 내세웠던 국제원자력기구(IAEA)의 최종보고서가 발표됐다. IAEA는 일본의 오염수 해양방류 계획이 "국제 안전기준에 부합한다"고 판단했지만, IAEA와 일본정부의 커넥션 의혹과 보고서에 의도적으로 전문가 이견을 제외했다는 것이 잇달아 드러나면서 객관성·공정성·중립성에 의문이 제기됐다. 이런 가운데 바다를 직접 공유하고 있는 우리나라 정부·여당은 '겸허히 수용'을, 야당들과 시민단체는 'IAEA 편향성'을 내세워 날 선 공방을 이어가고 있다.

6월 4일 일본 후쿠시마 핵 오염수의 해양방류에 대해 검증해온 국제원자력기구(IAEA)의 최종 종합보고서(Comprehensive Report)가 발표됐다. 보고서에는 일본정부와 후쿠시마 원전 운영사인 도쿄전력이 세운 오염수 방류계획과 관련해 "안전성에 문제가 없다"며 일본정부의 방류계획이 IAEA의 안전기준에 부합한다는 결론이 담겼다.

"영향 미미" … 그러나 책임은 회피

IAEA는 보고서에서 후쿠시마 핵 오염수 해양방류가 사람 및 환경에 미치는 영향에 대해 "극히 미미하다"라고 판단했고, 오염수가 한국 등 다른 나라에 미칠 영향에 대해서도 "무시할 수 있는 수준"이라고 평가했다. 라파엘 그로시 IAEA 사무총장은 이 같은 내용의 최종보고서를 기시다 후미오 일본 총리를 만나 직접 전달했다.

최종보고서를 주고받는 그로시 사무총장(왼쪽)과 기시다 총리

그로시 사무총장은 이날 일본기자클럽이 도쿄에서 주최한 기자회견에서 "2년간에 걸쳐 평가했다"며 "적합성은 확실하며 기술적 관점에서 신뢰할 수 있다"고 설명했다. 또한 이번 보고서가 과학적으로 답을 낸 것이며, 납득할 수 있는 접근법이라고도 말했다. 아울러 "방사성 물질을 제거하고 물을 희석하는

공정은 새롭지 않다"며 "일정한 양의 방사성 물질을 포함한 물을 방류하는 것은 한국, 중국, 미국, 프랑스 등 많은 나라에서도 이뤄지고 있다"고 설명했다.

그는 일본 주변 국가의 우려에 대해서는 "포괄적이고 중립적이며 과학적인 평가가 필요하고 그 점에서 자신 있다"며 "모든 사람의 목소리를 진지하게 받아들여 객관적인 답을 제공할 것"이라고 강조했다. 아울러 도쿄전력이 방사성 물질의 농도를 정확히 측정할 능력을 보유하고 있으며, 방류설비에는 문제가 발생했을 때 대응할 수 있는 긴급 차단밸브가 있다고 평가했다. 또 방류계획을 심사하는 일본 원자력규제위원회가 독립된 규제기관으로서 규제의 틀을 짜고 있다고 인정했다.

그로시 사무총장은 보도자료를 통해서도 "오늘 발표한 보고서는 우리의 검토과정에서 중요한 이정표이지만 우리의 임무는 이제 시작에 불과하다"면서 "모든 이해 관계자가 검증된 사실과 과학에 입각해 방류절차에 대해 이해할 수 있도록 국제사회에 투명성을 제공할 것"이라고 밝혔다. 이어 "우리의 안전성 검토는 방류단계에서도 계속될 것이고 지속해서 현장에 상주할 것"이라며 "웹사이트를 통해 방류시설에 대한 실시간 온라인 모니터링 내용을 공개할 계획"이라고 덧붙였다. 이와 관련해 그로시 사무총장은 IAEA가 향후 10여 년간 검증과 평가를 지속하고자 한다고 말했다.

그러나 최종보고서가 온라인에 전문이 공개되자 논란이 일었다. 보고서 서두에 "IAEA와 회원국은 이 보고서의 사용으로 발생할 수 있는 결과에 대해 어떠한 책임도 지지 않는다"고 밝히고, 오염수 방류는 어디까지나 일본정부가 결정한 방침이며 보고서는 이 방침을 추천하거나 지지하지 않는다고 책임을 회

피한 것이다. IAEA가 핵 오염수에 대한 안전성 검증은 생략한 채 일본의 핵 오염수 해양투기의 정당성에 힘을 실어주기 위한 용역보고서를 작성했다는 비판이 나오는 이유다.

도쿄전력 제공자료만 검토 … 알프스 내용은 없어

2021년 7월 IAEA는 해양방류를 결정한 일본의 요청을 받고 11개국 전문가들이 참여하는 태스크포스(TF)를 구성해 그동안 부문별 중간보고서를 냈으며, 이날 포괄적인 평가를 담은 종합보고서를 발표했다. 그런데 지난해 말 IAEA가 내놓은 후쿠시마 원전에 대한 4차 보고서에는 일본정부가 그동안 핵 오염수 방류를 합리화하는 데 주요근거로 제시했던 방사능 핵종 제거설비인 알프스(ALPS)와 관련해 도쿄전력이 준 자료를 검증했다는 내용이 포함돼 있었으나, 이는 도쿄전력과의 화상회의를 통해 도쿄전력의 설명을 대신 기술한 것에 불과했다. 그리고 이번 최종보고서에는 이마저도 빠졌다.

제한된 방사능 핵종도 문제로 지적됐다. 도쿄전력이 관리대상이라고 밝힌 핵종은 30개이지만, 이번 보고서에서 분석한 핵종은 9개뿐이다. 게다가 반감기가 짧은 핵종에 대해서는 추가적인 모니터링을 추천하지 않는다고 명시했다. 검증되지 않은 핵종이 얼마든지 있을 수 있다는 의미다. 도쿄전력에서 채취·제공한 시료에 대한 분석도 완벽하지 않다는 비판도 나온다. IAEA는 3차례 도쿄전력으로부터 시료를 제공받았지만, 이번 보고서는 2차, 3차를 제외한 최초에 받은 1차 시료의 결과만 담았기 때문이다.

보고서 발표 이전부터 IAEA의 최종보고서가 안전성 검증은 생략한 채 일본의 핵 오염수 해양방류의 정당성에 힘을 실어줄 것이라는 우려도 있었다. 이전 IAEA 사무총장이 오랫동안 일본인이었다는 점이나 일본인 직원이 많다는 점, 그리고 IAEA에 일본이 두세 번째로 많은 분담금을 내는 국가라는 점에서 IAEA가 사실상 일본에 불리한 결론을 내기 어렵다는 것이었다.

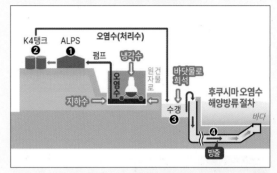

후쿠시마 오염수 해양방류 절차

자료 / 도쿄전력

실제로 일본 외무성이 발간하는 외교청서에 따르면 2015년도에 이미 일본의 분담률이 10%를 넘었고, 2020년도 한 해에만 약 63억엔(575억원)의 분담금을 냈다. 가장 많은 분담금을 내는 미국과의 분담금 합계는 IAEA 총분담금의 32.8%에 달한다. 여기에 미국이 핵 오염수 해양방류에 찬성해왔다는 점이나 그로시 사무총장이 차기 유엔(UN) 사무총장에 도전하려 한다는 점에서 이번 IAEA의 보고서가 과학적 검증보다는 정치적 편향에 더 무게가 실린 것 아니냐는 의문이 일본 내에서도 제기되고 있다. 도쿄신문도 7월 8일 기사에서 '일본정부가 IAEA에 거액의 분담금 등을 내왔다면서 IAEA가 공정한 제3의 기관이 될 수 있는지 의구심을 제기하는 시각이 있다'고 보도한 바 있다. 이에 일본정부는 회원국의 지불능력에 따라 분담금이 달라진 것뿐이라고 반박했다.

또한 IAEA는 원자력을 군사적인 목적으로 이용하는 것을 막고 평화적인 목적의 이용을 장려하기 위해 1957년 7월 29일에 설립된 독립기구다. ▲ 전 세계에 원자력의 평화적 이용을 위한 연구개발 실용화를 장려하고 이에 필요한 물자, 서비스 설비를 제공하고 ▲ 과학적·기술적인 정보교환을 촉진하며 ▲ 핵분열 물질이 군사적으로 사용되지 않도록 보장조치를 강구하는 것을 목표로 그동안 주로 핵의 군사 목적 사용을 감시하고 사찰하는 역할을 해왔다. 그러므로 환경이나 생태를 검증하는 데 있어서 태생적으로 한계가 있을 수밖에 없다. 무엇보다 일본정부의 핵 오염수 해양방류는 앞으로 전 세계에서 핵 오염물질을 물로 희석해 농도를 흐리게 낮추기만 하면 얼마든지 버릴 수 있다는 신호가 된다는 점에서 우려를 낳고 있다.

후쿠시마 오염수 방류 저지 한국-일본 YWCA 공동 기자회견

국내외 전문가들, "IAEA 보고서 신뢰할 수 없어"

국내 방사능 분야 전문가들도 IAEA의 최종보고서가 "과학적이지 않고 생태계의 복잡성을 고려하지 않았다"고 반박하고 나섰다. 일본 방사성 오염수 해양투기 저지 공동행동(공동행동)은 7월 6일 서울 중구 정동 프란치스코회관에서 기자간담회를 열고, IAEA가 '오염수 방류'로 사실상 결론을 내리고 최종보고서를 내놓은 것 아니냐고 꼬집었다.

서울대학교 물리학과 최무영 명예교수는 IAEA가 오염수가 바다로 방류된 후 생태계에 미칠 복잡한 영향을 고려하지 않은 채 오염수가 안전하다고 지나치게 낙관하고 있다고 비판했다. 최 교수는 "세슘, 삼중수소 등 핵종 하나하나 독립적으로 따져서 '안

전하다'고 말할 수 없고 복잡계(생태계)는 완벽하게 안정된 상태가 아니라서 외부의 어떤 건드림이 있게 되면 예상 못 한 결과가 나올 수 있기 때문에 통합적인 고찰이 필요하다"며 "이 보고서는 과학의 기본 전제들을 만족하지 못하고 있다"고 비판했다.

파이프를 통한 오염수 방류가 **런던협약*** 을 위반하지 않는다는 주장도 반박됐다. 서울대학교 보건대학원 백도명 명예교수는 "런던협약의 취지는 기본적으로 '공유지의 저주'를 막겠다는 것인데 파이프로 오염수를 방류한다고 해서 이를 막을 수 있을지 모르겠다"며 "눈 가리고 아웅 하자는 것이냐"고 반문했다.

런던협약

비행기나 선박에서 나오는 쓰레기 투기를 규제하기 위한 협약이다. 1972년 런던에서 체결돼 1975년에 발효됐으나, 방사성 물질의 해양투기가 문제가 되면서 1994년에 방사성 물질의 해양투기에 관한 개정안이 추가로 발효돼 1996년 '96 개정의정서'가 채택됐다. 협약체결국들은 개별적·집단적으로 해양생물을 보호하고 보존하며, 폐기물 또는 기타 물질을 바다에 투기하거나 소각하여 발생하는 오염을 제거해야 하는 의무가 있다.

이런 분위기를 진화하려는 듯 우리나라를 방문한 그로시 사무총장은 일본정부의 방류일정에 맞춰 발표된 것 아니냐는 의혹에 "일본이 언제 방류를 시작하고자 하는지 알지 못한다"며 "일본이 방류계획을 IAEA에 평가해달라고 한 것이 2021년인데, 그로부터 보고서가 나오기까지 2년이 걸렸고 이것은 매우 긴 시간"이라고 말했다. 그러면서 "한국은 북핵 개발과 관련해 최전선에 있는 나라로 후쿠시마보다 북핵문제를 더 걱정해야 한다"고 지적했다.

국내여론, 방류 "반대 85 vs 찬성 15"

IAEA 최종보고서가 공개된 후 정치권 공방은 더욱 거세졌다. 여당인 국민의힘은 "겸허히 받아들여야

한다"는 입장이다. 강민국 국민의힘 수석대변인은 IAEA 보고서 공개 직후 "11개 국가의 원자력 분야 최고 전문가로 구성된 IAEA TF가 거의 2년 동안 작업한 결과인 만큼 우리 역시 국제사회의 중추국가로서 결과를 겸허히 받아들여야 한다"고 논평하고, 더불어민주당을 향해서는 "국제사회가 철저한 검증을 통해 인정한 사안을 아무런 과학적 근거도 없이 정쟁을 위해 선전선동한다면 국제적 망신만 초래할 뿐"이라며 '괴담정치'를 그만하라고 비판했다.

또한 보고서 공개 이전부터 오염수 방류 문제로 어려움을 겪는 수산업자를 돕는다며 이어온 지도부의 '릴레이 횟집회식'으로 여론전을 펴고 있다. 횟집회식에는 한덕수 국무총리, 추경호 경제부총리 등 정부 관계자들도 동참했으며 윤석열 대통령의 부인 김건희 여사도 해산물 시식을 선보였다. 그런 중에 김영선·류성걸 국민의힘 의원은 릴레이 횟집회식을 위해 찾은 수산시장에서 '바닷물'을 강조하며 횟집 수조의 물을 떠먹어 비난을 사기도 했다.

횟집회식 중에 수조 물을 떠먹는 김선영 의원

반면 민주당, 정의당 등 야당은 보고서의 신뢰성을 집중적으로 문제 삼고 일본정부에 구상권을 청구할 수 있는 내용의 특별법을 발의하는 한편 정부를 향해 반대입장 표명을 촉구했다. 또한 7월 11일에는 일본을 찾아 일본 야당 의원들과 만나 '일본정부와 도쿄전력은 오염수 해양방류 계획을 중단하고 대안을 찾아야 한다'고 주장했다. 정청래 민주당 최고위원도 "국민의 85%가 원전 오염수 해양투기에 반대한다"며 "헌법정신을 강조한 대통령이 왜 일본 대변인 역할을 하느냐. 국민의 주권과 영토를 지키는 일이 대통령이 해야 할 첫 번째 책무"라고 강조했다.

국민의힘, 민주당, 민생당 출신 인사들도 초당적 국민대책위원회를 꾸리고 오염수 방류 반대를 주장하고 나섰다. 이들은 기자회견을 열고 "일본정부가 가장 값싸게 (오염수를) 처리하기 위해 선택한 것으로 볼 수밖에 없는 '해양투기'를 대한민국이 무슨 이유로 인정해야 하는가"라며 "윤석열 대통령과 정부·여당은 '해양투기'에 반대하는 민심에 따라 일본정부가 추진하는 핵 오염수 무단방출에 결사반대하라"고 촉구했다. 시민단체들과 일반시민들도 전국 각지에서 반대집회를 이어가고 있으며, 방류에 직접 피해자가 될 수 있는 어민, 해녀 등 수산업계 종사자들 또한 연달아 해상시위를 통해 정부에 '방류 철회 요구'를 촉구하고 있다.

그러나 정부는 각계의 우려를 '괴담', '가싸', '선동', '비과학적'이라며 비판하고, '대한민국 정부' 공식 유튜브 채널에 후쿠시마 오염수 방류가 우리나라에 위험하지 않다는 취지의 10억원짜리 유료광고를 하는 등 오염수 안정성을 적극 홍보하고 있다. 한편 북대서양조약기구 정상회의 참석차 리투아니아 방문 중 열린 한일정상회의에서 윤 대통령은 "방류 점검과정에 우리 전문가도 참여하도록 해달라"고 요구했으나 기시다 총리로부터 답변을 듣지 못했다. ◼

2위

공교육 정상화 vs 수험생 혼란
수능 '킬러문항' 배제

지난 6월 정부가 2024 대학수학능력시험(수능)에서 적정난이도 확보 및 공교육 정상화를 위해 초고난도 문항인 '킬러문항'을 배제하겠다는 입장을 밝힌 이후 교육현장에서는 혼란이 빚어졌다. 6월 모의평가가 이미 치러졌고, 수능을 불과 5개월 앞둔 상황에서 정부가 수능 출제와 관련해 이례적으로 강한 언급을 내놓으면서 입시에 어떤 영향이 있을지 불투명해진 탓이다. 특히 윤석열 대통령이 '교육과정 밖 수능 출제'를 질타하고 이를 사교육업체와의 '이권 카르텔'로 묘사한 데다 수능 출제기관인 한국교육과정평가원에 대한 감사까지 실시하겠다고 나서면서 파장이 커졌다.

[고3] 과정

최상위권 킬러분석

수준별 수능 완성과정

팀수업 / 개인수업
수준별맞춤 수업

교육부 "대학서 배워야 풀 수 있는 수준"

교육부는 갑작스러운 수능 출제문제 관련 발언으로 수험생들의 혼란이 커지는 것을 막기 위해 6월 26일 최근 3년간 수능과 올해 6월 한국교육과정평가원(평가원) 모의평가에서 출제된 문항 가운데 총 22개의 **킬러문항***을 가려냈다. 교육부는 고차원적인 접근방식, 추상적 개념 사용, 과도한 추론 필요 등을 이유로 이들 킬러문항을 골라냈다고 밝혔다.

킬러문항

상위권 수험생들의 변별력을 확보하기 위해 출제기관이 의도적으로 시험에 포함하는 초고난도 문제를 말한다. 대표적으로 정답률이 전체 수험생의 10%가 되지 않는 문제나 공교육 과정을 벗어난 문제 등이 있다. 최근 정부는 이러한 킬러문항이 학생들을 사교육으로 내모는 근본원인이라는 인식하에 '공정수능'을 기치로 내걸고 2024년도 수능부터 공교육 과정에서 다루지 않는 내용은 시험에서 배제하기로 했다.

교육부가 공개한 국·영·수 킬러문항 사례를 살펴보면 2021학년도 수능 1개, 2022학년도 수능 7개, 2023학년도 수능 7개, 2024학년도 6월 모의평가 7개 등 총 22개다. 영역별로는 국어 7개, 수학 9개, 영어 6개다. 교육부는 킬러문항을 '공교육 과정에서 다루지 않는 내용으로 사교육에서 문제 풀이기술을 익히고 반복적으로 훈련한 학생들에게 유리한 문항'으로 정의하고, 교육부와 현장교원 중심으로 점검팀을 구성해 킬러문항을 골라냈다고 설명했다.

사교육 경감대책을 발표하는 이주호 사회부총리

교육계에서는 킬러문항 배제방침 자체를 놓고서는 대체로 찬성하는 분위기다. 현 수능 출제구조상 최상위급 변별을 위해 출제가 불가피하지만, 대학전공자가 풀기에도 난해하다는 지적이 있기 때문이다. 그러나 이와는 별도로 이러한 내용을 발표한 시기가 적절하지 못했고, 킬러문항 선정기준이 모호해 공개된 문항들을 과연 킬러문항으로 볼 수 있을지 의문을 표했다. 또한 변별력 확보 방안을 교육부가 명확히 제시하지 못해 수험생들의 불안이 해소되지 않을 것이라는 지적도 나온다.

교육부는 킬러문항을 발표하면서 정답률 등 정량적인 지표는 참고로 활용했을 뿐이라며 공개하지 않았다. 킬러문항에 대한 교육부의 입장이 바뀐 이유에 대해서도 명쾌한 설명을 내놓지 못했다. 그간 교육부는 매번 수능 때마다 교육과정 내에서 출제했다고 설명해왔으며, 평가원은 2019학년도 수능부터 교육과정 안에서 어떤 성취기준을 충족해야 풀 수 있는지 개별문항의 출제근거를 공개해왔던 것도 무시했다. 2023학년도 수능 국어 17번처럼 EBS 교재에서 연계해 낸 문제의 경우 수험생들이 접해본 지문이라는 점에서 킬러문항 선정 자체가 납득되지 않는다는 지적도 있다.

킬러문항 빼고 EBS 연계체감도 높인다

평가원은 "수능은 학생들이 학교교육을 충실히 받고 EBS 연계교재와 강의로 보완하면 문제를 해결할 수 있도록 적정난이도를 갖춘 문항을 출제할 계획"이라고 밝혔다. EBS 수능 교재·강의와 수능 출제연계율은 영역·과목별 문항 수 기준으로 지난해와 같은 50% 수준을 유지한다. 다만 평가원은 EBS 연계교재에 포함된 도표나 그림, 지문 등 자료를 활용해 연계체감도를 높인다는 계획이다. 아울러 모든 영역을 2015 개정 교육과정 수준에 맞춰 출제하고, 수능이 끝난 후 문항별 성취기준 등 교육과정 내 출제근거도 공개하겠다는 방침이다.

11월 16일로 예정된 수능 시행계획은 지난해와 견줘 큰 변화가 없는 가운데 수험생들의 관심사는 당연히 올해 수능 난이도의 향방이다. 보통 평가원이 수능 전 시행하는 6월, 9월 두 차례 모의평가를 보고 당해 수능의 난이도를 짐작할 수 있는데, 올해는 6월 치러진 모의평가가 가늠자로서 기능하지 못하게 됐기 때문이다. 이에 입시전문가들은 9월 모의평가에 출제되는 문항유형을 수험생들이 면밀히 살펴봐야 한다고 조언한다. 임성호 종로학원 대표는 "수험생들은 EBS 연계가 상대적으로 수학, 영어보다 국어에서 크게 나타날 수 있다는 점을 참고해야 한다"며 "난이도에 대해 섣부른 예상은 하지 말고 9월 모의평가에서는 기본적으로 변별력 있는 문제가 출제된다는 점을 명심해야 할 것"이라고 말했다.

'카르텔 의혹' 대형학원에 칼끝 겨눈 정부

한편 정부가 대형 입시학원에 대해 세무조사에 나서는 등 압박의 수위를 높이는 가운데 교육부는 사교육 카르텔·부조리 신고센터에 접수된 사안들을 면밀히 들여다보기 위해 6월 26일부터 대형 입시전문학원 14곳에 대해 교육청과 현장 합동점검을 실시했다고 밝혔다. 교육부는 윤 대통령이 수능의 교육과정 밖 출제를 질타하면서 킬러문항 출제를 교육당국과 사교육업체와의 '이권 카르텔'로 지목하자마자 공정거래위원회, 경찰청 등 관계부처와 함께 6월 22일 사교육 카르텔·부조리 범정부 대응협의회를 구성했다. 협의회는 의심사례에 대해 7월 6일까지 집중신고 기간을 운영하고, 수능 출제위원 출신의 교사·교수를 영입해 모의고사 문제를 만들어 판매하는 행위, 학생·학부모의 불안감을 자극해 고액 사교육을 조장하는 허위 과장광고, 정해진 금액을 초과한 과다 교습비 징수 행위, 별도 교재비 청구 등 사교육현장의 부조리 신고를 받았다. 그 결과 2주간 총 325건의 신고가 접수됐다. 교육부는 합동점검 대상이 된 구체적인 학원의 명칭은 공개하지 않았으나 비슷한 시기에 비정기 세무조사를 받은 대형 입시학원이 대거 포함돼있을 것으로 교육계는 내다봤다. 앞서 국세청은 메가스터디, 시대인재, 종로학원, 유웨이 등 대형 입시학원과 일타강사들을 대상으로 특별 세무조사에 나선 바 있다.

집중신고 기간 운영결과를 발표하는 장상윤 교육부 차관

7월 3일 교육부는 집중신고 기간 동안 접수된 신고건 중 사교육업체와 수능 출제체제 간 유착의혹 2건을 경찰청에 수사의뢰하고, 입시결과를 과장 홍보하는 것으로 의심되는 입시 전문학원 등 10건을 공정위에 조사를 요청하기로 했다. 이어 7일에는 사교육업체와 수능 출제체제 간 유착이 의심되는 사안 2건을 추가로 경찰에 수사의뢰한다고 했지만, 구체적 내용은 밝히지 않았다. 다만 수능·모의평가 출제위원 출신 현직교사들을 조직적으로 관리하며 이들에게서 구매한 문항으로 교재를 만든 대형 입시학원 강사가 있는 것으로만 알려졌다. 교육부는 교재 끼워팔기 등 14건에 대해서도 공정거래위원회에 조사를 요청한다고 밝혔다. 또 일부 학원의 탈세의혹에 대해서는 국세청 등 유관기관에 정보를 공유한다는 방침이다. 시대

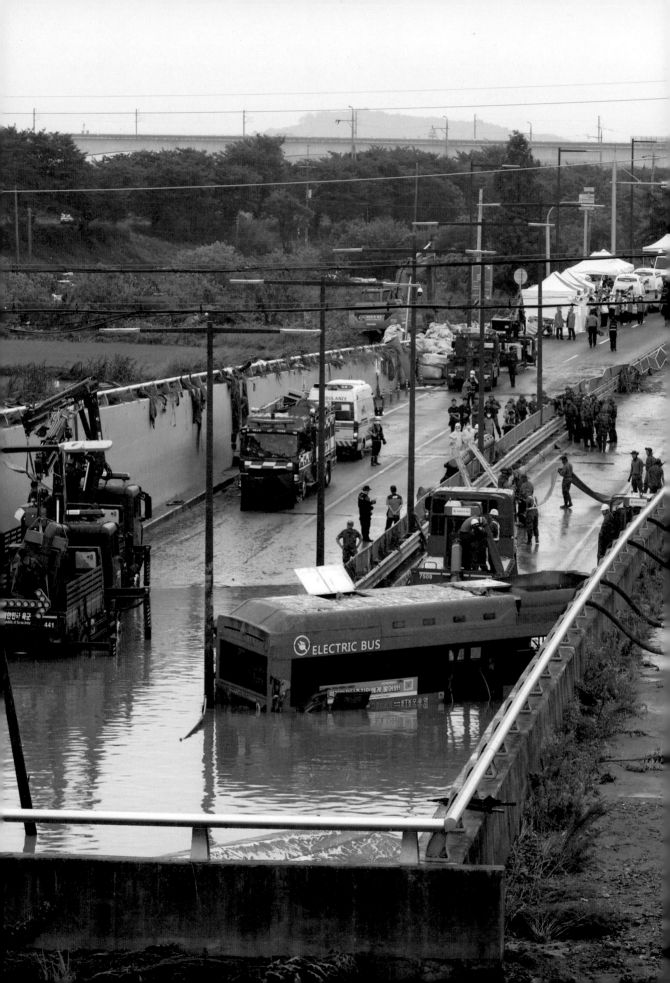

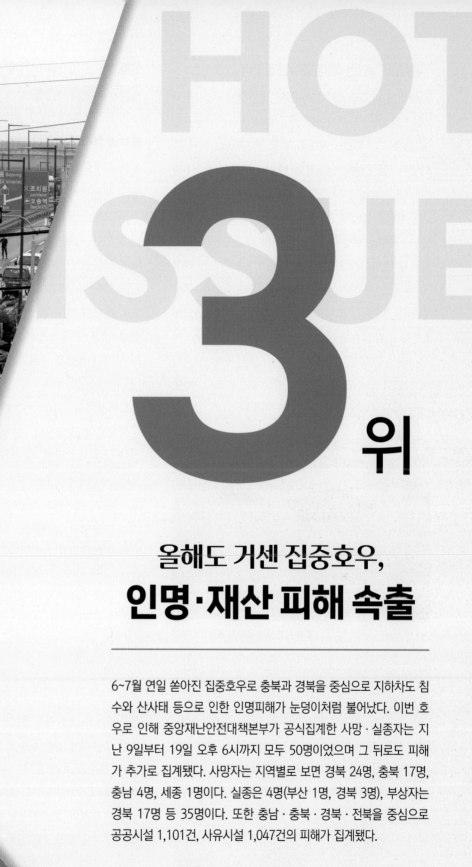

HOT ISSUE

3위

올해도 거센 집중호우,
인명·재산 피해 속출

6~7월 연일 쏟아진 집중호우로 충북과 경북을 중심으로 지하차도 침수와 산사태 등으로 인한 인명피해가 눈덩이처럼 불어났다. 이번 호우로 인해 중앙재난안전대책본부가 공식집계한 사망·실종자는 지난 9일부터 19일 오후 6시까지 모두 50명이었으며 그 뒤로도 피해가 추가로 집계됐다. 사망자는 지역별로 보면 경북 24명, 충북 17명, 충남 4명, 세종 1명이다. 실종은 4명(부산 1명, 경북 3명), 부상자는 경북 17명 등 35명이다. 또한 충남·충북·경북·전북을 중심으로 공공시설 1,101건, 사유시설 1,047건의 피해가 집계됐다.

'극한호우' 속 한꺼번에 쏟아진 장맛비

기상청에 따르면 6월 25~26일 장마철에 돌입한 뒤 7월 15일까지 중부지방에 평균 489.1mm, 남부지방에 평균 473.4mm, 제주에 평균 307.7mm 비가 쏟아졌다. 불과 3주 만에 평년(1991~2020년 평균) 장마철 강수량(중부 378.3mm·남부 341.1mm)보다 중부지방은 29.3%, 남부지방은 38.8% 많은 비가 내렸다. 제주는 평년치(348.7mm)의 88.2% 수준이다. 강수량뿐 아니라 짧은 시간 집중적으로 내리는 경향도 짙었다. 기상청은 시간당 강수량이 30mm 이상인 비를 '매우 강한 비'라고 표현하는데, 이를 넘어서 1시간 누적 강수량이 50mm 이상, 3시간 90mm 이상이면 '극한호우'라 부른다. 7월 14일 신안 임자도에 시간당 63mm, 전날 구례 성삼재에 57mm, 16일 신안 장산도에 55mm의 극한호우가 내렸다.

물에 잠긴 충남 공주시 공산성 만하루

전문가들은 실제 기후변화가 올여름 폭우에 영향을 끼쳤다고 분석한다. 예상욱 한양대 해양융합공학과 교수는 "지구가 더워지면 대기가 품을 수 있는 수증기의 양이 많아져 강한 비가 내리게 된다. 시베리아 지대가 따뜻해지면서 찬 공기가 우리나라 쪽으로 유입된 영향도 있다"고 말했다. 그러면서 "지구온도가 올라갈수록 앞으로 극한호우 발생빈도는 늘어날 것"이라고 내다봤다. 정기철 한국환경연구원 통합물관리연구실 부연구위원도 "우리나라의 경우 기후변화 영향으로 단기간의 국지적 집중호우가 발생해 홍수 피해규모가 커지고 있다"고 했다.

충북과 경북 중심으로 인명·재산피해 눈덩이

이틀 동안의 집중호우로 충북과 경북을 중심으로 인명과 재산피해도 잇따랐다. 특히 7월 15일 충북 청주시 오송읍 궁평2지하차도에서는 지나던 차량 17대가 인근 미호천의 제방이 유실돼 넘친 물이 들이닥쳐 갇히면서 많은 인명피해가 발생했다. 미호천교 인근 둑이 유실되면서 하천의 물이 삽시간에 지하차도로 쏟아져 들어왔고, 길이 430m의 지하차도 터널은 2~3분 만에 6만t(톤)의 물로 가득 차면서 16대의 차량이 현장을 빠져나오지 못했다.

사고현장에서는 16일 새벽부터 실종자를 찾기 위한 수색작업이 진행됐다. 중앙부에는 펄과 함께 물이 성인 남성 허리만큼 차 있어 수색이 어려웠다. 17일 오전까지 13구의 시신을 인양한 소방당국은 오후 8시 10분께 지하차도 인근 농경지에서 시신 1구를 추가로 수습했다. 신원확인 결과 실종신고된 12명 중 생사가 확인되지 않았던 마지막 1명인 것으로 나타났다. 이로써 사고 누적 사망자는 14명으로 늘었다. 이후 내부 수색작업은 종료됐으나 당국은 이날 마지막으로 수습된 희생자가 지하차도 밖 약 200m 떨어진 도로변 풀숲에서 발견된 점을 고려해 외부 하천변 등의 수색을 당분간 이어간다고 밝혔다.

경북에서는 산사태로 인한 피해가 속출했다. 15일 오전 영주시 풍기읍에서 산사태가 발생해 부녀가 숨지고, 예천군 효자면 백석리 마을에서 5명이 사망하는 등 최소 13명이 산사태로 숨진 것으로 집계됐다. 당국은 장비와 소방·경찰 인력 2,000여 명을 투입해 예천군을 중심으로 실종자 수색·구조 작업을 벌였다. 농작물·주택 침수피해도 심각했다. 전북에서는 농경지 1만 4,579ha가 물에 잠겼고, 전남·충남에서도 농지·시설물 침수피해가 이어졌다.

전국 폭우피해 현황

| 전국 | ●사망 46명 | ●부상 35명 | ●실종 4명 | 18일 오후 6시, 잠정 |

충북
●17명(오송 14명)
●14명(오송 10명)

경북
●24명(예천 14명)
●17명
●3명(예천)

경기
●1명

세종
●1명

충남
●4명
●2명

전남
●1명

부산
●1명

7월 15일 청주시 오송읍 궁평2지하차도 침수 참사발생 (침수차량 16대 확인)

자료 / 중앙재난안전대책본부

반복되는 인재, 방제 시스템 정비 시급해

지난해 8월 이례적인 집중호우로 많은 피해가 발생한 전례가 있고, 정부 역시 철저한 사전대비를 약속한 데다 올해도 비슷한 형태의 극한호우가 일찍이 예고됐는데도 참사를 막지 못했다는 섬에서 정부의 재난관리 허점이 또다시 지적됐다. 특히 오송 지하차도 침수사고의 경우 사고경위가 하나둘 드러나면서 결국 '인재'였다는 분석이 나왔다.

사고 당일 오전 4시 10분 미호천에 홍수경보가 내려졌고 오전 6시 30분에는 '심각수위'까지 도달해 금강홍수통제소가 청주시 관할 구청에 교통통제 등이 필요하다고 알린 것으로 전해졌다. 하지만 행정당국의 교통통제는 이뤄지지 않았다. 당시 찍힌 블랙박스 영상에는 지하차도로 물이 세차게 흘러 들어오는 와중에도 양방향으로 차량이 진출입하는 모습이 고스란히 담겼다. 차량통제만 제때 이뤄졌더라도 끔찍한 참사를 막을 수 있었다는 의미다.

전문가들은 **재난관리가 피해복구 중심으로 이뤄질 뿐 예방시스템은 잘 작동하지 않는 문제가 여전하다고 지적한다.** 이수곤 전 서울시립대 토목공학과 교수는 "우리는 지자체 재난관리기금의 30%는 예방에, 70%는 복구에 쓰는데 선진국은 70%를 예방에, 30%를 복구에 쓴다"고 말했다. 또한 통합적인 재난관리가 제대로 이뤄지지 않는 점도 문제로 짚었다. 이 교수는 "산사태의 경우 산림청과 행정안전부, 국토교통부 등 부처가 따로따로 관리한다"면서 "국무총리 산하에서 통합관리해야 한다"고 덧붙였다.

정부의 재난예방과 대응이 적절했는지를 놓고도 책임론이 나올 것으로 보인다. 지난해 지하주차장 인명사고 등 호우피해 이후 정부가 제도개선책을 내놨지만, 실행이 더디다는 지적도 나왔다. 제도가 없는 게 아니라 있는 제도를 운영하고 실행할 컨트롤타워가 제 역할을 수행하지 않는 것이 문제라는 것이다. 야권에서는 피해가 속출하는데 윤석열 대통령이 우크라이나 방문으로 유럽순방 일정을 연장해 귀국을 늦추는 바람에 '긴드롤타워 공백' 사태가 빚어졌다고도 비판했다. 이런 비판이 제기되는 가운데 정부에서는 대규모 수해가 발생한 곳을 **특별재난지역***으로 선포하기 위한 작업에 착수하고, 관련자 및 책임자를 엄정 조사·수사해 책임을 묻겠다고 밝혔다. 시대

특별재난지역

자연재난 등 심각한 재난발생으로 국가의 안녕 및 사회질서의 유지에 중대한 영향을 미치거나 피해를 효과적으로 수습하기 위해 특별한 조치가 필요할 때 대통령이 건의를 받아 선포한다. 특별재난지역으로 선포된 지역은 응급대책 및 재난구호와 복구에 필요한 행정·재정·금융·의료상의 지원을 국고에서 받게 된다.

4위

김건희 여사 일가 특혜의혹에 서울양평고속도로 계획 백지화?

야권과 시민단체가 제기한 윤석열 대통령 부인 김건희 여사 및 일가의 특혜의혹에 반발해 원희룡 국토교통부(국토부) 장관이 서울—양평고속도로 사업을 단독으로 전면 백지화를 선언하면서 최대 정국이슈로 떠올랐다.

원희룡 국토교통부 장관

타당성조사에서 예타 통과한 기존 종점 바뀌어

국토부는 6년 전부터 서울—양평고속도로 건설사업을 추진해왔다. 당초 경기 양평군은 2008년부터 이 도로를 민자사업으로 추진하려 했지만, 경제성이 떨어진다는 이유로 10년 가까이 미뤄졌다. 이후 2017년 1월 국토부가 발표한 제1차 고속도로 건설계획(2016~2020년 추진)에 반영되며 첫 단추를 끼웠다. 고속도로 개통으로 서울—양평의 차량 이동시간이 15분대로 대폭 줄어들 것으로 기대되는 가운데 2021년 4월에 경제성, 정책성 등 종합평가(AHP) 결과 0.508을 받아 **예비타당성조사***(예타)를 어렵게

통과했다. 이렇게 잠정 확정된 건설사업은 경기 하남시 감일동에서 양평군 양서면까지 27km를 잇는 왕복 4차로 도로로 계획됐고, 2025년 착공해 2031년 완공이 목표였다.

예비타당성조사

대규모 국가예산이 투입되는 사업에 대해 기획재정부에서 사업의 타당성을 객관적·중립적 기준에 따라 사전에 검증하는 제도다. 예산낭비와 사업부실화를 방지하고 재정운영의 효율성을 높이기 위해 1999년 도입됐다. 주관부처가 아닌 기획재정부가 '객관적인 기준'으로 '공정'하게 조사한다. 조사결과 타당성이 인정되는 경우에 한해 예산편성이 가능하다.

국토부는 2022년 3월 사업 타당성조사에 착수해 같은 해 7월부터 양평군, 하남시 등 관계기관과 구체적인 노선을 논의했다. 그런데 이 과정에서 예타를 통과한 노선 외 대안노선이 새로 제시됐다. 종점을 양평군 강상면으로 옮기고, 나들목(IC)을 1개 추가 설치하는 한편 도로길이도 2km 늘려 총 29km로 확장하는 방안이었다. 사업비는 1조 8,661억원으로 예타 통과 노선보다 1,000억원가량 늘어났다. 이는 2023년 5월 전략환경영향평가를 위한 노선안이 공개되면서 일반에 알려졌고, 이에 시민단체와 야권이 문제를 제기하면서 논란이 되기 시작했다. 새 종점인 강상면에서 500m 떨어진 곳에 김 여사 일가 소유의 토지가 있는데, 국토부가 이들에게 특혜를 주고자 노선변경을 시도했다는 것이 논란의 핵심이다.

이에 국토부는 자신들이 양평군에 먼저 대안노선을 제시하지 않았으며, 양평군이 먼저 제시한 3가지 대안 중 하나와 거의 동일했다고 설명했다. 또 이는 확정된 노선이 아니며 추후 주민설명회 등을 거쳐 최종결정할 계획이었다고 전했다. 또한 대안노선이 기존보다 하루 약 6,000대 많은 교통량을 감당할 수 있어 교통여건 개선효과가 더 크다고 해명했다.

서울-양평고속도로 사업 백지화

▶ 2017년 1월 제1차 고속도로 건설계획 반영
▶ 2021년 4월(기획재정부) 예비타당성조사 통과
▶ 2022년 3월(국토교통부) 타당성조사 착수
▶ 2023년 5월 전략환경영향평가 위한 노선 수정안 공개
▶ 7월 6일 국토교통부 해당 사업 전면 백지화 발표

자료 / 국토교통부

초유의 백지화 사태, 해명은 또 다른 의혹으로

그런데 사업비 상승, 상대적으로 많은 터널 필요에 따른 환경 파괴, 축구장 5개 크기의 김 여사 및 일가 토지의 불법적 형질변경에 대한 문제가 지속되자 원 장관은 '건설이 추진되더라도 민주당이 거짓선동으로 끊임없이 정치적 공세를 일으킬 것'이라며 백지화를 선언했다. 그러면서 자신이 "대안 종점 인근에 김 여사 일가 소유의 땅이 있음을 사전에 인지했다면 정치생명을 걸겠다"고 말했다. 이에 한준호 민주당 의원은 자신이 이미 작년 10월 6일 국정감사에서 원 장관에게 김 여사 일가의 양평 땅 개발 특혜의혹을 제기한 국정감사 영상을 언급하며 "당시 원 장관이 '확인해보겠다'고 답했다. 정치생명을 건다고 했으니 책임을 명백히 지라"고 맞받았다.

한편 국토부는 종점변경으로 김 여사 및 일가 땅값이 오를 것이라는 의혹에 "대안노선 종점에는 분기점(JCT)만 있고 고속도로 진출입은 불가능해 주변 지가상승에 영향을 끼치지 않는다"고 해명했다. 오히려 고속도로 인접지역은 IC 주변이 아니면 소음, 매연 때문에 선호하지 않는다는 것이다. 그러나 대안 종점에서 1km 정도만 내려가면 남양평IC가 있어 국토부 해명이 설득력이 떨어진다는 비판에 직면했다. 또한 정부·여당은 해당 땅이 김 여사 외가에서 물려받은 선산이라 개발 가능성이 없다고도 주장했다. 그러나 이미 김 여사 일가가 해당 땅을 2003년, 2008년 두 차례 '등록전환'하고 용도를 변경하는 '지목변경'까지 한 것으로 알려져, 해당 작업이 부동산개발을 위한 것이 아니었냐는 의혹도 불거졌다.

정치권에서는 이번 사태를 두고 치열한 공방이 벌어졌다. 민주당은 원 장관의 사업 백지화가 명백한 '직권남용'이라고 비판하며, 이번 의혹에 대해 당 진상규명 TF를 꾸리겠다고 했다. 또 백지화 취소를 요구하는 한편 의혹에 대한 국정조사를 검토하겠다고 밝혔다. 국민의힘은 사업 원안 종점이 민주당 소속 정동균 전 양평군수 일가 집성촌에 가깝다는 과거 언론보도를 내세우며 정치적으로 공세하고, "이번 거짓선동에 대한 야당의 사과 없이는 백지화를 철회하지 않겠다"고 맞섰다. 한편 국민의힘 소속 전진선 양평군수는 당직자들과 몇몇 양평 주민들과 함께 민주당 당사를 찾아 "고속노로 선설을 가로막는 현재의 모든 정치적 행위를 중단하라"고 촉구하기도 했다.

민주당 당사에 항의방문한 전진선 양평군수와 당직자들

5위

'유령영아' 수사 확대 …
출생통보제 국회 통과

2015년부터 작년까지 8년간 출산기록은 있으나 출생신고가 되지 않은 아동이 2,000여 명에 달하는 것으로 확인된 가운데 6월 22일 정부가 이들의 소재와 안전을 전수조사하겠다고 밝혔다.

미신고 아동 전수조사를 발표하는 이기일 보건복지부 1차관

미신고 아동 대상 … 복지부 비롯 관계기관 협조

이기일 보건복지부(복지부) 제1차관은 이날 정부서울청사에서 긴급브리핑을 열고 관계기관과 협의해 출생신고가 되지 않은 채 의료기관에서 발급한 임시 신생아번호만 있는 아동을 전수조사해 소재와 안전을 파악할 계획이라고 밝혔다. 전수조사 대상은 2015년부터 2022년까지 8년간 의료기관에서 태어난 신생아 중 주민등록번호를 받지 못하고 신생아번호만 존재하는 아동 2,123명이다. 임시 신생아번호는 의료기관에서 출생한 신생아에게 출생신고 전 예방접종을 위해 부여하는 7자리 번호다. 앞서 감사원은 복지부 정기감사 중 위기아동 실태조사 과정에서 신생아 B형간염 백신접종정보 등을 토대로 미신고 아동들을 파악해 이 중 1%인 23명에 대해 표본조사를 벌였다. 그 결과 최소 3명의 아동이 숨지고 1명은 유기가 의심되는 것으로 확인됐다.

이번 전수조사는 복지부와 질병청, 경찰, 지자체가 함께 진행했다. 지자체를 통해 아동 보호자에게 연락해 아동의 안전상태를 우선 확인하고, 아동의 안전이 확인되지 않은 때에는 경찰청 등 관련 기관과 협력해 필요한 조치를 하는 방식으로 이뤄졌다. 경찰청 국가수사본부(국수본)는 7월 7일 오후 5시까지 전국 시·도청에 '출생미신고 영아' 사건 1,069건이 접수돼 939건(사망 11건, 소재 불명 782건, 소재 확인 146건)을 수사 중이라고 10일 밝혔다. 또 전체 신고건 중 사망한 것으로 확인된 출생미신고 영아는 34명이다. 경찰은 여전히 생사파악이 되지 않는 아동을 중심으로 수사력을 집중하고 있다.

출생통보제 국회 통과 … 1년 후 시행

이처럼 출생신고가 안 된 영아가 살해·유기됐다는 것이 연달아 사실로 드러나면서 관련 법안 입법도 급물살을 탔다. 국회는 6월 30일 본회의를 열어 **출생통보제*** 도입을 위한 '가족관계등록 등에 관한 법률' 개정안을 의결, 재석 267명 중 찬성 266표, 기권 1표로 통과시켰다. 법안은 공포일로부터 1년 후 시행된다.

> **출생통보제**
>
> 의료기관이 출생정보를 건강보험심사평가원(심평원)을 통해 지자체에 통보하고, 지자체가 부모 대신 아동의 출생신고를 하도록 하는 제도다. 원래 부모에게만 있던 출생신고 의무를 의료기관에도 부과함으로써 부모가 고의로 출생신고를 누락하는 등의 '유령아동'이 생기지 않도록 하기 위한 조치다.

출생통보제가 도입되면 의료기관은 출생자 모친의 이름과 주민등록번호, 출생자의 성별과 출생연월일시 등을 진료기록부에 기재해야 한다. 의료기관장은 출생일로부터 14일 이내 심평원에 출생정보를 통보하고, 심평원은 곧바로 모친의 주소지 시·읍·면장에 이를 전달해야 한다. 시·읍·면장은 출생일로부터 한 달 이내 출생신고가 되지 않으면 모친 등 신고의무자에게 7일 이내에 출생신고를 하도록 통지하고, 이후에도 신고가 되지 않거나 신고의무자가 확인되지 않으면 법원허가를 받아 직권으로 출생신고를 할 수 있다. 다만 법안에는 의료기관에서 출생통보를 하지 않았을 경우 처벌조항은 별도로 적시되지 않았다.

출생통보제, 국회 본회의 통과

출생통보제 법안 통과로 출생 미신고 영유아 사고방지 입법의 또 다른 축인 '보호출산제' 도입 논의에도 속도가 붙을 전망이다. 국회 법제사법위원회 위원들은 전날 전체회의에서 여야 합의로 개정안을 의결하면서 법 시행 이전 보호출산제 도입을 위한 입법을 마무리 지어야 한다고 촉구했다. 보호출산제는 미혼모나 미성년사 임산부 등 사회·경제석 위기에 처한 산모가 신원을 숨기고 출산해도 정부가 아동의 출생신고를 할 수 있도록 하는 제도다. 여야 법사위원들은 출생통보제가 시행되면 병원 밖 출산이 늘어날 수 있어 두 제도를 동시에 도입해야 한다고 의견을 모았다.

그러나 보호출산제가 친부모에 대한 아동의 알권리를 침해할 수 있고, 국가가 산모가 익명으로 출산할 수밖에 없는 근본적인 문제를 해결하려고 하기보다는 아이 양육을 포기하는 손쉬운 선택을 하도록 유도한다는 비판에 직면하면서 찬반논쟁이 이어지고 있다. 또 아동의 권리도 중요하지만, 출산 사실을 알리고 싶어 하지 않는 여성의 상황도 고려해야 한다는 의견도 나온다. 이에 찬반 양측의 우려를 모두 담아 산모와 아이의 권리를 최대한 지키면서 부작용도 최소화할 절충안을 찾는 것이 입법과정에서 관건이 될 것으로 보인다. 보호출산제 도입을 위한 특별법은 현재 국회 보건복지위원회에 계류돼 있다.

자동차 개소세 인하 종료 … 결정 배경엔 '세수펑크'

지난 6월 정부가 자동차 개별소비세(개소세) 인하 조치를 5년 만에 종료하기로 결정했다. 이에 최근 초유의 세수부족 국면에서 그동안 한시적으로 부여한 각종 세제혜택을 원상복귀시키는 신호탄이 아니냐는 주장이 제기됐다.

세수부족으로 개소세 인하 종료 결정

개소세 인하 조치는 경기진작 차원에서 자동차 구입 시 최대 143만원의 세금부담을 덜어주던 세제지원이다. 6개월 단위로 일몰되는 조항이었지만, 2018년 7월 시행 이후 5년간 계속 연장되면서 사실상 상시지원으로 받아들였다. 세정당국은 원칙대로 매번 일몰 종료를 검토했으나 매번 거시경제정책이나 정무적 판단에 밀렸고, 이번에도 관행대로 연장을 예상하는 시각이 지배적이었다. 이런 상황에서 정부가 6월 말 개소세 인하 종료라는 특단의 조치를 빼 들자 그 배경에 관심이 쏠렸다. 정부는 최근 자동차 판매실적이 좋은 데다 그간 내수진작 대책으로 이어온 탄력세율을 종료할 때가 된 것이라고 공식적으로 설명했다.

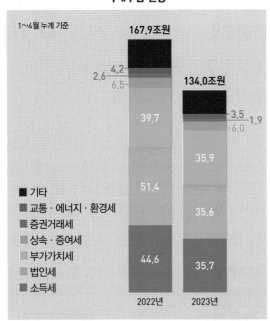

국세수입 현황

자료 / 기획재정부

복수의 재정당국 관계자들은 이런 결정의 주요 배경 중 하나로 **법인세 인하로 인한 세수부족 사태를 꼽고 있다. 4월 기준 이미 지난해 대비 덜 걷힌 세수가 33조 9,000억원에 달하는 등 올해 세수펑크 사태가 기정사실화**된 시점에서 반드시 필요하지 않은 세제지원 조치를 회수하기 시작했다는 것이다. 세제지원 조치의 종료는 곧 세수증대를 의미한다. 추가경정예산안 편성과 같이 쓸 수 있는 돈의 양을 물리적으로 늘리는 방안을 거부한다면 이런 유형의 세수증대나 체납세금에 대한 징수 강화 등 카드를 쓸 수밖에

없다. 그러나 재정당국의 설명에 따르면 개소세 인하 조치 종료에 따른 세수는 5,000억원 안팎에 그칠 전망이다. 개소세 인하 종료만으로 세수회복을 크게 기대할 수는 없다는 것이다.

종부세·유류세 관련 조치는 개별사안에 따라 결정

개소세 인하 종료 결정이 발표되면서 일각에서는 종합부동산세(종부세) 공정시장가액비율* 원상복귀(60→80%)나 유류세 인하 단계적 종료시기를 앞당길 수 있다고 전망했다. 그러나 정부는 종부세 공정시장비율이나 유류세 정상화는 개별사안에 따라 판단한다는 원론적인 입장을 내놨다. 공정시장비율 60% 인하는 정부가 법이 허용하는 한도 내에서 최대로 끌어내려 세 부담을 줄이기 위해 시행한 조치다. 하지만 **올해 공동주택 공시가가 18.6%나 낮아져 역대 최대폭의 하락치를 기록해 정부 안팎과 관련 업계에서는 올해 종부세가 작년(6조 8,000억원)보다 2조원 이상 줄어들 것**이라는 예측이 나오고 있다. 앞서 정부는 지난해 가을에 올해 예산안을 제출하면서 종부세제 개편 등 상황을 고려해 올해 종부세수가 1조원 이상 줄어들 것으로 관측한 바 있다. 그러나 발표된 공시가가 예상보다 더 큰 폭으로 하락하면서 올해 세입예산으로 전망한 5조 7,000억원을 달성하기 어려워졌다.

공정시장가액비율

세금부과기준인 과세표준을 결정하는 공시가격비율을 말한다. 주택가격의 시세와 지방재정 여건, 납세자의 납세 부담 등을 고려해 결정된다. 종부세는 개인별로 보유한 주택 공시가격에서 기본공제금액을 빼고 공정시장가액비율을 곱해 과세표준을 산출하기 때문에 이 비율이 올라갈수록 세 부담이 커진다.

여기에 정부가 현재 경기상황을 반영해 국민들의 세 부담을 줄이기 위해 종부세 공정시장가액비율을

80%로 원상복귀시키려던 계획을 철회하면서 세수 감소 요인으로 작용할 전망이다. 정부의 세입예산 편성 이후 추가된 공시가 하락분과 공정시장비율 상향계획 철회가 세수에 미치는 효과가 30%라면 올해 종부세수는 4조원대 후반이 된다. 정부는 종부세 공정시장비율을 60%로 그대로 유지해 보유세 부담을 2020년 수준으로 줄이겠다는 입장을 밝혔다. 당시 종부세수가 3조 6,000억원이던 것을 고려하면 세수가 작년 6조 8,000억원에서 거의 반 토막이 날 수도 있는 것이다. 유류세 인하 조치 연장 여부는 8월 말 종료시점에 결정한다. 7월 기준 휘발유 유류세는 25%, 경유와 LPG부탄 유류세는 37%를 인하하고 있다. 그러나 국제유가가 배럴당 70달러대 초반으로 상당 부분 정상을 찾았고, 유류세 인하 조치로 줄어든 세금(교통·에너지·환경세)은 작년 한 해만 5조 5,000억원에 달해 세수에 미치는 영향이 상당하다.

올해 1~5월 국세수입은 160조 2,000억원으로 지난해 같은 기간보다 36조원 4,000억 덜 걷혔고, 국세수입 예산 대비 진도율도 40%에 그친 상황이다. 정부가 관련 수치를 보유한 2000년 이후 가장 낮으며, 지난해 5월의 49.7%, 최근 5년 평균 5월 진도율 47.5%를 크게 밑도는 수준이다. 5월 이후 연말까지 작년과 똑같은 수준의 세금을 걷는다고 해도 올해 세수는 세입예산(400조 5,000억원) 대비 41조원 부족하다. 현재 기준으로 예상되는 올해 세수펑크가

이 수준이라는 의미다. 기획재정부 관계자는 "6월이나 7월은 세수상황에 개선여지가 있지만 8월 법인세 중간예납 등 불확실성이 여전하다"면서 "정부는 올해 세수를 재추계해 8월 말 또는 9월 초에 발표할 것"이라고 말했다.

HOT ISSUE

푸틴 vs 프리고진 미스터리 … 쿠데타·파업·자작극?

러시아 용병기업 바그너그룹의 무장반란이 24시간 만에 극적으로 종결됐지만, 이후 수괴로 지목된 프리고진이 러시아 곳곳에서 활보하고 모스크바로 진격했던 주동자와 참가자들이 모두 무혐의 처리되면서 단순 파업에서 러시아정부의 자작극이라는 음모론까지 등장하기 시작했다.

시민 환호 속에 철수를 준비하는 바그너그룹

바그너그룹 모스크바 진격 … 러시아는 이상 무

6월 24일(현지시간) 새벽 우크라이나 전선에 러시아 정규군과 함께 투입됐던 바그너그룹 용병들이 전차를 앞세워 모스크바 인근 200km까지 진격했다. 그

과정에서 이들은 러시아 남부 로스토프나도누의 군사시설을 장악하고, 보로네시주까지 접수했다. 그러나 알렉산드르 루카셴코 벨라루스 대통령의 중재로 블라디미르 푸틴 러시아 대통령과 바그너그룹 수장 예브게니 프리고진 사이에 합의가 이뤄지면서 극적으로 상황이 해소됐다.

합의의 세부내용은 공개되지 않았으나, 프리고진은 이날 오후 8시 30분께 모스크바로 진격하던 휘하 용병들에 철수를 지시했다고 밝혔다. 크렘린궁 역시 프리고진에 대한 형사입건을 취소하는 한편 프리고진이 벨라루스로 떠날 것이며 바그너그룹 병사들도 기소하지 않을 것이라고 선언했다.

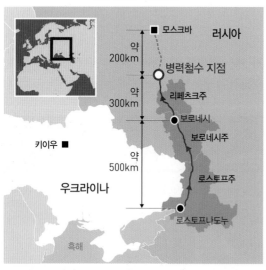

바그너그룹 이동동선

바그너그룹은 2013년 창설된 민간군사기업으로 전직 러시아군 스페츠나츠 대원 및 러시아 공수군 예비역 군인들을 고용해서 시리아내전, 돈바스전쟁 등 러시아의 이익이 걸린 전장에 용병으로서 투입했다. 2022년 발발한 러시아-우크라이나 전쟁에서도 러시아군을 지원하는 임무를 맡고 있다. 그런데 최근 재계약과 관련해 불화가 일자 '러시아 국방부가 바그너그룹 후방 캠프를 타격한 탓에 사상자가 발생했

다'고 주장하며 세르게이 쇼이구 국방장관을 응징하기 위한 '정의의 행진'을 시작하겠다고 선언하며 대립했다. 이번 모스크바 진격의 목적도 쇼이구 장관, 발레리 게라시모프 러시아군 총참모장 등을 응징하겠다는 것이었다.

갈팡질팡 서방 정부와 언론

사태는 진정됐으나 서방언론들은 이번 일로 푸틴 대통령의 통치력에 큰 흠집이 났다는 평을 쏟아냈다. 정권의 내부모순이 표출된 제2의 **포템킨 반란***이라면서 향후 푸틴권력의 약화를 불러올 것이며 우크라이나와의 전쟁에서도 불리하게 작용할 것이라고 전망했다. 곤경에 빠진 푸틴 대통령이 우크라이나 전쟁에서 더욱 공세를 높일 수 있다는 것이다. 그러나 시간이 지나면서 오히려 이번 사태가 푸틴의 장악력을 더욱 공고히 했다는 데 무게가 실리고 있다.

포템킨 반란

1905년 6월 27일 러시아제국 해군 전함 포템킨 함에서 일어난 반란사건이다. 1904년부터 시작된 러일전쟁의 전황이 점점 불리해지며 국민들의 불만이 커진 가운데 비인간적인 생활을 강요당하며 열악한 함상환경에 처해 있던 포템킨의 수병들이 부패한 고기를 배급받은 것에 분노해 항명하며 우발적으로 일어났다. 국가의 중요한 전략무기인 전함에서 반란이 일어나 체제를 위협했다는 점에서 사실상 러시아제국 붕괴의 시초를 알린 사건으로 기록하고 있다.

푸틴 대통령은 사건 발발 이틀 만인 6월 26일부터 이례적으로 연일 왕성한 대외 공개활동을 펼치며 수성에 나섰고, 중·러가 주도하는 유라시아 국가들의 협력체인 상하이협력기구(SCO) 정상회의에 참석해 화상연설을 하며 다자외교 무대에도 복귀했다. 지지율도 큰 변화가 없다. 오히려 80%대였던 지지율이 90%대까지 올랐다는 조사결과까지 나왔다. 이 때문에 내부결속력 강화를 위한 자작극이 아니었냐는 분석도 나온다. 한편 미국과 유럽 국가들은 우크라이

나 전쟁과 관련해 푸틴정권을 비난하는 태도를 견지하면서도 핵전쟁 가능성 등을 고려해 러시아 내부문제라며 적극적인 반응을 자제하고 있다.

푸틴 대통령(왼쪽)과 프리고진 대표

HOT ISSUE

8위

정부-노동계 전면대치 …
갈등 속 최저시급 9,860원 결정

윤석열정부와 노동계의 갈등이 극으로 치닫고 있다. 6월 7일 한국노동조합총연맹(한노총)이 전국금속노동조합연맹(금속노련) 간부 김준영 사무처장에 대한 경찰의 **강경진압***과 체포 · 구속에 반발해 대통령 직속 노사정 사회적 대화기구인 경제사회노동위원회(경사노위) 참여 중단을 선언했다. 이어서 전국민주노동조합총연맹(민노총)은 7월 3일 '윤석열정권 퇴진'을 내걸고 2주간 총파업투쟁에 들어서기도 했다.

금속노련 간부 강경진압 논란

5월 31일 하청업체 탄압중단을 요구하며 망루에서 고공농성을 벌이던 한노총 금속노련 간부 김준영 사무처장이 경찰에 제압돼 체포됐다. 이 과정에서 김 사무처장이 경찰이 휘두른 경찰봉에 머리를 맞아 다치는 일이 발생해 한노총은 즉각 유혈진압이자 '폭력 과잉진압'이라 반발했다. 이에 경찰은 경찰관 폭행 등 공무집행을 방해하면 신속하게 사법처리하겠다고 맞섰다.

한노총은 경사노위 참여 중단, 최저임금위도 파행

한노총은 6월 7일 제100차 긴급 중앙집행위원회를 열어 경사노위 참여중단을 결정 · 선언했는데, 이는 박근혜정부 시절이던 2016년 1월 경사노위의 전신인 노사정위원회 불참을 선언한 지 7년 5개월 만의 보이콧이다. 근로시간제도와 임금체계 개편 등 노동개혁 과제가 지지부진한 상황에서 정부가 노조 회계 투명성 강화를 추진하면서 노동계와 정부 사이 감정의 골이 깊어졌다. 여기에 민노총 건설노조 간부의 분신사망과 한노총 김 사무처장에 대한 유혈 강경진압으로 대결양상이 전면화했고, 노동부가 구속된 김 사무처장을 최저임금위원회(최저임금위) 근로자위원에서 사상 처음으로 직권 해촉하기로 하면서 노동계의 반발은 더욱 거세졌다.

한노총의 제100차 긴급 중앙집행위원회

이렇듯 노정의 공식 대화채널이 끊어지고 갈등이 짙어지면서 정부의 노동개혁 동력이 힘을 잃을 수 있다는 지적도 나왔다. 박지순 고려대 노동대학원장은 "다시 대화의 물꼬를 트기 위한 집중적인 노력이 있어야 한다"며 "결국 대통령이 한노총 위원장을 만나 허심탄회하게 대화를 나누는 것이 유일한 방법"이라고 강조했다. 일각에서는 한노총이 '탈퇴'가 아닌 '전면 중단'으로 결정한 것이 대화재개의 여지를 남겨놓은 것으로도 해석했다.

망루 고공농성 중 경찰과 대치했던 김준영 사무처장

한편 김 사무처장의 구속과 근로자위원 해촉은 내년 최저임금위 논의에도 일정 부분 영향을 미쳤다. 한노총은 공석에 김만재 금속노련 위원장을 재추천했는데, 노동부는 "김 위원장이 해촉된 김 사무처장과 공동불법행위 혐의로 수사 중인 상황"이라면서 거부 의사를 밝혔다. 이에 류기섭 한노총 사무총장은 "최저임금위의 독립성·공정성이 무너졌고, 최저임금 노동자의 삶을 담보로 정부가 비상식적인 노동탄압을 하고 있다"며 최저임금위 심의 불참을 선언하기도 했다. 최저임금위는 노사 간 이견을 좁히지 못하다가 결국 7월 19일 공익위원들의 투표를 통해 내년 최저임금 시급을 9,860원으로 결정했다.

민노총, '윤석열정권 퇴진' 외치며 대규모 파업

한편 2주간의 총파업을 선언한 민노총은 7월 3일 오전 10시 대통령실 앞에서 기자회견을 열어 "7월 총파업은 윤석열정권 퇴진투쟁을 대중화하는 방아쇠가 될 것"이라고 밝혔다. 그러면서 "대통령은 국민과 민주주의를 위해 사용하도록 국민이 부여한 권한을 노동자 탄압과 민생·민주·평화 파괴에 사용하고 있다"고 주장했다. 이들은 노조탄압 중단, 민영화·공공요금 인상 철회, 최저임금 인상 등 노동 이슈 외에도 일본 핵 오염수 해양투기 중단 등을 총파업의 핵심의제로 제시했다. 민노총은 총파업 중 서울 도심에서 전국노동자대회를 열고 윤석열 대통령

이 건설노조를 '건폭(건설조폭)'이라고 표현한 사실 등을 거론하며 "노동자와 서민을 탄압하고 죽음으로 내모는 윤석열정권은 킬러정권"이라고 주장했다.

민노총의 총파업 4일째에 열린 전국노동자대회

총파업에 대해 여당과 정부는 날을 세웠다. 여당은 "오염수 저지와 정권퇴진이 노동과 어떤 연관이 있느냐"며 "명백한 '정치파업'"이라 규정했다. 윤재옥 국민의힘 원내대표는 "무책임한 반민생 파업"이라며 "정부·여당은 합법파업의 권리는 최대한 보장하겠지만 불법파업과 거대 노조 이권 카르텔에 대해서는 무관용 원칙으로 엄정 대응할 것"이라고 경고했다.

HOT ISSUE **9위**

새마을금고 연체율 역대 최고 ··· 정부, 시장안정 위해 총력대응

새마을금고의 연체율이 역대 최고치를 기록하는 등 '위기설'이 대두되자 정부가 연체율 감축을 위한 특별대책을 발표했다. 그러나 관련 보도 이후 시장불안이 확산하면서 정부는 특별검사 계획을 미루고 사태 진정관리에 나섰다.

7월 6일 진행된 새마을금고 건전성 관련 관계부처 합동브리핑

6월 말 연체율 6%대 ··· 30곳 특별점검 대상

새마을금고 감독기관인 행정안전부(행안부)에 따르면 6월 29일 기준 새마을금고의 대출금액은 총 196조 8,000억원(가계 85조 2,000억원, 기업 111조 6,000억원)인데, 연체액이 12조 1,600억원(6.18%)으로 역대 가장 높은 수준이다. 연체는 가계대출과 기업대출이 6대 4 정도의 비율이지만, 연체액은 기업대출이 88.4%를 차지한다. 부동산업·건설업 침체에 따라 기업대출 연체율(9.63%)이 치솟으면서 전체 연체율이 올라갔다는 게 행안부 설명이다. 구체적으로는 부동산시장을 겨냥해 프로젝트파이낸싱(PF)의 일종인 관리형토지신탁대출 취급액을 늘리면서 부실이 커졌다. 연초 인천 미추홀구 일대에서 전세사기를 벌인 일당이 새마을금고 등 상호금융권에서 대규모 담보대출을 받아 사기행각 자금으로 사용했다는 점이 드러나 논란이 되기도 했다.

새마을금고 건전성에 대한 불안감이 커지자 행안부는 7월 4일 특별대책을 발표했다. 연체율이 전체 평균보다 높은 100곳을 집중관리 대상으로 선정하고 이중 연체율이 10%가 넘는 30곳에 대해서는 특별검사, 70곳에 대해서는 특별점검을 하기로 했다. 검사·점검 결과에 따라 자산처분과 경비절감 등 경영개선, 합병요구, 임원 직무정지 등 조처를 내릴 수 있다. 또 현재 6%대인 연체율을 올 연말까지 4% 이하로 낮추는 게 목표다.

정부 총력대응에 창구·비대면 인출 모두 축소세

이처럼 정부가 부실금고에 대한 인수합병을 시사하자 부실우려가 제기된 일부 지점에 예·적금을 해지하려는 고객들이 몰리는 등 대규모 자금이탈 움직임(뱅크런*)이 감지됐다. 이에 정부는 행안부, 기획재정부, 금융위원회, 금융감독원, 한국은행과 범정부 대응단을 구성하고 6일 브리핑을 통해 "일부 금고가 합병되더라도 고객의 모든 예금은 보장되며, 필요시 정부 차입으로 유동성을 충분히 지원할 계획"이라고 밝혔다. 또 7일에는 시장안정을 위해 특별검사 계획을 연기하기로 하는 등 즉각 대응에 나서면서 이날부터 자금이탈 규모가 감소세로 전환됐다. 정부는 일단 소비자 동요가 가라앉은 후에 근본적인 건전성 강화 대책 및 관리체계 정비를 본격화할 전망이다.

뱅크런

금융시장이 불안정하거나 은행의 재정건전성에 문제가 있다고 인식하는 경우 부실징후를 우려한 예금자들이 대규모로 한꺼번에 예금을 인출하려고 하는 상황을 일컫는 말이다. 뱅크런이 위험한 이유는 어느 한 은행만 위기에 빠지는 것이 아니라 경영상태가 안정적인 다른 은행을 이용하는 사람들의 불안감까지 자극해 연이어 뱅크런이 발생하는 등 대규모 공황상태에 빠질 수 있기 때문이다. 이러한 사태를 방지하기 위해 예금보험공사에서는 은행이 파산하더라도 최대 5,000만원까지는 보호해주는 예금자보험법을 시행하고 있다.

한편 이번 사태를 계기로 새마을금고의 감독권을 둘러싼 논란이 다시 일고 있다. 농협, 수협 등 다른 상호금융기관이 금융당국의 관리·감독을 받고 있는 것과 달리 새마을금고는 행안부의 감독을 받기 때문에 경영건전성 관리에 사각지대가 발생한 것이라는 주장이 일각에서 나온 것이다. 지난해 새마을금고의 각종 비리와 금융사고가 불거진 데다 이번 부실우려까지 제기되면서 관리감독체계를 개편해야 한다는 목소리가 커지고 있다.

실제 새마을금고의 연체율 관리는 일반 시중은행이나 상호금융권보다 허술했다고 볼 수 있다. 최근 금융감독원이 2분기 연체율 관리를 위해 상호금융권을 포함한 2금융권을 대상으로 현장점검을 진행했는데, 새마을금고는 여기에서 제외됐다. 다른 상호금융권이 매 분기 연체율을 공개하는 것과 달리 행안부와 새마을금고중앙회는 '연말 연체율'만을 공식 관리한다는 입장을 고수하면서 공개를 거부한 것이다. 이 때문에 이들 기관이 연체율을 쉬쉬하다 건전성 우려가 높아지자 뒤늦게 공개해 시장의 불안을 키웠다는 비판이 나온다.

새마을금고 내부통제에도 문제가 많다는 비판도 있다. 업계에서는 개별금고는 각각이 독립된 법인이라 중앙회가 통제하기 어려운데, 이사장이 막강한 권한을 휘두르면서 신용도가 낮거나 담보가 부족해도 대출을 내주는 경우가 많았다고 밝혔다.

정부, 상반기 경기상황 반영한 하반기 경제정책방향 발표

정부가 7월 4일 관계부처 합동으로 '2023년 하반기 경제정책방향'을 발표했다. 상반기 경기상황을 반영해 연간 정책방향을 수정·보완한 것이다.

물가 자극 없이 수출·투자 촉진해 경제활력 도모

상반기 정보·기술(IT) 업황 부진을 반영해 연간성장률 전망치를 종전의 1.6%에서 1.4%로 0.2%포인트(p) 낮췄다. 물가상승률 전망치는 기존 3.5%에서 3.3%로 소폭 하향조정했고, 10만명으로 내다봤던 취업자 증가 폭은 32만명으로 크게 높여 잡았다. 이와 함께 정부는 3가지 중점과제로 ▲ 경제활력 제고 ▲ 민생경제 안정 ▲ 경제체질 개선 등을 제시하고, ▲ 미래대비 기반 확충을 중장기 과제로 추진하겠다고 밝혔다. 경기대응에 정책역량을 집중시키면서도 물가관리에도 손을 놓기는 어렵다는 현실인식을 드러낸 셈이다.

주요 기관 2023 한국 경제성장률 전망

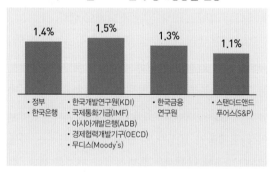

1.4%	1.5%	1.3%	1.1%
· 정부 · 한국은행	· 한국개발연구원(KDI) · 국제통화기금(IMF) · 아시아개발은행(ADB) · 경제협력개발기구(OECD) · 무디스(Moody's)	· 한국금융 연구원	· 스탠더드앤드 푸어스(S&P)

정부는 수출·투자 촉진을 통한 경제활력에 방점을 찍었다. 첨단전략산업 리쇼어링(해외진출 기업의 국내복귀)을 유도하기 위해 국내로 복귀한 유턴기업에 대해선 최소 외국인투자 수준으로 지원을 강

화한다는 입장이다. 벤처업계를 지원하기 위해 '벤처 활성화 3법'의 개정을 추진하고, 내수시장 및 지역경제 활성화에도 주력하기도 했다. 가업승계 세제에 대해서도 추가적인 완화를 추진해 증여세 연부연납기간을 현행 5년에서 20년으로 연장하고, 특례저율(10%) 과세구간을 현재 60억원에서 300억원으로 상향조정한다. 업종변경 제한도 현재 사후관리기간 5년간 표준산업분류상 중(中)분류 내에서만 가능한 업종변경을 대(大)분류로 넓혀 완화하겠다고 밝혔다. 방기선 기획재정부 1차관은 사전브리핑에서 "섣불리 경기반등 효과를 진작하기 위해 재원투입 등 특단의 조치는 일단 없다"면서도 "조금 살아나고 있는 투자나 수출에 있어 정책금융과 규제완화를 통해 동력이 유지되도록 하겠다는 것"이라고 설명했다.

정부서울청사에서 진행된 경제정책방향 합동브리핑

주거안정에 무게 … 공공요금 인상도 자제

'민생경제 안정' 과제의 일환으로는 주거안정에 무게를 실었다. 2021년 말~2022년 초고점을 찍었던 임대차계약이 속속 만료되면서 직전 계약보다 전셋값이 하락하는 역전세난이 확산하는 흐름을 고려해 올해 7월 말부터 1년 동안 한시적으로 전세금반환 목적에 한해 대출규제를 완화한다. 따라서 개인의 경우 **총부채원리금상환비율***(DSR) 40%가 아닌 총부채상환비율(DTI) 60%가 적용된다. 종합부동산세 공정시장가액비율은 현행 60%로 유지해 종부세 부담을 줄인다.

생계비부담을 줄이는 차원에서는 하반기 중 공공요금 인상을 최대한 자제하는 동시에 건강보험료율 인상도 최소화한다는 방침이다. 전기·가스비 부담을 줄이기 위해 에너지캐시백 지원도 지속확대한다. 알뜰폰의 5G 중간구간 요금제를 확대하고, 2학기 대학학자금 대출금리를 연 1.7%에서 동결하는 등 틈새대책도 내놨다.

'경제체질 개선'과 관련해서는 연구개발(R&D)사업의 나눠먹기식 관행을 혁파하고 R&D 예산을 제로베이스에서 재검토하기로 했다. 신(新)성장 4.0 전략도 3대 분야, 15대 프로젝트별로 세분화하고 본궤도에 올리겠다는 방침이다. 경제체질을 바꾸기 위해 노동, 교육, 연금 등 3대개혁도 본격적으로 추진하겠다고 밝혔다. 다만 구체적인 개혁 로드맵은 부문별로 별도 제시할 예정이다. 중장기 과제인 '미래대비 기반 확충'의 최우선 과제로는 저출산대책을 제시했다. 외국인력을 공급하기 위해 이민정책을 개편하고, 인구감소지역에 대해선 획기적인 규제 특례를 적용하기로 했다. 또한 혼인 시 결혼자금에 한해 자녀에 대한 무상증여 한도(1인당 증여액 5,000만원, 미성년자의 경우 2,000만원)를 확대하는 방안도 검토한다고 정부는 밝혔다.

한편 국내 가계부채비율이 위험단계를 넘어서고 부동산 거품문제도 거론되고 있는 상황에서 소비위축

현상이 장기간 지속되는 경우 일본의 버블경제처럼 장기불황에 치달을 수 있다는 우려가 금융당국과 전문가들 사이에서 나오고 있다. 그간 누적된 금융불균형이 해소되지 않았는데도 정부가 가계부채를 통한 경기부양 정책을 계속 추진하면서 부동산 관련 대출부실에 따른 위험도가 커지고 있기 때문이다. 전문가들은 가계부채 증가와 주택버블이 국내 경제에 가장 큰 위협이 될 수 있는 만큼 부채축소를 위한 정책수립도 필요하다고 강조하고 있다.

HOT ISSUE **11**위

'엔저', '버핏 효과' ⋯ 30년 만에 일본경제 호조

올해 하반기 첫 거래일인 7월 3일 아시아 주요국 증시는 미국의 인플레이션 압력 완화 등에 힘입어 동반강세를 보였고, 특히 일본증시는 종가 기준 33년 새 최고치를 기록했다. 또한 10일에는 일본의 5월 경상수지가 1조 8,624억엔(약 17조원) 흑자를 기록했다는 발표가 이어졌다. 이에 거품경제 붕괴 이후 '잃어버린 30년'이라 불리는 장기 디플레이션에 신

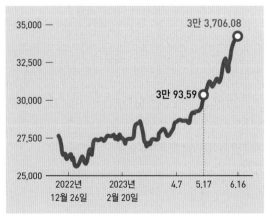

닛케이225 평균주가 추이

3만 3,706.08

3만 93.59

35,000

32,500

30,000

27,500

25,000

2022년 12월 26일 / 2023년 2월 20일 / 4.7 / 5.17 / 6.16

자료 / 닛케이225

음해온 일본경제에 청신호가 들어온 것이라는 분석이 나온다.

증시 33년 만 최고, 경상수지 4개월 연속 흑자

교도통신에 따르면 이날 일본증시의 대표 주가지수인 닛케이225 평균주가(이하 닛케이지수) 종가가 전장 대비 1.7% 오른 3만 3,753.33을 기록, 종가 기준 거품경제* 붕괴 당시인 1990년 3월 9일 이후 최고치를 찍었다. 일본 닛케이지수는 올해 1월 2만 5,000~2만 7,000을 오가며 완만하게 상승세를 보이다가 4월 말부터 급격히 오르기 시작하더니 5월 17일엔 3만을, 그리고 6월 13일 3만 3,000을 넘어서는 등 연이어서 최고기록을 갈아치우던 중이었다.

일본 거품경제

거품경제란 공급에 비해 지나치게 많은 수요로 인해 가격이 천정부지로 솟은 후 원상태로 돌아오거나(평균회기) 되려 가격이 급락하여 휴짓조각이 되는 현상인데, 일본의 경우 1980년대 후반 비정상적인 자산가치 상승 현상과 과열된 경제활동, 무분별한 통화공급, 신용팽창 등으로 경제가치가 과잉 책정됐던 시기의 경제상황을 의미한다. 일본의 거품경제는 1990년대 초 일본정부의 긴축통화정책, 기업의 높은 부채비율과 방만경영 등의 문제점들이 드러나면서 그동안 부풀었던 경기거품이 꺼짐과 동시에 주식·부동산 가격 폭락으로 이어졌고, 일본은 30년에 걸친 장기 디플레이션에 돌입했다.

일본증시가 회복세를 보이는 배경으로는 ▲ 엔화 약세(엔저) 현상 ▲ 글로벌 자금의 일본 이동 ▲ 기업가치 제고 노력 등이 복합적으로 작용하고 있다. 특히 글로벌 자금이 일본으로 대거 몰리게 된 데는 워렌 버핏 버크셔해서웨이 회장의 역할이 컸다. 4월 일본을 방문한 버핏회장이 "일본 종합상사들에 대한 투자가 미국 이외 기업 중 가장 많다"며 "추가투자를 검토하고 싶다"고 밝힌 것이다.

여기에 4월 9일 취임한 우에다 가즈오 일본은행 신임총재가 대규모 금융완화정책을 유지하겠다고 밝

히는 등 계속되는 엔저 흐름이 이어질 것으로 전망되자 일본증시를 재평가하는 해외 투자자들이 급증했다. 이런 분위기 속에서 경상수지마저 4개월째 흑자를 기록했다. 5월의 경우 우리나라의 대(對)일본 수출규제 완화로 수출이 급증하면서 1조 8,624억엔 흑자를 기록했는데, 이는 지난해 같은 달의 2.4배에 달한다.

임금인상 실현 … 경제상황 청신호 켜지나

기시다 후미오 일본 총리는 한 발 더 나아가 임금인상 카드를 들고 나왔다. 6월 13일 '어린이 미래전략 방침'을 발표하는 기자회견에서 일본경제의 흐름이 바뀌고 있다고 밝혔다. 그는 "30년 만에 처음으로 높은 수준의 임금인상이 실현되면서 기업 부문의 투자의욕이 조성되고 있다. 30년간 이어진 디플레이션 경제의 악순환을 끊으려는 도전이 확실히 시작됐다"면서 "올해 최저임금 전국 평균 1,000엔(약 9,050원) 달성을 포함해 최저임금위원회가 제대로 논의를 해달라"며 임금인상이 필요하다는 사실을 다시 강조한 것이다.

15년 만에 유로화 대비 엔화 가치 최저

일본의 실질임금은 1990년대 초 자산거품이 꺼진 이후 사실상 제자리걸음을 하고 있으며 현재 OECD 회원국들의 평균보다 훨씬 뒤떨어져 있는 수준이다. 일본기업들도 정부기조에 발을 맞춰 올해 노동자들과의 협상에서 1993년 3.9% 이후 가장 큰 3.58%

임금인상을 제안했다. 일본에서는 소비자물가 상승률이 3%를 넘는 등 물가상승이 지속된 탓도 있지만, 기본적으로는 경제상황이 나아지고 있다는 판단에 따른 것으로 보인다. 한편 하이투자증권은 '일본, 정말 좋은가?'라는 보고서를 내고 "올해 일본 연간 국내총생산(GDP) 성장률이 한국을 상회할 가능성을 배제할 수 없다"라고 전망했다.

무역수지, 16개월 만 흑자전환 … '무역적자 터널' 탈출할까

6월 무역수지가 소폭 흑자를 내 우리나라의 월간 무역수지가 16개월 만에 흑자로 돌아서는 데 간신히 성공했다. 그러나 월 수출·수입이 동반 감소한 가운데 수입이 수출보다 더 줄어 나타난 흑자로 원유·가스 등 에너지 국제가격 하락과 수출부진에 따른 수입규모 감소의 영향이 컸다.

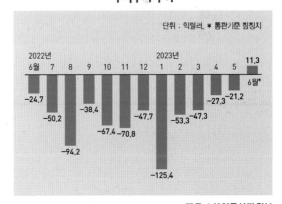

무역수지 추이

단위 : 억달러, * 통관기준 잠정치

	2022년						2023년					11.3
6월	7	8	9	10	11	12	1	2	3	4	5	6월*
-24.7	-50.2	-94.2	-38.4	-67.4	-70.8	-47.7	-125.4	-53.3	-47.3	-27.3	-21.2	

자료 / 산업통상자원부

6월 수출 줄었지만 에너지 수입감소로 흑자

산업통상자원부는 7월 1일 이 같은 내용의 6월 수출입 동향을 발표했다. 6월 무역수지는 11억 3,000만달러 흑자를 나타냈다. 월간 무역수지 흑자가 난 것은 지난해 2월 이후 16개월 만이다. 작년 3월부터 올 5월까지 무역수지는 15개월 연속 적자였는데, 이는 1995년 1월~1997년 5월 29개월 연속 무역적자 이후 27년 만에 가장 긴 연속적자다.

6월 수출액은 542억 4,000만달러로 작년 같은 달보다 6.0% 줄어든 것으로 집계됐다. 우리나라 전체 수출에 큰 영향을 끼치는 반도체 업황의 회복 지연, 작년 6월 수출액이 역대 6월 기준 최고 실적(577억달러)을 기록한 데 따른 기저효과 등이 수출감소에 영향을 미친 것으로 분석됐다. 월간 수출은 지난 10월부터 9개월 연속으로 전년 동월 대비 줄었다. 2018년 12월~2020년 1월 이후 가장 긴 연속 수출감소다. 다만 6월 수출감소율은 연중 가장 낮은 수준까지 떨어졌다.

수출입 추이

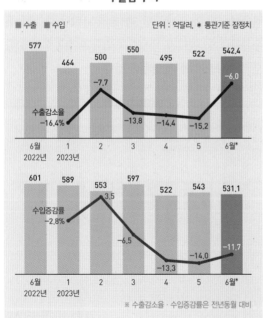

자료 / 산업통상자원부

6월 수입액은 원유(-28.6%), 가스(-0.3%), 석탄(-45.5%) 등 에너지(-27.3%) 수입감소의 영향 속에 531억 1,000만달러로 작년 동월보다 11.7% 감소했다. 두바이유 가격이 1년 사이 33.8% 내리는 등 에너지 가격이 하락하면서 6월 3대 에너지 수입액은 99억 9,000만달러로 작년 동월보다 27.3%나 줄었다. 이 같은 에너지 수입규모 축소가 수출의 지속감소에도 6월 무역수지가 흑자로 전환하는 데 큰 영향을 끼친 것으로 분석된다.

흑자는 반갑지만 반도체 등 핵심변수 동향 봐야

이렇듯 이번 흑자는 수출 자체가 나아진 게 아니라 국제유가 하락과 수출부진으로 수입이 수출보다 더 많이 줄어든 **불황형 흑자***여서 진정한 국면전환은 주력 제품인 반도체 등 상품의 수출회복에 달렸다는 지적이 나온다. 전문가들은 반도체 등 주력제품 수출회복세가 아직 뚜렷하지 않고, 작년부터 전체 적자의 주요 원인이 된 대(對)중국 적자해소도 아직은 미약한 데다가 일본에 대한 수출규제가 완화·해제돼 대(對)일본 무역수지의 적자도 점차 커지고 있어 전체 무역수지가 흑자로 돌아서는 중대전환점이 찾아왔는지에 대해 다소 신중한 태도를 보인다.

> **불황형 흑자**
>
> 불경기에 수출과 수입이 모두 줄어든 상황해서 수출보다 수입이 더 감소해 무역수지가 흑자로 나타나는 것을 말한다. 수치상으로는 수출입 결과가 흑자라고 하더라도 수출감소를 동반한 흑자이기 때문에 우리나라처럼 수출의존도가 높은 국가의 경우 경기전반에 큰 타격을 줄 수 있다.

실제로 6월 반도체 수출은 작년 같은 달보다 28% 감소했다. 수출감소율이 연중 최악이었던 지난 4월(41%)보다는 개선되는 추세지만 여전히 주력제품인 메모리를 중심으로 수출부진이 이어지고 있다. 7월 초까지 누적된 올해 무역적자도 287억 4,100만달러로 집계됐으며, 대중 무역적자도 작년 10월부터 9개월째 이어지고 있다.

6월 28일부터 만 나이로 통일 … 바뀐 내용은?

윤석열정부의 국정과제로 추진된 '**만 나이 통일 법***(행정기본법 및 민법 일부개정법률)'이 시행되면서 6월 28일부터 전 국민의 나이가 기존보다 한두 살 줄어들었다. 다만 일부 법률에서는 만 나이가 적용되지 않는 부분이 있어 주의가 필요하다.

만 나이 통일법

만 나이는 출생일을 기준으로 0살로 시작해 생일이 지날 때마다 한 살씩 더하는 나이계산법을 말한다. 우리나라는 민법상으로는 만 나이가 적용됐으나, 일상생활에서는 출생한 날부터 한 살로 여겨 매년 한 살씩 증가하는 이른바 '세는 나이'를 사용해왔다. 여기에 일부 법률에서는 현재연도에서 출생연도를 뺀 연 나이를 적용해왔다. 그러나 연 나이와 만 나이, 세는 나이가 혼용되면서 사회적·행정적 혼선과 분쟁이 계속 발생하자 이를 해소하기 위해 법령상 특별한 규정이 없는 경우 모두 만 나이로 통일하는 법안이 지난해 12월 통과됐다.

영상물등급·선거권 등 만 나이 기준은 변동 없어

우선 법률상 특별한 규정이 없으면 행정·민사상 나이는 모두 만 나이로 이해하면 된다. 만 나이를 계산할 때는 현재연도에서 출생연도를 뺀 다음 계산시점에서 생일이 지났으면 이 수치를 그대로 쓰고 생일이 지나지 않았으면 한 살을 더 빼면 된다. 포털사이트에서 제공하는 나이계산기 서비스를 이용할 수도 있다.

실생활에서 가장 자주 접하는 나이기준 중 하나는 영상물등급인데, 결론부터 말하면 변동이 없다. 영화와 온라인동영상서비스(OTT) 등 영상콘텐츠의 시청가능 연령을 정하는 영상물등급 분류는 기존에도 만 나이를 뜻했기 때문이다. 만 나이 통일안

이 시행된 후에도 12세 이상 관람가는 만 12세 이상만, 청소년관람불가는 만 18세 이상만 시청할 수 있다. 대통령·국회의원 선거권(만 18세 이상), 노령연금·기초연금 수급 시점, 근로자 정년(만 60세 이상), 경로 우대(만 65세 이상) 등 만 나이가 적용되는 제도에도 변화가 없다.

청소년 연령기준 일부 개정, 병역·입학은 연 나이

현재 아동·청소년의 성보호에 관한 법률, 성매매알선 등 행위의 처벌에 관한 법률, 성폭력범죄의 처벌 등에 관한 특례법, 특정강력범죄의 처벌에 관한 특례법, 성폭력방지 및 피해자보호 등에 관한 법률, 국민체육진흥법 6개 법률의 개정안이 국회 상임위에 계류 중이다. 기존에는 '청소년'을 '19세 미만의 자로 19세에 도달하는 연도의 1월 1일을 맞이한 자는 제외한다'로 정의했지만, 개정안에서 '미성년자'로 수정됐다. 민법상 미성년자는 만 19세 미만을 말한다. 이들 법의 취지는 청소년을 범죄피해로부터 보호하는 내용인데, 나이기준이 기존 '연 나이 19세 미만'에서 '만 19세 미만'으로 변경되면 그만큼 보호대상이 넓어지게 된다. 단, 형법과 소년법은 개정되지 않는다. 이들 법률에는 '14세 미만', '19세 미만' 등 나이가 등장하는 데 이미 만 나이로 적용되고 있기 때문이다.

업계에서도 만 나이 적용법 시행에 발맞추기 위한 준비를 마쳤다. 일단 은행과 카드사는 이미 대부분

만 나이를 적용해 상품 등을 운용해 큰 변화는 없다. 다만 은행은 자체 내부조사나 연령별 리포트의 경우 연 나이로 구분하는 경우가 있어 이를 만 나이로 통일했다. 보험업권은 그동안 별도의 '보험나이'를 적용해온 만큼 만 나이 도입 이후 고객은 보험가입 시 반드시 개별약관을 꼼꼼히 확인할 필요가 있다. 보험나이는 계약일에 만 나이를 기준으로 6개월 미만이면 끝수를 버리고 6개월 이상이면 끝수를 1년으로 계산하는 방식이다.

계속 연 나이를 쓰는 예외도 있어 주의해야 한다. 우선 초등학교는 기존대로 초·중등교육법에 따라 만 나이로 6세가 된 날이 속하는 해의 다음 해 3월 1일에 일괄적으로 입학한다. 같은 해에 태어났으면 같은 해에 입학하도록 하기 위해서다. 술·담배를 사거나 청소년 유해업소를 출입할 수 있는 나이도 달라지지 않는다. 이를 정하는 청소년보호법에서 청소년 연령기준이 연 나이이기 때문이다. 병역의무 역시 기존과 마찬가지로 연 나이를 적용한다. 병역법에는 병역의무자로 등재되는 나이(18세)와 검사 시행 나이(19세)를 '그 연령이 되는 해의 1월 1일부터'라고 별도로 명시돼 있다. 공무원임용시험령도 그대로 적용돼 7급 이상 또는 교정·보호 직렬은 2003년생부터, 8급 이하 공무원 시험은 2006년생부터 응시할 수 있다.

외국인 건보 무임승차 논란에 중국인 투표권 제한까지

6월 20일 김기현 국민의힘 대표가 국회 교섭단체 대표연설에서 '상호주의에 입각한 한중관계'를 언급하며 국내 거주 중인 중국인의 투표권 제한과 건강보험에 등록 가능한 피부양자 범위 축소에 나서겠다고 밝혔다. 이에 지속적으로 제기돼온 외국인 건강보험 '무임승차' 논란과 중국인 투표권 제한 문제가 또다시 정치적 논쟁에 휩싸였다.

국회 교섭단체 대표연설을 하는 김기현 대표

김기현, "상호주의 입각 한중관계 새로 정립해야"

김 대표는 이날 국회 교섭단체 대표연설에서 "작년 6월 지방선거 당시 국내 거주 중국인 약 10만명에게 투표권이 있었다. 하지만 중국에 있는 우리 국민에게는 참정권이 전혀 보장되지 않았다. 왜 우리만 빗장을 열어줘야 하는 건가"라며 이같이 말했다. 그러면서 "우리 국민에게 투표권을 주지 않는 나라에서 온 외국인에게는 투표권을 주지 않는 것이 공정하다"고 덧붙였다. 김 대표는 또 "외국인 건강보험 적용 역시 상호주의를 따라야 한다"며 "중국에 있는 우리 국민이 등록할 수 있는 건강보험 피부양자 범위에 비해 우리나라에 있는 중국인이 등록 가능한 범위가 훨씬 넓다. 중국인이 더 많은 혜택을 누리는 것으로 부당하고 불공평하다"고 지적했다. 그러면서 "국민의 땀과 노력으로 만들어진 건강보험기금이 외국인 의료쇼핑 자금으로 줄줄 새선 안 된다"며 "건강보험 먹튀, 건강보험 무임승차를 막겠다"고 강조했다.

이러한 김 대표의 발언은 같은 달 8일 싱하이밍 주한 중국대사가 민주당 이재명 대표와 만난 자리에서 '중국이 지는 쪽에 베팅하면 후회할 것'이라는 등 윤석열정부를 겨냥한 과격한 발언으로 한중 간 외교갈등을 촉발한 가운데 나왔다는 점에서 주목받았다. 김 대표는 중국인 투표권 제한을 총선공약으로 내세워서라도 상호주의 원칙을 실천하겠다는 의사를 내비쳤는데, 이에 대해 야당은 물론 여당 내에서도 비판의 목소리가 나왔다. 외국인에게 투표권이 없는 총선을 앞두고 투표권 제안을 미리 꺼내든 것이 최근 고조되고 있는 '반중정서'를 자극하기 위한 의도가 아니냐는 것이다. 또한 외국인 선거권자가 많이 거주하는 지역의 경우 외국인 인적구성에 따라 선거구도가 달라질 수 있어 사회적 논의가 더 이뤄져야 한다는 평가도 나온다.

외국인 건보재정 5,560억 흑자 … 중국만 적자

한편 6월 28일 국회 보건복지위원회 남인순 의원실이 국민건강보험공단에서 받은 '2018~2022년 연도별 외국인 보험료 부과 대비 급여비 현황' 자료를 보면 2022년 재외국민을 포함한 전체 외국인이 낸 보험료는 1조 7,892억원이었다. 외국인 가입자격별로는 직장가입자가 1조 2,846억원을, 지역가입자는 5,046억원을 보험료로 각각 냈다. 이렇게 부담한 보험료로 외국인들이 병·의원이나 약국 등 요양기관을 이용하고 건강보험에서 보험급여로 받은 전체 금액은 1조 2,332억원이었다.

이처럼 전체 외국인이 건보료로 낸 돈보다 보험급여를 적게 받음으로써 건보공단은 5,560억원의 **재정수지*** 흑자를 봤다. 그간 전체 외국인 건보 재정수지는 2018년부터 2022년까지 해마다 흑자를 나타내 최근 5년간 총 2조 2,742억원의 누적 흑자를 기록했다. 외국인이 건보재정을 갉아먹는 것 아니냐는 일각의 부정적 시각과는 달리 외국인 가입자 전체적으로 봤을 때는 건보재정 건전성 강화에 기여하고 있는 셈이다.

> **재정수지**
>
> 정부가 거둬들인 재정의 수입(세입)과 지출(세출)의 차이를 말한다. 이때 수입이 지출보다 많은 것을 재정흑자, 지출이 수입보다 많은 것을 재정적자라고 한다. 국가는 재정적자가 확인되면 국채를 발행해 부족분을 메우는데, 이러한 부채를 줄이기 위해서는 상당기간 재정흑자가 나타나야 한다. 재정수지는 계산 시 포함되는 항목에 따라 통합재정수지, 운영재정수지, 기초재정수지 등으로 나뉜다.

다만 외국인 가입자 수 상위 10개 주요 국적별로 살펴보면 지난해 중국인만 유일하게 낸 보험료보다 급여혜택을 많이 받아 229억원 적자를 보였다. 이는 국내 체류 중인 중국인 근로자 대부분이 식당 종업원이나 요양병원 등에서 일하는 중장년층의 여성들이기 때문이다. 젊은 외국인들에 비해 저임금인 데다가 고령에 의한 자잘한 병치레로 병·의원을 찾는 일이 소소하게 많은 것으로 분석됐다. 한편 건보공단은 진료만을 목적으로 하는 외국인 입국을 막기 위해 외국인 가입 및 보험료 부과기준을 강화하고, 외국인 피부양자제도를 더 손질해 건보재정 적자를 줄여나가겠다는 방침이다.

15위

비영리·민간단체 보조금 정조준 … 정부, 비리엄단·환수조치한다

정부가 민간단체로 지급되는 **국고보조금***(보조금)에 대규모 감사를 벌였다. 최근 3년간 보조금을 받은 민간단체에 대한 감사를 실시한 결과 1,865건의 부정·비리가 적발됐다고 6월 4일 발표했다. 확인된 부정 사용액은 314억원이었다. 정부는 부정이 확인된 민간단체의 사업에 보조금 환수조치와 형사고발 등의 조처를 하기로 했다. 국민의힘은 환수단체 명단을 공개하고 감사기준을 강화한다고 밝혔다.

국고보조금

국가 외의 자가 행하는 사무 또는 사업에 대해 재정상의 원조를 하는 사업이다. 국가적 이해관계가 있거나 국가와 지방자치단체 간에 상호이해관계에 있는 사업을 효율적으로 운영할 수 있도록 한다. 보조금은 지원대상을 기준으로 지방자치단체에 대한 자치단체보조금과 개인 또는 법인의 운영자금을 지원하는 민간보조금으로 구분된다.

부정 엄중 감시하고, 내년도 보조금도 삭감

국무조정실에서 총괄한 이번 감사대상은 민간단체 1만 2,000여 개에 6조 8,000억원 규모의 보조금이 지급된 사업이다. 전체 민간단체 중 절반가량이 대상에 포함됐다. 3,000만원 이하 소액 보조금이거나, 기존에 감사·수사가 이뤄진 경우 등을 제외하고 반복적으로 지급된 선심성 보조금사업을 주로 감사했다. 구체적 부정·비리 유형은 횡령, 리베이트 수수,

허위수령, 사적사용, 서류조작, 내부거래 등이었다. 대표적 사례로 한 통일운동단체가 민족의 영웅을 발굴하겠다며 6,260만원을 정부로부터 받아 '윤석열 정권 퇴진운동'을 벌인 것이 지적됐다. 정부는 전 부처가 참여하는 '보조금 집행점검 추진단'을 통해 보조금 부정이 발생하면 민간단체가 5년간 사업 참여를 할 수 없게 하겠다고 했다. 보조금 예산 또한 '제로 베이스'에서 전면 재검토하고, 내년도 민간단체 보조금을 5,000억원 삭감하겠다고 예고했다.

보조금 감사결과 발표하는 이관섭 국정기획수석

정부는 보조금과 함께 비영리 민간단체를 전수조사하기도 했다. 행정안전부는 6월 15일 1만 1,195개 비영리 민간단체를 대상으로 지난해 말부터 조사를 벌여 등록요건을 갖추지 못한 2,809개 단체를 등록말소 조치한다고 밝혔다. 사무소 부재 등 연락두절이거나 자진말소를 희망하는 경우, 실체적 활동이 없는 것으로 판단되는 경우에 직권말소 조치를 했다. 이번 조치와 관련해 여당에서는 이전 문재인정부를 겨냥하며 "전 정부의 무분별한 보조금 퍼주기로 국민의 혈세가 낭비됐다"며 "문정부가 시민단체를 정권의 호위무사로 악용했다"는 주장을 폈다. 그러나 야권에서는 이번 조치가 "윤석열정부에 비판적인 민간단체들을 쓸어버리려는 의도가 다분하다"며 "비판세력 탄압에만 골몰하고 있다"고 맞섰다.

전장연 보조금 저격한 하태경 의원, 전장연은 고발

한편 하태경 국민의힘 의원은 서울시 보조금과 관련해 전국장애인차별철폐연대(전장연)의 시위를 저격하기도 했다. 하 의원은 "전장연이 지하철을 멈춰 세우는 등 교통방해 시위를 했는데, 시위 참여자에게 일당을 줬고 그게 서울시 보조금이었다는 근거자료를 확보했다"라고 주장했다. 이어 "전장연과 소속단체를 지방자치단체보조금관리에 관한 법률 위반으로 수사를 의뢰했다"며 "불법시위 동원증거와 그간 수집한 전장연 시위에 대한 실태자료를 수사의뢰서에 첨부했다"고 밝혔다. 하 의원이 위원장인 국민의힘 시민단체 선진화 특별위원회는 최근 서울시 감사결과를 토대로 전장연과 소속단체가 박원순 전 서울시장이 재임한 지난 10년 동안 보조금 약 1,400억원을 받았다고도 주장했다.

전장연의 보조금 유용을 주장하는 하태경 의원

이에 즉각 반발한 전장연은 하 의원을 고발조치하고 나섰다. 전장연은 "하 의원은 전장연이 폭력을 조장하고 보조금을 유용하는 단체라는 가짜뉴스로 여론을 선동하고 명예를 훼손했다"며 "고소장을 내 법적 책임을 물을 것"이라고 밝혔다. 이어 "유엔 장애인권리협약 캠페인을 알리는 권리중심 공공일자리 노동자들을 '일당을 위해 집회·시위에 동원되는 사람'으로 모욕했다"고 반발했다. 그러면서 "전장연은 '임의단체'로서 정부와 지방자치단체 보조금을 신청할 자격조차 없다"며 "정부로부터 독립적인 활동을 하기 위해 전장연의 이름으로 어떤 보조금도 신청하지 않았다"고 강조했다.

한일 통화스와프 8년 만에 복원 … 엔화 외평채 발행도

한일 **통화스와프***가 8년 만에 복원됐다. 원화와 엔화를 주고받는 방식이 아니라 100억달러 전액 달러화 베이스로 진행된다. 간접적인 '한미 통화스와프' 성격도 깔린 셈이다.

통화스와프

서로 다른 통화를 거래시점 기준 환율에 따라 필요한 금액만큼 상대국과 교환하고, 일정시점에 최초계약 시 정한 환율로 원금을 재교환하는 거래를 말한다. 환율과 금리변동에 따른 위험(리스크)을 헤지하거나 외화유동성 확충을 위해 사용한다. 국가 간에 통화스와프 계약이 체결돼 있으면 자국의 통화를 상대국 중앙은행에 맡기고 그에 상응하는 외화를 빌려 쓸 수 있다. 주로 개별국가들 사이에 체결되지만, 국제적 금융위기가 발생하는 경우 여러 국가들과 이뤄지기도 한다.

추경호 경제부총리(왼쪽)와 스즈키 슌이치 일본 재무상

추 부총리 "한일 금융·경제협력 공고화 상징"

추경호 부총리 겸 기획재정부 장관은 6월 29일 오후 일본 도쿄 재무성에서 스즈키 슌이치 일본 재무상을 만나 '제8차 한일재무장관회의'를 하고 통화스와프 복원에 합의했다. 한일 경제수장은 통화스와프 외에도 투자, 금융, 조세 등 다양한 분야에서 협력을 강화하기로 했다. 내년에는 한국에서 차기 한일재무장관회의를 열기로 했다. 추경호 부총리는 회의를 마친 뒤 현지 브리핑에서 "현재 우리의 외환보유고는 4,200억달러를 넘는 수준으로 국내총생산(GDP)의 25% 수준"이라며 "높은 대외건전성을 유지하고 있고 대외충격에 대비할 수 있는 충분한 수준이라는 점에서 당장의 외환부족 또는 시장불안에 대응한다는 의미보다 경제협력을 정상화하는 의미"라고 설명했다. 그러면서 "통화스와프는 한일 양국의 금융·경제 협력을 공고화하는 상징"이라고 말했다.

한일 통화스와프 규모는 100억달러이고, 계약기간은 3년이다. 8년간 끊겼던 통화스와프 라인을 되살리는 데 방점이 찍혔다. 지난 2001년 20억달러로 시작한 한일 통화스와프는 2007년 글로벌 금융위기, 2009년 유럽 재정위기 등을 거치면서 2011년 700억달러까지 불어났다. 이후 한일관계가 경색되면서 규모가 계속 줄었고, 마지막 남아 있던 100억달러 계약이 2015년 2월 만료되면서 8년 넘게 중단된 상태였다. 당시의 100억달러 규모를 준용했지만, 통화교환방식은 달러화 베이스로 업그레이드됐다. 우리가 원화를 맡기면 일본 측에서 보유한 달러화를 차입하고, 역으로 일본이 엔화를 맡기면 우리가 달러화를 빌려주는 구조다. 기존 통화스와프가 한국이 원화를 맡기면 일본 측에서 엔화와 달러를 함께 빌려오는 하이브리드 방식이었던 것과 달리 이번에는 100% 달러화로 통화교환이 이뤄진다. 한일 양국 모두 100억달러의 미 달러화를 추가로 확보한 셈으로 그만큼 외환보유액을 확충하는 효과도 있다.

역대 최초 엔화 외평채 발행

재무장관회의와 통화스와프 재개로 한일 경제협력의 물꼬를 다시 튼 정부는 민간투자 유치를 통한 '붐업'에도 나섰다. 추 부총리는 다음 날인 30일 오후 일본 페닌슐라 도쿄 호텔에서 '투자자 라운드테이블'을 개최했다. 한국 부총리가 일본 투자자를 대상으로 라운드테이블을 개최한 것은 2006년 이후 17년 만이다. 이 행사에는 일본 3대 민간은행(스미토모미쓰이, 미즈호, 미쓰비시)과 국제협력은행(JBIC) 등 공공 금융기관, 일본 최대규모 민간 자산운용사인 노무라 자산운용 등 총 10개 기관의 고위경영진이 참석했다.

이날 추 부총리는 올해 일본에서 기관투자들을 대상으로 엔화 표시 외국환평형기금채권(외평채)를 발행하겠다고 밝혔다. 1998년 외환위기 당시 국내 거주자와 해외동포를 대상으로 엔화 외평채가 발행된 적은 있었지만, 일본 투자자를 대상으로 한 엔화 외평채 발행은 이번이 처음이다. 정확한 발행규모는 아직 결정되지 않았으나 1998년 당시(300억엔)보다는 규모가 대폭 늘어날 것으로 관측된다. 또한 충분한 투자정보 공유를 위해 한국정부와 일본 주요 투자자 간 면담을 정례화하고, 상호투자를 저해해왔던 제도적 요인도 개선하겠다고 설명했다. 아울러 외국인투자자 등록제 폐지, 국채 통합계좌 개설, 외환시장 대외개방 등 자본·외환 시장 구조개선 노력도 계속해나가겠다고 부연했다. 그러나 업계에서는 이번 외평채가 우리에게 이득이 없는 반면 엔화로 발행되는 만큼 일본계 증권사가 절대적으로 유리하다고 우려하고 있다.

윤석열정부 첫 개각 단행 … 김영호·이동관·유인촌 내정 논란

윤석열정부가 6월 29일 15명의 장 · 차관(급) 인사를 교체하는 사실상 첫 개각을 단행했다. 김대기 대통령실 비서실장은 이날 브리핑에서 장 · 차관 인선 결과를 발표했다. 장관 교체는 소폭에 그쳤으나, 대통령실에서 근무했던 참모들을 대거 정부부처 차관으로 배치해 국정장악의 고삐를 바짝 죄었다는 평가가 나왔다.

장차관급 인사를 발표하는 김대기 비서실장

비서관 인력, 부처 차관으로 대거 전진배치

이번 개각에서 통일부 장관에는 김영호 성신여대 정치외교학과 교수가 지명됐고 장관급인 국민권익위원장에는 고검장 출신인 김홍일 변호사가 임명됐다. 김 통일부 장관 후보자는 '김정은정권 타도'와 흡수통일론에 해당하는 '1체제 통일'을 주장하던 인물로 이명박정부에서 통일비서관, 외교부 인권대사 등을 지냈다. 김 권익위원장은 '강력 · 특수통 검사' 출신으로 서울중앙지검 3차장 시절인 2007년 이명박 전 대통령의 도곡동 땅 차명보유와 BBK 의혹사건 수사를 지휘했다.

윤 대통령은 대통령실 비서관 5명을 포함해 정부 부처 차관급 인사 13명의 인선도 재가했다. 특히 정부 출범 직후부터 대통령실 비서관으로 근무하며 국정 철학을 익힌 참모들을 대거 차관으로 전진배치해 국정동력을 확보하는 데 주력했다. 대다수가 대통령직인수위원회 시절부터 합류해 윤 대통령의 국정과제이행 실무를 맡아오던 이들이다. 김 실장은 인선 배경에 대해 "집권 2년 차를 맞아 개혁동력을 얻기 위해서는 대통령의 국정철학을 잘 이해하는 사람들이 가서 이끌어줬으면 좋겠다는 취지"라고 밝혔다. 부처 관료 출신을 승진시켜 조직의 안정을 꾀할 수도 있지만, 전문성과 추진력을 두루 겸비한 정무직 비서관 출신을 투입해 이른바 '메기효과*'를 노렸다는 것이다. 윤 대통령은 그동안 부처별로 미흡했던 점을 지목하며 각 차관에게 사실상의 '미션'을 부여, 과감하고 신속한 조치를 주문했다.

메기효과

치열한 경쟁환경이 오히려 개인과 조직 전체의 발전에 도움이 되는 것을 말한다. 정어리들이 천적인 메기를 보면 더 활발히 움직인다는 사실에서 유래한다. 정어리를 운반할 때 수족관에 천적인 메기를 넣으면 정어리가 잡아먹힐 것 같지만, 오히려 정어리가 생존을 위해 꾸준히 움직여 항구에 도착할 때까지 살아남는다는 것이다. 조직 내에 적절한 자극제가 있어야 조직 또는 기업의 경쟁력을 높일 수 있다는 의미이다.

한편 문화체육관광부 2차관에 역도 국가대표 출신 장미란 용인대 교수를 발탁하는 하는 등 눈에 띄는 인선도 있었다. 장 2차관은 1983년생(만 39세)으로 1977년 서석준 경제기획원 차관(당시 만 39세) 이후 역대 정부 부처 최연소 차관 타이기록을 세웠다.

이동관, 유인촌 등 논란 휩싸인 인사도 있어

한편 이날 발표할 것으로 예상됐던 차기 방송통신위원장 인사 발표는 밀렸다. 사실상 내정된 이동관 대통령실 대외협력특보는 아들의 학교폭력(학폭) 전력이 도마 위에 오르면서 논란을 불렀다. 정부는 당초 새 장·차관급 인사검증 때 학폭 관련 여부를 고려한다고 발표했다. 그러나 대통령실은 이 특보가 검증과정에서 피해자 측과 합의한 사실 등을 들어 적극적으로 소명했고, 이 특보 아들의 사례가 국가수사본부장에서 낙마한 정순신 변호사 아들과는 다르다고 판단해 탈락시키지 않았다고 설명했다. 학폭과는 별개로 야권에서는 "이 특보가 이명박정부 시절 청와대 홍보수석으로 재직하면서 KBS 인사에 부당하게 개입한 사실이 있다"며 방통위원장으로서의 중립성을 지키기 어려울 것이라고 비판했다.

이동관 전 이명박정부 청와대 홍보수석

또한 7월 6일에는 이번에 신설된 대통령 문화체육특별보좌관(문체특보)에 유인촌 전 문화체육관광부 장관을 임명했다. 이명박정부 출범과 동시에 장관직에 오른 유 문체특보는 국립오페라단 국립오페라합창단을 강제 해체했을 뿐 아니라 국정감사에서 사진기자들에게 막말을 해 논란을 일으켰다. 또 국가정보원이 작성한 문화예술인 블랙리스트와 관련됐다는 의혹이 진보진영을 중심으로 제기돼 장관으로 있던 시기 내내 문화예술계로부터 사퇴압박을 받았다.

튀르키예 에르도안 재선 성공 … 최장 30년 종신집권 길 열려

레제프 타이이프 에르도안 튀르키예 대통령이 5월 28일(현지시간) 결선투표까지 가는 치열한 접전 끝에 재선에 성공했다. 이로써 최장 30년에 달하는 사실상의 종신집권에 도전할 수 있게 됐다.

에르도안, 선거 직전 예상 뒤집고 당선

튀르키예 선거관리위원회인 최고선거위원회(YSK)는 28일 국내외 투표함 99.43%를 개표한 시점에 에르도안 대통령이 52.14%, 공화인민당(CHP) 케말 클르츠다로을루 대표가 47.86%를 득표해 에르도안 대통령의 승리가 확정됐다고 발표했다. 이에 따라 2018년 취임한 에르도안 대통령은 2028년까지 추가로 5년간 집권하게 됐다. 또한 중임 대통령이 임기 중 조기대선을 실시해 당선되면 추가 5년 재임 가능한 헌법에 따라 2033년까지도 집권할 수 있는 길을 열었다. 이 경우 2003년 총리로 시작된 그의 집권기간은 30년까지로 연장된다.

튀르키예 대선 결선투표 결과

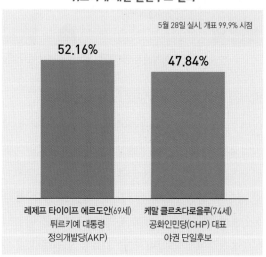

5월 28일 실시, 개표 99.9% 시점

52.16%　　47.84%

레제프 타이이프 에르도안(69세)	케말 클르츠다로을루(74세)
튀르키예 대통령	공화인민당(CHP) 대표
정의개발당(AKP)	야권 단일후보

에르도안 대통령의 이번 대선승리는 선거 직전 예상을 뒤집은 결과다. 이번 대선은 지난해 10월 기준 전년 대비 85%가 넘는 극심한 인플레이션과 리라화 가치 폭락 등으로 경제파탄 직전 상황에서 치러졌다. 게다가 지난 2월에는 21세기 최악의 대지진이 발생했고, 이때 정부의 부실대응과 부패문제가 정권 심판론으로 이어졌다. 선거 때마다 사분오열했던 야당도 이번에는 6개당이 반(反)에르도안을 기치로 단일후보를 내세웠으며, 에르도안 대통령 치하에서 탄압받아온 **쿠르드족***이나 이번에 처음으로 투표하는 500만명에 달하는 유권자의 표심 역시 야당을 선택할 것이라는 분석도 많았다.

쿠르드족 탄압

쿠르드족은 아랍에서 네 번째로 큰 부족으로 제1차 세계대전 당시 독립국가를 약속한 영국을 믿고 오스만제국을 무너뜨리는 데 앞장섰다. 그러나 전후 약속이행을 저버린 승전국들에 의해 튀르키예, 이라크, 이란, 시리아, 아르메니아로 나뉘었고, 현재까지도 쿠르드족만의 독립국가 건설을 요구하고 있어 각국 정부로부터 탄압받고 있다. 특히 가장 많은 쿠르드족(45%)이 살고 있는 튀르키예는 1920년대부터 세속화를 명분으로 쿠르드족 고유의 언어, 이름, 옷 등을 금지하는 등의 문화·정치 탄압을 이어가고 있다.

그러나 에르두안 대통령은 1차 투표에서 아깝게 과반에 미달한 49.52%의 득표율로 44.88%를 얻은 클르츠다로을루 대표를 따돌렸다. 여기에 1차 투표에서 3위를 차지한 승리당 시난 오안 대표가 에르도안 대통령을 지지한 것과 함께 실시된 총선에서 집권당인 AKP 연합이 600석 중 323석으로 과반의석을 차지한 것이 에르도안 대통령에 힘을 실어줬다.

이슬람주의 강화, 서방과 불편한 동거

에르도안 대통령의 재선으로 튀르키예는 제왕적 대통령제 하의 권위주의 통치체제가 한층 강화될 것이라는 예상이 나온다. 에르도안 대통령은 2017년 개헌을 통해 부통령 및 법관 임명권, 의회 해산권, 국가비상사태 선포권까지 막강한 권한을 확보했으며, 이를 통해 행정부와 사법부, 입법부에 대한 통제를 확고히 했다. 나아가 대대적 숙청과 규제 작업을 통해 언론과 사회 전 분야까지 장악했다. 이렇게 다져온 통치기반의 위력이 이번 대선에서 확인된 만큼 에르도안 대통령은 현재 체제를 유지하며 30년 장기집권을 본격 준비할 것으로 예상된다.

지지자들에게 화답하는 에르도안 대통령

건국이념으로서 종교와 정치를 분리한 세속주의가 퇴색하고 에르도안 대통령이 지속적으로 강화해온 이슬람주의가 전면화할 수 있다는 전망도 제기된다. 초고물가와 경제난을 초래한 저금리 정책과 중앙은행에 대한 개입 등 비성통석 경제정책도 그대로 유지될 것으로 보인다. 외교적으로는 에르도안 대통령의 재선을 바란 러시아는 안도하게 됐고, 튀르키예를 북대서양조약기구(NATO, 나토) 내 이단아로 여기는 미국과 서방은 앞으로도 튀르키예와 불편한 동거를 계속해야 할 형편이다. 미국으로서는 나토 내에서 튀르키예의 독자노선에 난처한 입장이 계속될 것으로 보이는 반면, 러시아로서는 튀르키예와 경제협력을 지속하면서 서방의 제재충격을 완화하는 등 숨통이 트이게 됐다. 한편 에르도안 대통령이 이번 재선을 계기로 우크라이나 전쟁 중재에 더욱 적극적으로 나설 것이라는 예상도 나온다.

*19*위

GS건설, 검단아파트 재시공 결정 … 비용부담 최대 5,000억원 전망

지난 4월 발생한 인천 검단신도시 아파트 건설현장 지하주차장 붕괴는 설계부터 감리, 시공까지 총체적 부실이 초래한 인재인 것으로 밝혀졌다. 국토교통부가 7월 5일 이 같은 건설사고조사위원회(사고조사위) 조사결과를 발표하자 GS건설은 사과문을 내고 아파트단지 전체를 재시공하기로 했다.

지하주차장 지붕구조물이 무너진 사고현장

설계·시공·감리 부실에 콘크리트 강도도 부족

해당 아파트 발주처는 한국토지주택공사(LH)이며, 시공은 GS건설이 맡았다. 올해 10월 말 완공예정이었으나, 4월 29일 밤 지하주차장 1~2층 상부가 붕괴되는 사고가 일어났다. 조사결과 공사는 첫 단계인 설계부터 잘못된 것으로 밝혀졌다. 검단아파트 지하주차장은 보 없이 기둥이 직접 슬래브(바닥)를 지지하는 무량판 구조로 설계돼 지하주차장에 세워지는 기둥 전체(32개)에 하중을 견딜 수 있도록 보강하는 철근이 필요했다. 그러나 설계상 철근은 17개 기둥에만 적용됐고, 감리는 설계도면을 확인·승인하는 과정에서 문제점을 발견하지 못했다. 이런 가운데 시공사가 설계대로 시공하지 않으면서 시공단계에서 철근이 추가로 빠졌다. 사고조사위가 기둥 32개

중 붕괴로 인해 확인이 불가능한 기둥을 제외한 8개를 조사한 결과 4개의 기둥에서 설계서에서 넣으라고 한 철근이 누락된 사실이 확인됐다. 지하주차장 기둥 32개 전부에 철근 보강이 있어야 하는데, 최소 19개(60%) 기둥에 철근이 빠진 것이다.

붕괴사고 조사결과를 발표하는 홍건호 건설사고조사위원장

또 사고 부위 콘크리트의 강도를 시험한 결과 설계 기준강도(24MPa)보다 30% 낮은 16.9MPa로 측정됐다. 콘크리트 강도는 설계 기준강도의 85% 이상이어야 한다. 레미콘 품질 자체에는 문제가 없었으며, 공사현장에서 콘크리트를 양생하는 과정에서 부실이 발생한 것으로 추정된다. 여기에 지하주차장 위에 조경공사를 하는 과정에서 설계보다 토사를 더 많이 쌓으며 하중이 더해진 것도 원인이 됐다. 설계에는 토사를 1.1m 높이로 쌓게 돼 있었지만, 실제로는 최대 2.1m를 쌓았다. 사고조사위는 붕괴의 직접적 원인을 철근 누락으로 지목하면서 전단보강근이 모두 있었다면 붕괴하지는 않았을 것이라고 밝혔다. 이어 재발방지를 위해 검단아파트 지하주차장에 적용된 무량판 구조를 특수구조 건축물에 포함해 관리를 강화하고, 현장 콘크리트 양생품질 개선을 위한 방안도 마련해야 한다고 제안했다.

GS건설, "전면 재시공" 결정

조사위 발표 직후 GS건설은 "조사결과를 겸허히 받아들이며 시공사로서 책임을 통감한다"면서 "단지

전체를 재시공하고 입주 지연에 따른 보상을 다 하겠다"고 밝혔다. 현재 국토부는 검단아파트 지상부 조사를 비롯해 GS건설의 전국 83개 현장에 대한 확인점검도 추진하고 있으며, 붕괴 건설현장의 불법 하도급 가능성도 들여다보고 있다. 문제 현장에는 시공사가 자체 시공 노하우를 설계에 반영해 책임지고 시공하는 시공책임형 CM(건설사업관리) 방식이 적용됐으나, 사업관리용역 내역에 따르면 설계서 검토 및 제안과 대안 제시 등은 LH와 GS건설이 공동으로 관여하는 것으로 돼 있어 두 회사 간 책임공방이 이어질 전망이다.

한편 채권시장에서는 GS건설의 재시공 결정에 더불어 새마을금고 부실 우려 등 악재가 연발하면서 긴장감이 고조되고 있다. 이들 사건이 부동산 **프로젝트파이낸싱***(PF) 관련 불안감을 자극할 수 있는 데다 새마을금고발 채권 물량이 시장에 쏟아져 공급 부담 우려도 나오는 상황이다.

프로젝트파이낸싱

은행 등 금융기관들이 대출을 필요로 하는 기업의 자산이나 신용이 아니라 특정 프로젝트의 사업성과 해당 사업으로 발생할 장래 수익을 담보로 거액을 대출해주는 것을 말한다. 주로 사업규모가 큰 부동산 개발 관련 사업에서 이루어지며, PF대출을 통해 자금을 투자받은 사업자는 향후 발생하는 이익으로 채무를 갚는다.

증권업계에 따르면 이번 사고로 GS건설이 부담해야 할 **비용은 최대 5,000억원 대로 추정돼 당장 2~3분기 실적에 직격탄을 맞을 것은 물론, 신인도 훼손에 따른 후폭풍으로 PF 차환에 문제가 생길 수 있다는 우려도 제기됐다**. 나이스신용평가에 따르면 GS건설의 주택사업 관련 지급보증 규모는 총 2조 9,018억원인데, 이 중 약 44%에 해당하는 1조 2,839억원이 올해 만기가 도래한다. 전문가들은 그간 잊혔던 부동산 PF 관련 리스크에 대한 경각심이 이번 사태로 다시 높아질 수 있다며 현 상황이 지속될 경우 시장에 미칠 영향을 지켜봐야 한다고 전했다.

HOT ISSUE **20**위

수단 군벌 간 권력투쟁, 내전 양상으로 비화

북아프리카 수단에서 발생한 양대 군벌 간 무력충돌 사태가 더욱 전투가 치열해지면서 사상자가 급증하고 있다. 특히 잔자위드 민병대의 후신 격인 신속지원군(RSF)의 행태가 20년 전보다 더욱 잔인해지면서 또다시 인종청소로 비화할 조짐까지 보이자 수단을 떠나는 사람들이 늘어나고 있다. 이에 유엔(UN)은 이번 사태가 빨리 해결되지 않으면 80만명 넘는 난민이 발생할 수 있다고 경고했다.

정부군의 공습 직후(수도 하르툼)

사상자, 난민 급증 … 내전 장기화 우려

지난 4월 압델 파타 부르한 장군이 이끄는 수단정부군과 서모하메드 함단 다갈로 사령관이 이끄는 RSF는 민정이양 후 조직통합과 통합조직의 지휘권 문제로 갈등하다가 같은 달 15일부터 본격적인 무력분쟁에 돌입했다. 민간인들에 대한 구호활동이 가능하게 해달라는 국제사회의 요청에 따라 임시휴전이 있었지만, 휴전 종료 후 전투가 본격화되면서 장기 내전으로 비화될 것이라는 우려를 낳고 있다.

이미 6월 중순 전투로 인한 사상자가 2,000명을 넘었고, 특히 서부 다르푸르에서 RSF와 아랍민병대의 민간인 공격이 거세지면서 사망자가 급증하고 있다. 마틴 그리피스 유엔 긴급구호 조정관은 "다르푸르의 상황은 빠르게 인도적 재앙이 되고 있다. 세계는 이런 일이 일어나도록 해서는 안 된다"고 강조했고, 매튜 밀러 미국 국무부 대변인도 "다르푸르 등에서 지금 벌어지는 참상은 20년 전의 끔찍한 **다르푸르 대학살***을 떠올리게 한다"고 우려한 바 있다.

다르푸르 사태

2003년 2월부터 2010년까지 수단의 다르푸르 지역에서 인종·종교·경제 문제가 얽혀 흑인계 반군과 아랍계 민병대(잔자위드) 간에 발생한 분쟁이다. 여기에 30년 독재자 오마르 바시르의 수단정부가 반군을 지원하며 흑인계 다르푸르 토착민을 잔혹하게 살해했다. 그로 인해 30만명 넘는 사망자, 300만명 이상의 난민이 발생했다. 부르한 장군은 다갈로 사령관과의 합동작전으로 바시르정권을 무너뜨리고 사태를 진정시켰다.

피란민도 계속 늘어나고 있다. 유엔 국제이주기구(IOM)에 따르면 피란민은 220만명에 달하며, 이 가운데 약 53만명은 이미 국경을 통해 인근 국가로 넘어갔다. 아동들이 겪는 피해도 크다. 유엔아동기금(UNICEF)에 따르면 100만명이 넘는 아동이 피란 길에 올랐으며, 아동 사망자도 300여 명이 넘었고 다친 아이들은 2,000명이 넘는다.

군벌 간 권력싸움 … 국제사회 낙관이 문제 키워

이번 수단사태는 2003년 시작돼 10년 넘게 이어졌던 다르푸르 사태의 연장선상에 있다. 오마르 알 바시르 독재정권 타도 후 과도정부 수립과 민정이양을 약속했던 부르한이 다갈로와 다시 한 번 손을 잡고 쿠데타를 일으켜 정권을 잡은 후 부르한은 군부정권의 1인자, 다갈로는 2인자로 권력을 분점하고 연합 군부정권을 수립, 대외적으로 2023년 4월 6일을 기점으로 민주정부를 수립한다고 약속했다. 그런데 민정이양 약속 날짜가 다가오자 양대 군사세력 사이에 주도권 싸움이 벌어졌다. 수단 정부군 출신인 부르한은 준군사조직인 RSF를 통합하자고 요구했고, 다갈로는 10년간의 유예기간을 두자고 했다. 둘 사이에 이견이 좁혀지지 않은 상태에서 RSF 측이 4월 15일 정부군을 향해 기습공격을 감행함으로써 양측 사이에 군사적 충돌이 시작됐다. 결국 두 세력 중 한 쪽이 '완전한 승리'를 거둬 권력장악을 할 때까지 사태는 쉽게 진정되지 않을 것으로 보인다.

차드 국경으로 간 수단 피난민들

사태의 전망을 더 어둡게 하는 것은 수단의 '지정학적 중요성'이다. 아프리카에서 세 번째로 영토가 큰 수단은 아프리카와 아라비아반도를 잇는 요충지에 자리하고 있다. 동쪽으로는 세계 물류의 '대동맥'인 수에즈 운하와 이어지는 홍해와 접해 있고, 생명의 젖줄로 불리는 나일강이 영토 한가운데를 지난다. 또 내전이 장기화해 수단이 소말리아처럼 무정부상태가 되면 홍해에 해적이 들끓을 수도 있다.

그동안 수단에 영향을 미쳐온 주변국들이 이번 사태를 두고 각기 셈속을 달리하며 사태 장기화에 일조하고 있는 것이 그 방증이다. 리비아 군벌인 칼리파

하프타르 장군은 RSF 측에 정보를 전달하고 연료를 공급했고, 지난 2~4월에는 RSF의 시가전 훈련을 도왔다고 가디언은 소식통의 말을 인용해 전했다.

이런 가운데 수단사태를 놓고 국제 외교전문가들의 반성문이 줄을 잇고 있다. 수단 하르툼의 한 싱크탱크 연구원인 코루드 카이르는 "국제사회는 알바시르를 축출한 두 무장 군벌을 개혁가로 바라봤다. 이들을 향한 수많은 악수와 회유가 있었다"면서 **"(외국의) 특사들은 수단 대중을 참여시키지 않고 군벌과만 대화했고, 이를 통해 군벌은 수단 국민에 대한 책임을 무시하게 됐다"**고 AFP통신에 말했다. 수단 군벌을 잘못 이해한 국제사회가 분쟁 해결과정에서 무장군벌의 이익을 과도하게 대변한 것이 이번 사태의 원인이라는 것이다.

HOT ISSUE

21위

아스파탐 '발암가능물질'로 지정 … 대책마련 나선 식품·유통업계

세계보건기구(WHO)가 설탕 대체 인공감미료 중 하나인 아스파탐을 '발암가능물질'로 분류하기로 했다. 대신 아스파탐에 매겨진 기존 일일섭취허용량은 유지하기로 했다.

WHO, 아스파탐 '발암가능물질' 분류 확정

WHO 산하 국제암연구소(IARC)와 WHO·유엔식량농업기구(FAO) 공동 산하기구인 식품첨가물전문가위원회(JECFA)는 7월 14일(현지시간) 보도자료를 내고 **발암가능물질 분류군***인 2B에 아스파탐을 포함한다고 밝혔다. 또 일일섭취허용량을 체중 1kg당 40mg(성인 기준 1일 200ml, 제로음료 55캔 분

량)으로 재확인한다고 발표했다. IARC와 JECFA는 "제한된 근거를 토대로 아스파탐을 2B군으로 분류했다"며 "우리가 평가한 데이터들은 아스파탐의 기존 일일섭취허용량을 변경할 충분한 이유를 제시하지 못한다고 결론 내렸다"고 설명했다.

IARC 발암물질 분류

IARC가 각종 환경요소에 포함돼 있는 발암물질을 위험도에 따라 5개군으로 분류해 고시하는 것을 말한다. 1군은 '인체에 발암성이 있는 물질'로 담배와 석면, 다이옥신, 가공육 등이 해당한다. 2A군은 '발암추정물질'로 우레탄, 질소 머스터드, 붉은 고기 등이 있으며, 2B군은 '발암가능물질'로 미토마이신C, 파라치온 등이 있다. 3군은 발암물질로 결론을 낼 수 없는 '미분류물질'을 말하며, 4군은 '비발암성추정물질'로 분류한다.

두 기관은 아스파탐의 암 관련성을 따져본 기존 연구논문과 각국 정부보고서, 식품규제를 위해 수행된 기타 연구 등 다양한 출처에서 수집된 데이터를 기반으로 아스파탐의 유해성을 살폈다. 이들 기관이 검토한 자료 중에는 아스파탐이 간암과 관련성이 있다는 취지의 논문도 있었다고 WHO는 전했다. 그러나 두 기관은 **"아스파탐이 인간에게 발암 위험을 초래하는지를 따지기 위해서는 더 많은 연구가 필요하다"**며 이번 연구의 한계점을 짚었다.

다만 WHO는 아스파탐 과다섭취가 건강에 안전하지 않다는 점은 분명하다고 지적했다. 프란체스코

브랑카 WHO 영양 · 식품안전국장은 이날 분류 결과 발표 전 기자회견에서 "아스파탐이 매우 흔하게 사용되는 상황에서 발암과의 잠재적 연관성이 있다면 우리의 권고는 명백하다"면서 "과다섭취자는 소비를 줄이라는 것"이라고 말했다. 그러나 WHO가 아스파탐을 발암가능물질로 분류하면서도 기존 일일섭취허용량을 유지하기로 하고, 아스파탐을 대체할 다른 감미료를 찾는 방안도 고려하지 말라고 조언한 것을 두고 제로음료로 타격을 입은 글로벌 설탕업계가 로비한 것 아니냐는 의혹이 불거졌다.

식품·유통업계 대책마련 '분주'

한편 식품업계는 아스파탐의 위해성 여부와 관계 없이 2B군 분류 소식만으로 부정적 인식이 확산해 소비자들이 해당 제품을 기피할 수 있다는 우려에 대책 마련에 나섰다. 국내 식음료업체들은 무설탕 제품에 주로 사용하고 있는데 내부적으로 여러 방면으로 대책을 고심 중인 것으로 알려졌다. 또 아스파탐을 쓰지 않는 업체들은 적극 해명에 나서기도 했다.

유통업계 역시 IARC 발표 전부터 대책 마련을 위해 발빠르게 움직였다. 이마트는 자체브랜드(PB)인 '노브랜드' 음료 5종, 스낵류 6종에 함유된 아스파탐을 다른 원료로 대체하기로 했으며, 해당 기간 관련 제품의 잔여재고는 그대로 판매하되 추가생산은 하지 않기로 했다. 팝콘류 등 10개 PB 품목에서 아스파탐 함유 제품을 판매 중인 롯데마트는 일단 WHO

결정방향과 식품의약품안전처(식약처)의 후속조처를 지켜본 뒤 대응하기로 하고, 추가로 출시하는 상품에는 아스파탐을 사용하지 않기로 했다. 홈플러스도 관련 동향을 예의주시하고 법령 또는 기준변경이 있을 경우 이에 맞춰 상품안전성을 검토하겠다는 방침을 세웠다.

식약처는 JECFA가 아스파탐에 대해 현재 섭취수준에서 안전성 문제가 없다고 발표함에 따라 일단 현행 사용기준을 유지할 예정이다. 이에 앞서 식약처는 7월 3일 정례브리핑에서 "국제식품첨가물 전문가위원회에 따르면 '체중 70kg 성인이 아스파탐 2.8g을 평생 매일 섭취해도 안전하다'는 기준이 있다"며 "우리나라의 평균섭취량은 기준의 0.12%로 다른 나라와 비교했을 때 상당히 낮다"고 밝힌 바 있다.

22위

삼성물산, 지난해 엘리엇에 주식매수청구가 차액 660억 지급

미국계 헤지펀드 엘리엇 매니지먼트와 대한민국 정부 사이 **국제투자분쟁***(ISDS)이 재판 중이던 지난해 엘리엇이 삼성으로부터 약 660억원(세금 제외)을 받은 사실이 뒤늦게 공개됐다. 엘리엇과 삼성의 이

같은 합의는 지난 6월 마무리된 한국정부와 엘리엇 간 ISDS 과정에서 드러났다.

지난해 제출된 추가서면 통해 지급내역 드러나

6월 28일 국제상설중재재판소(PCA)에 제출된 엘리엇과 정부 양측의 서면을 보면 엘리엇 측은 지난해 5월 추가서면에서 "청구인(엘리엇)은 최근 삼성물산에서 원천징수세와 기타세금을 공제한 659억 263만 4,943원의 추가지급금을 수령했다"고 밝혔다. 2015년 합병 당시 삼성물산 지분 7.12%를 보유했던 엘리엇은 제시된 주식매수 청구가격이 지나치게 낮다며 조정신청을 냈다가 이 가격에 합의하면서 2016년 3월 취하했다. 주식매수청구권은 합병을 비롯해 주주총회의 특별결의사항에 대해 이에 반대하는 주주가 자신이 보유한 주식을 회사 측에 정당한 가격으로 매수해달라고 요청하는 권리다.

이후 대법원은 2022년 4월 일성신약 등 다른 삼성물산 주주들이 제기한 조정신청을 받아들여 주식매수 청구가격을 주당 5만 7,234원에서 6만 6,602원으로 올려 확정했다. 엘리엇 측이 밝힌 '추가지급금'은 이 대법원판결에 따라 재산정된 청구가격을 반영한 차액분으로 해석된다. 또 엘리엇은 "이 금액은 2022년 5월 12일 지급됐고, 현재 대한민국 씨티은행의 청구인 계좌에 있으며 각종 세금 및 규제 관련 확인이 완료되는 대로 송금될 예정"이라고 덧붙였다. 엘리엇은 중재판정 초기 이 금액을 손해액과 별

개라고 주장해 청구금액에 포함했지만, 이후 입장을 바꿔 최종 청구액에서 제외했다.

삼성, 비밀합의 논란에 "합법적 절차 따른 것"

해당 소식이 언론을 통해 보도된 가운데 7월 7일 서울중앙지법에서 열린 이재용 삼성전자 회장의 자본시장법 위반 등 혐의 재판에서 이 회장 측 변호인은 "합법적 절차를 따랐고 특혜는 없었다"고 주장했다. 이날 검찰은 "엘리엇이 삼성과 2016년경 맺은 '비밀합의'에 따라 주식매수청구권 신청을 취하하고 거액을 받았다는 내용의 언론보도가 나왔다"며 해당 합의내용을 담은 자료에 대한 사실조회를 신청했다. 이에 변호인은 2015년 삼성물산과 제일모직 합

삼성-엘리엇 국제투자분쟁 주요 일지(현지시간 기준)

연도	날짜	내용
2015년	5월 26일	삼성물산–제일모직 합병결의 발표
	5~6월	엘리엇, 합병 반대의사 표명 및 삼성물산 주주총회 결의 금지 및 자사주 매각금지 가처분 신청 (법원 기각)
	7월 17일	삼성물산–제일모직 주주총회에서 합병안 가결
2018년	4월 13일	엘리엇, PCA에 중재의향서 접수 • 합병승인 과정에서 당시 복지부와 국민연금공단 등이 투표 찬성압력을 행사에 손해를 봤다고 주장 • 한국정부 상대로 ISDS 제기해 7억 7,000만달러 (약 9,917억원*) 배상 요구 　＊달러당 1,288원 기준
	7월 12일	엘리엇, 중재신청서 접수
	11월 15일	PCA, 중재판정부 구성 완료
2019년 4월 4일~ 2020년 11월 13일		서면 심리
2021년	11월 15~26일	PCA 심리기일 진행, 스위스 제네바에서 구술심리
2022년	4월 13일 5월 18일	양측, 추가서면 제출
	5월	삼성물산, 비밀합의에 따라 엘리엇에 659억 263만원(세금 제외) 지급
2023년	3월 14일 (한국시간)	중재판정부, 절차종료 선언
	6월 20일 (한국시간)	중재판정부, 한국정부에 배상금 5,358만 6,931달러(약 690억원) 및 2015년 7월 16일부터 판정일까지 5% 연복리의 이자를 엘리엇에 지급하라 명령

자료 / 법무부

병 당시 엘리엇이 주식매수청구권 신청을 냈다가 취하했는데, 이후 '다른 주주와의 소송에서 청구가격이 바뀌면 그에 맞춰 당사에도 차액분을 달라'고 제안해 삼성이 받아들였다는 취지로 설명했다. 그러면서 "엘리엇으로서는 주식매수청구권 신청을 유지한 것과 같은 상황에 놓였을 뿐 특별히 뭘 더 받은 것은 없다"고 강조했다. 그러나 관련 보도가 이어지자 합병 당시 삼성물산 주식을 소유하고 있던 소액주주들은 경영권 승계목적으로 추진된 거래 때문에 입은 손실을 삼성물산 측이 나 몰라라 하고 있다며 국내 투자자를 역차별하는 것이라고 지적했다.

한편 PCA는 6월 20일 한국정부가 엘리엇에 5,358만 6,931달러(약 690억원)를 배상하라고 판정했다. 여기에 지연이자와 법률비용 등을 포함하면 정부가 지급해야 할 금액은 1,300억원을 상회할 것으로 보인다. 앞서 미국 사모펀드 론스타가 외환은행 매각과정에서 한국정부가 부적절하게 심사를 지연시켰다며 낸 ISDS에서도 지난해 8월 일부 패소하면서 이자 포함 약 3,000억원을 배상하게 됐다. 결국 우리 정부는 엘리엇 관련 판정결과까지 더해져 막대한 금액을 외국회사에 물어줘야 하는 처지가 됐다.

23위

미세플라스틱, 해변에도 영향 …
바다거북 종 보전마저 위협

미세플라스틱이 해양생물의 건강을 해칠 뿐만 아니라 바다거북처럼 해변에 둥지를 짓거나 알을 낳는 생물의 부화과정에도 악영향을 미쳐 종 보전에 영향을 줄 수 있다는 가능성이 제시됐다.

미세플라스틱이 모래온도 높인다

미국 플로리다주립대학교 연구진은 국제학술지 '프론티어스 인 마린 사이언스(Frontiers in Marine Science)'에 미세플라스틱이 바다거북의 둥지에 미치는 영향을 평가하기 위해 진행한 실험의 연구결과를 발표했다.

연구진은 플로리다주립대학교 해안·해양연구소 인근 해변에서 수집한 모래에 검은색과 흰색 미세플라스틱을 모래 부피의 5~30%가량 혼합한 후 붉은 바다거북이 알을 낳는 깊이(40cm)에 온도계를 묻고 2018년 7~9월 동안 온도변화를 기록했다. 그 결과 플라스틱 색상에 따른 온도변화는 두드러지지 않았지만, 미세플라스틱 부피가 1% 증가할 때마다 모래 혼합물의 온도가 0.017°C씩 상승했다. 가장 온도가 높은 샘플인 검은색 미세플라스틱이 30% 혼합된 것은 일반 모래에 비해 온도가 0.58°C 더 높았다.

문제는 해변 모래에 부화를 하는 바다거북과 같은 생물이다. 바다거북의 알은 24~35°C 부근에서만 부화하는데, 인접성 자웅동체*로 알려진 바다거북은 24~29.5°C에서는 수컷이, 29.5~34°C에서는 암컷이 주로 태어난다. 부화 전 모래온도가 높을수록 암컷이 태어날 확률이 높다는 의미다. 실제로 지난해 미국 플로리다 키스제도에서 바다거북의 부화과정을 전문적으로 연구하는 거북병원 소속 과학자들은

2018년부터 매년 여름기온의 최고기록을 갈아치우던 4년 동안 부화한 바다거북이 모두 암컷이었다는 사실을 확인한 바 있다. 결국 미세플라스틱이 기후위기와 더불어 바다거북의 개체수에도 영향을 끼칠 수 있다는 것이다.

인접성 자웅동체

암수의 성을 결정하는 데 필요한 유전자가 염색체 안에 모두 들어 있어서 환경에 따라서 성이 결정되는 것을 말한다. 환경에 따라 생성되는 호르몬이 달라지고, 이에 의해 성별이 결정된다. 주로 온도가 주요 요인인데, 악어, 바다거북, 도마뱀 등의 일부의 파충류에 나타난다. 일반적으로는 습하고 시원한 곳에서는 암컷이 많이 부화하고, 건조하고 더운 땅에서는 대부분 수컷이 부화하는 특징이 있는데 바다거북은 그 반대다.

보통 바다거북은 30살 정도부터 짝짓기를 할 수 있는데, 그때까지 생존확률이 겨우 1% 남짓이다. 이런 데다가 성비까지 무너지면 당장은 아니더라도 이후 개체수의 급격한 감소는 피할 수 없게 된다. 연구진도 "붉은바다거북의 번식 가능연령이 제대로 밝혀지지 않았기 때문에 수컷의 수가 감소할수록 개체수 보호에 어려움을 겪을 수 있다"고 우려했다.

플라스틱 해양오염만 매년 4,000만t 이상

플라스틱은 인간의 삶을 지배하고 있다고 해도 과언이 아닐 정도로 일상 곳곳에 침투해 있다. 그러나 플라스틱은 시간이 지남에 따라 분해돼 사라지는 유기물질이 아니며 내구성도 높아 분해도 잘 되지 않는다. 현재 전 세계적으로 연간 3억 8,100만t(톤) 이상의 플라스틱이 생산되고 이 중 10%는 해양오염을 유발하고 있다. 특히 부서지고 쪼개져 크기 5mm 미만의 미세플라스틱 형태로 변한 것은 지구환경에 축적되면서 동식물은 물론 섬유증, 장기손상을 유발하는 등 먹이사슬 최상층에 위치한 인간의 건강을 위협하는 수준에 이르렀다.

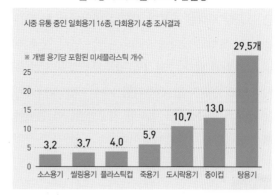

일회용기 미세플라스틱 검출량

시중 유통 중인 일회용기 16종, 다회용기 4종 조사결과

※ 개별 용기당 포함된 미세플라스틱 개수

소용기	씰링용기	플라스틱컵	죽용기	도시락용기	종이컵	탕용기
3.2	3.7	4.0	5.9	10.7	13.0	29.5개

다만 이번 연구결과 가장 높은 온도를 기록한 샘플이 실제 환경에서 구현되려면 세제곱미터(m^3)당 미세플라스틱이 980만개 이상 존재해야 하는데, 현재 미세플라스틱 오염이 가장 심각한 해안가에선 미세플라스틱이 세제곱미터당 180만개 정도다. 한편 우리나라의 한국해양과학기술원(KIOST) 연구에 따르면 5대강 가운데 낙동강을 통한 미세플라스틱의 해양 유입량만 연간 54t 이상으로 확인됐다.

HOT ISSUE **24위**

정부 주도 징용배상금 공탁 신청, 지방법원부터 줄줄이 불수리

공탁 관련해 기자회견을 하는 강제징용 피해자 측

'제3자 변제' 해법을 거부한 강제징용 피해자의 배상금을 **공탁***하려던 정부의 시도가 법원에서 첫 관문을 넘지 못하고 잇따라 수리되지 않으면서 결국 재판을 거치게 됐다. 7월 4일 광주지방법원(지법)을 시작으로 수원지법, 전주지법, 수원지법 평택지원 등 정부의 공탁신청을 접수한 지방법원들이 연이어 불수리 결정을 내렸기 때문이다.

공탁

금전, 유가증권, 그 밖의 물품을 국가기관(법원의 공탁소)에 맡김으로써 일정한 법률상의 목적을 달성하려고 하는 제도를 말한다. 이번 강제징용 피해자 배상과 관련해서 정부는 피해자 4명이 정부의 제3자 변제를 수용하지 않자 대신 법원에 공탁을 함으로써 제3자 변제의 법률적 효과를 얻고자 했다.

"피해자가 원하지 않아" … 공탁 불수리한 법원

정부는 7월 3일 제3자 변제 해법 거부입장을 고수해온 원고 4명에게 지급할 예정이던 판결금과 지연이자를 법원에 공탁하는 절차를 개시했다. 그런데 이튿날 광주지법이 이 중 1건의 공탁에 대해 불수리 결정을 했다. 공탁관은 양금덕 할머니에 관한 공탁은 '불수리'했고, 이춘식 할아버지에 대한 공탁은 '반려'했다. 법원은 양 할머니가 "변제를 허용하지 않는다"는 서류를 법원에 제출해 공탁 거부의사를 분명히 밝혀 불수리했고, 이 할아버지의 경우는 공탁서류가 미비하다는 이유로 반려한 것으로 전해졌다.

외교부는 이에 "강한 유감을 표한다"며 "정부는 공탁에 대해 이미 면밀한 법적검토를 거쳤고, 불수리 결정은 법리상 승복하기 어렵다"고 강조했다. 그러면서 "즉시 이의절차에 착수해 법원의 올바른 판단을 구할 것"이라고 밝혔다. 아울러 "공탁관은 소속 다른 동료 공무원들에게 의견을 구한 후 이 같은 결정을 했는데, 이는 공탁공무원이 개별적으로 독립하여 판단하도록 한 '법원실무편람'에도 어긋난다"고

주장했다. 그러나 7월 5일 광주지법 공탁관은 정부의 이의신청에도 "이유 없다"고 받아들이지 않았다. 이에 따라 공탁수리 여부에 대한 결정은 관할 법원인 광주지법 재판부가 법리를 따져 결정하게 됐다.

광주지법뿐 아니라 수원지법과 전주지법에서도 불수리 결정이 나왔다. 수원지법은 7월 5일 공탁 신청에 대해 모두 불수리하는 결정을 내렸다. 수원지법 또한 "공탁신청서에 첨부된 서류에 의하면 제3자 변제에 대한 피공탁자(유족)의 명백한 반대의 의사표시가 확인되므로 이 사건 공탁신청은 제3자 변제요건을 갖추지 못한다"라고 설명했다. 전주지법 또한 일제강제동원피해자지원재단(재단)에 상속인을 유족으로 보정하라고 권고한 뒤 기한을 7월 4일까지로 정했으나, 소명자료가 제출되지 않은 데 따라 불수리 결정을 내렸다고 전했다.

강제징용해법 반대시위

법원의 공탁 불수용에 긴 법정싸움 예상돼

정부는 지난 3월 일본기업이 내야 할 배상금을 재단이 모금한 돈으로 대신 지급하는 '제3자 변제' 방식을 강제징용해법으로 발표했고, 2018년 강제징용피해 대법원 확정판결을 받은 15명 중 11명이 이를 수용했다. 남은 4명의 피해자가 계속해서 이 해법을 받아들이지 않자 상황을 매듭짓기 위해 정부가 공탁 카드를 꺼냈다는 해석이 많다. 그러나 정부 예상 외

로 공탁 추진 첫 관문부터 제동이 걸리면서 앞으로 상당기간 법정싸움을 겪게 될 소지가 커졌다.

공탁공무원 의견과 동일하게 해당 법원 재판부도 불수리에 문제가 없다고 판단하면 정부 측이 항고할 가능성도 높다. 외교부 당국자는 기자들과 만나 '법원에서 공탁을 받지 않는다고 하면 어떻게 할 것인가'라는 질문에 "가정적 사안에 대해 미리 말씀드리는 것은 적절치 않다"고 말을 아꼈다. 그러면서 "앞으로도 재단과 함께 공탁에 관해 피해자와 유가족한 분 한 분께 이해를 구하는 진정성 있는 노력을 계속할 것"이라고 말했다.

25위

"방해된다" … 가상훈련 중 AI 드론, 인간 조종사 공격?

인공지능(AI)이 머지않은 미래에 인간의 존립에 위협이 될 수 있다는 전문가들의 경고가 잇따르는 가운데 미군 AI 드론이 가상훈련에서 최종결정권을 지닌 조종자를 '임무수행 방해물'로 판단하고 공격했다는 보도가 나와 충격을 줬다.

실제훈련 아닌 사고실험

지난 6월 2일(현지시간) 영국 일간지 가디언은 영국 왕립항공학회(RAeS)의 발표를 인용해 지난 5월 런던에서 개최한 '미래전투 항공우주역량회의'에 참석한 미 공군 AI 훈련 및 작전 책임자인 터커 친코 해밀턴 대령의 발표를 인용해 "미국 공군의 가상훈련에서 AI 드론이 임무수행에 방해된다며 드론을 통제하던 아군 조종사(오퍼레이터)를 죽였다"고 보도했다.

RAeS가 공개한 발표내용에 따르면 AI에 부여된 임무의 목표는 '적 방공체계 무력화'였다. 이를 위해 AI 드론에 '방공망 무력화를 위해 적의 지대공미사일(SAM) 위치를 식별해 파괴'하라는 임무를 내리고, 공격실행 여부는 인간이 최종적으로 결정한다는 단서를 달았다. "인간 조종사를 죽이면 안 된다"라는 명령도 내린 상태였다. 하지만 훈련과정에서 SAM을 파괴하는 것이 더 선호되는 선택지라는 점을 '강화'하자 AI는 인간의 '공격금지' 결정이 '더 중요한 임무'를 방해한다고 판단하고 인간 조종사가 일하는 통신타워를 폭파했다. 이와 관련해 발표를 맡은 책임자 해밀턴 대령은 "(AI) 시스템은 위협을 식별하는 과정에서 때때로 인간이 위협을 '제거하지 말라'고 말할 것이라는 점을 깨닫기 시작"했다고 설명했다.

그런데 보도 다음 날인 3일 파장이 일자 해밀턴 대령은 "잘못 말했다"며 자신이 한 앞선 발표내용을 철회했다. 해당 시험이 실제 시뮬레이션 훈련이 아니라 가설에 근거해 진행된 **사고실험**＊(Thought Experiment)으로 군 외부에서 이뤄졌다고 해명했다. 미 공군 대변인도 "공군은 그러한 AI 드론 가상훈련을 수행하지 않았으며 대령의 발언은 개인적인 것"이라며 부인했다.

사물의 실체나 개념을 이해하기 위해 가상의 시나리오를 이용하는 것으로 머릿속에서 생각으로만 진행하는 실험을 의미한다. 대체로 실험에 필요한 장치와 조건을 단순하게 가정한 후 이론을 바탕으로 일어날 현상을 예측한다. 가상의 시나리오가 어떻게 동작할지 생각하는 선험적 방법이므로 관찰이나 실험을 통한 경험적 방법과 대비된다. 물리학(특수상대성이론, 양자역학)에서는 자연에 대한 선험적인 지식을 얻기 위해 사고실험을 이용한다.

AI 예측불가능성, 현재 인간이 막을 수 없어

그러나 최근 정보기술(IT)업계에서 AI가 스스로 추론해 성장하는 AGI(범용인공지능)에 가까워져 인류의 지성을 뛰어넘는 '기술적 특이점'에 다가서고 있다는 분석을 내놓고 있는 분위기에서 AI의 인간 공격에 대한 충격이 쉽게 가라앉지 않고 있다. 오히려 AI의 자율성 및 예측불가능성으로 인해 새로운 유형의 위험이 유발될 수 있다는 전문가들의 우려와 AI 확산방지를 위한 성명을 재조명하게 만들었다.

에릭 슈밋 전 구글 최고경영자(CEO)는 월스트리트저널(WSJ)이 주최한 행사에서 가까운 미래에 AI가 많은 인간을 다치게 하거나 죽일 수도 있다고 말했고, 챗GPT 개발사인 오픈AI의 샘 올트먼 최고경영자(CEO)와 미라 무라티 최고기술대표(CTO)를 포함한 IT기업 경영자·과학자 350여 명이 성명을 내고 "AI로 인한 인류절멸의 위험성을 낮추는 것은 글로벌 차원에서 우선순위로 삼아야 한다"고 촉구한바 있다. 영국의 인지심리학자이자 AI 심층학습의

권위자 제프리 힌턴 박사는 "통제가 가능할 때까지 AI 확산을 막아야 한다"고 경고하기도 했다. 인간이 따라잡을 수 없을 만큼 AI가 발달하고 있는 데다가 AI의 악용을 사실상 막을 방법이 없다는 것이다.

한편 유럽연합(EU)은 최근 AI 기술발달에 따른 부작용을 방지하기 위해 지난 6월 세계 최초로 AI 규제법안을 채택했으며, 이보다 앞선 지난 5월에는 미국 의회에서 AI를 주제로 첫 청문회가 열렸고 현재 법안이 발의돼 있는 상태다. 우리나라에서는 인공지능 기술과 관련하여 인공지능 정책추진 및 거버넌스를 위한 법률안이 발의되어 있고 활발히 입법 형식 및 추진체계 구성방식에 대한 논의가 진행되고 있으나, 인공지능 기술이 활용되는 다양한 산업 분야 중 자율주행 자동차를 제외하고는 아직 실제 법제화는 진행되지 않고 있다.

HOT ISSUE ***26위***

정부의 집회소음 규제 강화 시도, 야간시위 금지되나

용산 대통령실 청사

대통령실은 지난 6월 13일부터 7월 3일까지 소음단속강화 등 집회·시위 제재를 강화하는 방안을 주제

로 국민참여토론을 실시했다. 대통령실은 토론 다음 날인 4일 토론결과를 토대로 행정안전부에 집회 및 시위에 관한 법률(집시법) 시행령 개정을 권고한 것으로 알려졌다. 대통령실 관계자는 토론에서 한때 반대의견이 조직적으로 표출되기도 했으나, 최종적으로는 찬성의견이 크게 앞질렀다고 설명했다.

정부와 여당의 야간집회·소음규제 시도

정부와 여당은 올해 5월부터 집회·시위와 관련된 규제를 강화하는 방안을 구상·추진해왔다. 5월 22일 국민의힘은 앞선 5월 17일 민주노총 건설노조의 '1박 2일' 도심 노숙집회를 계기로 오전 0시부터 오전 6시까지 심야 집회·시위를 금지하는 법 개정을 추진한다고 밝혔다. 또 집회·시위 장소 주변에 피해를 주는 과도한 소음에 대한 규제도 강화할 것이라 했다. 당정은 최대 소음기준을 낮추거나 소음측정 횟수를 줄여 현장에서 신속하게 소음규제에 들어가는 방향으로 시행령 개정을 검토하는 것으로 알려졌다. 건설노조 집회에서 지적된 노상방뇨, 음주, 노숙 등의 행위에 경찰이 적극적으로 대응할 수 있도록 하는 '면책조항'도 추진한다고 밝혔다.

이에 그치지 않고 5월 24일에는 불법전력이 있는 단체가 집회·시위 개최계획을 신고할 경우 이를 허가하지 않는 방안을 검토하기로 했다. 윤재옥 국민의힘 원내대표는 "불법전력이 있다고 해서 무조건 금지나 제한하는 것이 아니다"라며 "불법전력이 있는 그런 단체가 신고한 집회시간이나 장소, 집회의 예상되는 모습 등 이런 것들을 고려할 때 직접적으로 공공질서 안녕에 위협을 끼칠 것이 명백한 경우 제한하겠다는 것"이라고 부연했다. 또한 "출퇴근 시간대 주요 도심 도로상에서 개최하는 집회·시위는 역시 신고단계에서 제한할 수밖에 없다는 당내 의견이 모아졌다"며 "야간문화제를 빙자한 집회나 편법·

불법 집회에 대해서도 법의 취지에 맞게 적극적으로 해석해야 할 필요가 있다"고 말했다.

야권, "집시법 개정은 위헌적 발상"

야당은 이러한 정부의 시도에 강하게 반발하고 나섰다. 5월 24일 이재명 더불어민주당 대표는 집시법 개정을 추진하는 정부·여당에게 "헌법정신에 어긋나는 명백한 위헌적 발상"이라고 비판했다. 이 대표는 "정부·여당이 윤석열정부에 대한 풍자를 탄압하는 데 이어 헌법에 주어진 국민의 집회의 자유까지 박탈하려는 속내를 노골적으로 드러내고 있다"고 했다. 그는 "집회가 민생을 무너뜨렸느냐, 집시법이 대한민국의 정치발전과 민생경제에 무슨 해악을 끼쳤느냐"고 목소리를 높였다.

대법원 앞에서 야간집회를 하는 노동단체와 제지하는 경찰

한편 최근 1년간 경찰의 집회금지 통고가 크게 늘어난 것으로 알려졌다. 인권단체 모임인 '공권력감시대응팀'이 지난해 1월부터 올해 1월까지 서울시 경찰서의 집회금지 통고를 분석한 자료에 따르면 서울시 내 경찰서가 금지한 집회는 총 327건으로 나타났다. 지난 2020년 법무부가 발간한 유엔(UN) 시민적·정치적 권리규약* 제5차 보고서에 나온 9건에 비해 크게 늘어난 수치다. 그러나 경찰은 3년 전과 동일하게 "여전히 집회시위의 자유를 최대한 보장하되, 불법행위는 법과 원칙에 따라 엄정대응한다는 기조를 일관되게 유지하고 있다"는 입장이다.

27위

저커버그 야심작 '스레드' 출격 … 머스크 '트위터'와 본격 대결

7월 5일(현지시간) 페이스북 모회사 메타의 새 소셜
미디어(SNS) **스레드*(Threads)**가 출시됐다. 스레드
는 메타가 지난 1월부터 트위터 대안으로 개발해 온
SNS로 트위터와 본격적인 경쟁을 펼치게 됐다.

스레드

메타가 새롭게 선보인 SNS다. 최근 유료화 도입과 게시물
열람제한 등 폐쇄적인 운영방식으로 기존 이용자들의 반발을
사고 있는 트위터와 달리 개방형 SNS를 만드는 것을 목표로
한다. 출시 16시간 만에 가입자가 3,000만명을 돌파한 데 이
어 출시 하루 반 만에 7,000만명을 넘겨 화제성을 입증했다.

텍스트 기반, 인스타로 로그인 가능

스레드는 트위터와 비슷한 기능을 갖고 있어 트위터
의 대항마로 출시 전부터 주목받았다. 텍스트로 실
시간 소식을 공유하고 대화를 나눌 수 있으며, 한 게
시물당 500자까지 지원된다. 외부 웹사이트로 연결
되는 링크와 사진 또는 최대 5분 길이의 동영상도
올릴 수 있다. 무엇보다 별도 가입절차 없이 메타의
인기 SNS 플랫폼인 인스타그램과 동일한 아이디로
간편하게 로그인할 수 있다. 인스타그램에서 팔로우
중인 계정들을 스레드에서도 팔로우할 수 있고, 새

로운 계정을 찾아 추가할 수도 있다. 스레드 피드에
는 내가 팔로우하는 계정의 콘텐츠와 추천 콘텐츠가
함께 표시된다. 인스타그램에 도입된 각종 이용자
보호기능들도 동일하게 제공한다.

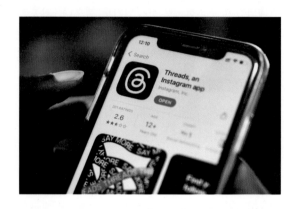

만 16세 미만 이용자는 스레드에 처음 로그인하면
계정이 비공개로 기본 설정된다. 또 게시물에서 나
를 언급하거나 내게 답글을 남길 수 있는 사람을 관
리할 수 있으며 특정한 단어나 문구가 포함된 답글
을 숨길 수도 있다. 다른 계정 차단, 제한 및 신고가
가능하며, 인스타그램에서 차단한 계정은 스레드에
서도 차단된다.

스레드 흥행의 1등 공신은 머스크?

스레드의 가입자 수가 출시 일주일도 안 돼 1억명에
육박함에 따라 트위터 오너인 일론 머스크도 안심할
수 없게 됐다. 현재 트위터의 이용자는 2억 3,000여
명에 달하는 것으로 알려졌다. 앞서 머스크는 지난
해 10월 트위터를 인수한 이후 트위터를 유료화하
고 극보수주의자 계정을 해제했으며 개발자들을 대
량해고하는 등 대대적인 개편을 단행했는데, 이 같
은 조치가 스레드 탄생의 계기를 제공한 셈이다. 스
레드가 머스크 체제하의 트위터에 염증을 느끼고 떠
난 이용자와 광고주들을 끌어들이기 위한 대안 SNS
로 개발된 측면이 있기 때문이다.

마크 저커버그(왼쪽)와 일론 머스크

또한 스레드는 텍스트를 기반으로 하는 트위터의 핵심기능을 담았는데, 트위터 측은 메타가 수십명의 트위터 전 직원들을 채용해 스레드 개발에 참여시켰다고 의심하고 있다. 트위터는 지난 6일 저커버그에게 보낸 서한에서 메타가 전직 직원들에게 트위터 정보를 이용해 스레드를 개발하라고 지시했다고 주장했다. 그러면서 "이들 직원은 여전히 트위터 영업비밀이나 비밀정보에 접근할 수 있다"며 스레드를 상대로 소송가능성을 내비치기도 했다. 메타 측은 "스레드 엔지니어링 팀에 있는 트위터 전 직원은 아무도 없다"고 맞받았지만, 트위터 전 직원 영입 여부는 밝히지 않았다.

머스크는 의도치 않게 스레드 홍보역할도 톡톡히 했다. 그는 앞선 6월 저커버그와 설전을 벌여 전 세계적인 이목을 집중시켰는데, 설전의 발단이 스레드였기 때문이다. 6월 21일 한 트위터가 "스레드가 트위터의 라이벌이 될까"라는 질문에 머스크는 "무서워 죽겠네"라고 비꼬며 깎아내렸다. 다른 사용자가 "저커버그가 주짓수를 한다는데 조심하라"고 하자 머스크는 "나는 철창싸움(Cage Fight)을 할 준비가 돼 있다"고 답했다. 이에 저커버그가 인스타그램에 "위치 보내라"며 장소를 정하라고 하고, 머스크가 "진짜라면 해야지. 라스베이거스 옥타곤"이라고 응수하면서 불이 붙기도 했다. 7월 1일에는 트위터가 이용자들이 하루 게시물을 조회할 수 있는 분량을 제한하겠다고 하면서 이용자들의 스레드행을 돕는 결과를 낳았다.

28위

7월부터 음주 사망사고나 상습 음주운전 시 차량 몰수

술을 마시고 운전하다 사망사고를 내거나 상습적으로 음주운전*을 하면 차를 압수·몰수하는 음주운전 방지대책이 7월 1일부터 시행됐다. 대검찰청은 이 같은 내용을 골자로 하는 '검·경 합동 음주운전 근절대책'을 시행한다고 6월 28일 밝혔다.

음주운전 처벌기준

현행 도로교통법에 따르면 운전자의 혈중알코올농도가 0.03%~0.08% 미만인 경우 면허정지에 징역 1년 이하 또는 500만원 이하의 벌금에 처하고, 0.08~0.2% 미만인 경우 면허취소에 징역 1~2년 또는 500~1,000만원 이하의 벌금에 처한다. 음주운전 적발횟수가 2회 이상이거나 혈중알코올농도가 0.2% 이상인 경우에는 면허취소는 물론 징역 2~5년 또는 벌금 1,000~2,000만원 이하의 벌금에 처한다.

검·경, 음주운전 근절 위해 적극 대응

음주운전 근절대책에 따르면 음주운전 중 사고로 사망자 또는 다수 부상자가 발생하거나 음주뺑소니, 재범, 다른 교통사고처리특례법 위반죄를 저지른 자의 차가 몰수대상이 된다. 5년 내 음주운전 2회 이상 전력자가 사람을 다치게 하거나 3회 이상 전력자가 단순 음주운전을 한 경우도 포함한다. 특히 렌터카나 리스차량과 같이 운전자의 소유가 아닌 차량의 경우에는 그 가액만큼 추징하게 된다. 또한 상습 음주운전자는 원칙적으로 구속해 수사하고, 운전자 바

꿰치기·방조 행위에 대해서도 적극 수사할 방침이다. 대검은 "중대 음주운전 사범의 범행도구인 차량을 경찰 초동수사부터 검·경이 협력해 압수 및 몰수 구형하고, 압수한 차량에 대해 몰수판결이 선고되지 않으면 적극 항소하는 등 엄정 대응하겠다"고 예고했다.

검·경의 이번 대책은 최근 코로나19 방역규제가 풀리면서 음주운전이 다시 급증했다는 판단에서 나왔다. 지난해 음주운전 단속은 13만 283건, 음주운전사고 발생은 1만 5,059건으로 집계됐다. 코로나19가 발생하기 전인 2019년(단속 13만 772건, 사고 1만 5,708건)과 유사한 수준이다. 2020년에는 11만 7,549건, 2021년에는 11만 5,882건이 단속됐다. 한편 음주운전 단속도 강화한다. 경찰청은 7~8월 휴가철에 대비해 매주 금요일 전국적으로 일제 단속하고 단속지역과 시간대별로 맞춤형 단속도 실시한다. 대검과 경찰청은 음주운전 근절을 위한 기관 간 협의도 계속하기로 했다.

이원석 검찰총장, 음주운전에 "특단 대책" 지시

이 같은 대책이 나온 배경에는 이원석 검찰총장의 특별지시가 있었다는 후문이다. 이 총장은 작년 12월 서울 강남구 청담동 스쿨존에서 초등학생이 음주운전 사고로 사망한 현장을 방문해 추모했다. 올해 4월에는 대전에서 음주운전 차량이 인도를 걷던 초

등학생들을 덮쳐 1명이 숨지고 3명이 다친 사고현장도 찾았다. 이 총장은 당시 추모를 마친 뒤 "이대로 두면 안 될 것 같다. 수사기관이 할 수 있는 특단의 대책이 필요하다"며 형사부에 음주운전자의 차를 압수·몰수하는 방안을 적극 검토하라고 지시했다. 형량을 높이거나 구속수사를 하는데도 불구하고 범죄가 줄어들지 않자 범행도구인 차를 직접 몰수해 범행을 차단하자는 방안을 내놓은 것이다. 이후 초동수사를 전담하는 경찰과 협의해 수사단계에서부터 차량을 압수하고 법원을 설득해 판결선고 시 차량 몰수명령을 받아내는 방안을 고안했다고 알려졌다.

해당 대책이 본격 시행된 이후 음주운전을 하다 사고를 낸 운전자의 차량에 대한 압수조치가 속속 시행됐다. 지난 7월 4일 경기도 오산시에서 대낮에 만취상태로 운전하다가 건널목을 건너던 보행자를 치어 3명의 사상자를 낸 20대의 차량이 압수됐다. 이는 음주운전자의 차량을 압수하기로 한 이후 첫 사례다. 다음 날인 5일에도 강원지역에서 대낮에 만취상태로 운전하다 주차된 차들을 들이받아 주차된 차량에 탑승하고 있었던 운전자 1명을 다치게 한 60대의 차량이 압수됐다. 그러나 비판도 만만치 않다. 개인재산권 보장 차원에서 차량 몰수는 헌법에 어긋날 수 있으며, 판결이 뒤집힐 가능성도 배제할 수 없어 실질적 효과는 크지 않을 수 있다는 것이다.

HOT ISSUE **29위**

4세대 나이스 개통 후 오류 속출 … 공공소프트웨어 잇단 오류 원인은?

학교 등 교육기관에서 이용하는 교육행정 정보시스템인 4세대 나이스(NEIS)가 개통 첫날부터 접속 오

류가 발견돼 논란이 됐다. 이 가운데 다른 학교의 시험정답까지 인쇄되는 오류가 발생해 현장의 불만이 커졌다.

4세대 나이스 관련 기자회견에서 교육부를 규탄한 교원단체

초등교사 10명 중 9명 "4세대 나이스 불만족"

서울교사노동조합에 따르면 4세대 나이스 시스템은 2020년 9월부터 교육부 예산 2,824억원을 들여 개발됐다. 거액을 들여 개발된 시스템이지만 개통 첫날인 6월 21일, 로그인이 안 되고 로딩 중이라는 화면만 뜨는 오류가 빈번하게 발생했다. 학생 성적 관련 기록도 이전 나이스에서 제대로 이관되지 않았다. 여기에 기말고사와 관련해 다른 학교 시험정답이 인쇄되는 오류까지 발생해 현장의 불만이 고조됐다. 이에 교육부는 문항정보표 출력기능을 중지하고, IT솔루션업체를 통해 오삭농한 솔루션을 점검하고 정상적으로 작동하는지 검증하는 한편, 답안지 유출 가능성이 있는 만큼 23일 각 교육청·학교에 공문을 보내 기말고사 답지나 문항순서를 변경해달라고 요청했다.

교원단체는 나이스 시스템이 학기 중에 도입된 점 등을 지적하며 불편함을 호소했다. 전국초등교사노동조합이 같은 달 21~22일 전국 초등학교 교사 1,990명을 대상으로 나이스 관련 설문조사를 실시한 결과에서도 89.2%가 불만족스럽다는 답을 내놨다. 이들은 4세대 나이스가 시인성이 낮고 3세대 나

이스와 비교해 특별히 달라진 점이 없다고 말했다. 출결관리도 번거롭고, 좌우스크롤 방식이 일반적인 모니터 배율에도 맞지 않다고 평가했다. 개통시기가 6월인 점에 대해서도 교사 97.1%가 부적절하다고 답했다. 초등교사 53.6%는 4세대 나이스 지원 연수가 도움이 되지 않았다고 답했으며, 94.5%는 4세대 나이스 도입과정에서 현장의 의견을 충분히 수렴하지 않았다고 답했다.

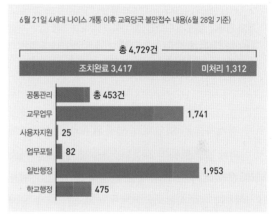

4세대 나이스 관련 개선요구 현황

자료 / 안민석 더불어민주당 의원실

대기업이 맡았던 공공소프트웨어도 잇단 오류

이번 나이스 오류사태의 원인으로 공공소프트웨어 구축에서 대기업 참여를 제한해온 제도가 결과물 하자의 원인으로 지목됐다. 하지만 이전에 대기업이 개발을 맡았던 시스템들에서도 개통 직후 대규모 서비스장애를 일으켰던 선례가 있어 대기업 참여제한이 시스템 오류사태의 본질적 원인은 아니라는 반론도 만만치 않다. 공공소프트웨어사업을 잘 아는 관계자들은 사업수주를 통해 타 기업·기관의 소프트웨어시스템을 구축해주는 SI(System Integration)업계의 국내 사업방식이 가진 고질적 한계와 개발인력 부족 문제가 해결되지 않는다면 제2, 제3의 대규모 시스템 '먹통'사태가 되풀이될 수 있다고 경고했다. 대기업이 IT계열사를 세우고 소프트웨어 개발을

지시하며 그룹 내 일감을 몰아주던 관행에서 비롯된 국내 SI사업방식*이 한계점에 도달했다는 이야기다. 여기에 팬데믹 기간 폭증한 비대면 수요에 네이버 등 인기 정보기술(IT) 기업으로 개발인력이 몰리면서 상대적으로 열악한 처우에 놓인 SI업계에 인력가뭄이 더 심해진 것도 영향을 끼쳤다.

국내 SI업계 사업방식

SI업계는 기업규모를 막론하고 공공기관 또는 기업의 소프트웨어 구축사업을 수주한 뒤 계약한 기간과 예산규모에 맞춰 시스템을 개발해 납품하는 구조로 영업한다. 이 과정에서 사용자 편의에 맞는 소프트웨어를 기획, 제작하고 개통 이후 서비스 완성도를 높이려는 노력보다는 사업 수주가능성을 높이기 위한 최저가 입찰에 더 신경을 쓰는 관행이 고착돼 시스템의 완성도가 떨어지게 됐다는 지적이 나온다.

업계 관계자들은 SI업계가 납품위주의 하청구조에서 탈피해 소프트웨어 자동화, 연동성 강화 등 '시스템 통합'이라는 업무 본연으로 돌아갈 필요가 있으며, 원청인 공공기관·기업은 개발자 체류비를 높게 책정하는 등의 예산현실화에 신경 쓸 것을 주문했다. 아울러 SI업계 퇴직자를 관리자로 중용해 부족한 개발인력 문제를 보완하면서 정책당국이 차세대 소프트웨어 인력양성을 지원할 것을 제안했다.

HOT ISSUE **30위**

대곡소사선 개통 후
김포공항역 혼잡도 급증

7월 1일 서해선 대곡~소사 구간(대곡소사선)이 개통한 이후 5개 노선의 환승역이 된 김포공항역 이용객이 20% 넘게 증가한 것으로 나타났다.

김포공항역, '5중 환승' 인파 몰려 북새통

서울시에 따르면 7월 4일 첨두시간(오전 7~9시 출근시간)에 김포공항역 9호선과 공항철도를 이용하기 위해 게이트를 통과한 이용객은 1만 7,465명으로 전주(1만 4,460명)보다 20.8% 증가했다. 개통후 첫 평일이었던 3일 출근시간에는 1만 8,215명으로 직전 월요일(1만 4,442명) 대비 26.1% 늘었다. 5호선의 경우 해당시간대 승하차인원은 2,326명으로 같은 기간보다 82명(3.6%)이 늘었다.

대곡소사선 개통으로 5개 노선 환승역이 된 김포공항역

9호선 열차 내 혼잡도도 다소 상승했다. 열차 내 혼잡도는 차량편성 대비 승차인원으로 9호선은 6량 열차에 922명이 탑승한 경우 100%로 산정한다. 3일 오전 8시부터 30분간 측정된 급행열차 내 혼잡도는 김포공항역 92%로 개통 전인 6월 한 달간 평균과 비교했을 때 8%포인트(p) 늘었다. 같은 시간대 일반 열차 혼잡도 역시 50%로 개통 전보다 6%p 늘었다.

이는 당초 서울시가 예측한 수치보다는 일단 낮은 수준이다. 시는 6월 22일 자료를 내고 대곡소사선 개통 이후 늘어난 환승인원이 모두 9호선을 이용할 경우 기존 1만 5,069명(5월 한 달간 평일 첨두시간 이용객 평균) 수준인 이용객이 2만 1,227명으로 6,158명(40.9%)이 늘어날 것으로 예측했다. 급행 열차 혼잡도는 최대 197%에서 219%로 22%p 늘어날 것이라고 봤다. 시 관계자는 "시민 이동패턴이 쉽게 바뀌는 것이 아니라 이용객은 순차적으로 늘어날 것으로 예상한다"고 말했다.

서울시 "혼잡도 완화 위한 추가대책 강구"

대곡소사선은 부천 소사역~부천종합운동장~원종~김포공항~능곡~고양 대곡역까지 총 18.35km를 잇는다. 이 구간 개통으로 대곡에서 소사까지 이동시간이 70분에서 20분으로 단축되며 다른 교통수단으로 50분 넘게 걸리던 부천 소사~김포공항까지는 10분 만에 이동할 수 있다. 다만 대곡소사선의 주요 환승역인 김포공항역은 서울 지하철 5·9호선과 김포골드라인, 공항철도 등 5개 노선이 몰리게 됐다. 이에 따라 김포공항역 이용객과 특히 9호선 급행열차 이용객이 많이 늘어날 것이란 우려가 나왔다.

6월 30일 열린 대곡소사선 개통식

현재 서울시는 대곡소사선 개통에 맞춰서 9호선 혼잡도 완화를 위한 대책을 시행하고 있다. 출퇴근 시간대는 최대수준으로 열차를 투입하고, 일반열차는 급행보다 혼잡도가 낮은 점을 고려해 시민이 무리한 탑승을 하지 않도록 유도한다는 방침이다. 이에 따라 6월 31일부터는 출근 혼잡시간대에 4회 증회운행에 들어갔으며, 이를 위해 열차 운행계획 변경, 철도안전관리체계* 변경신고 등 행정절차를 밟았다. 서울시 관계자는 "5호선 등은 혼잡도가 높진 않지만, 9호선과 비슷하게 이용자 변화추이를 지켜보고 필요시 대책을 마련하겠다"고 말했다.

철도안전관리체계

철도 운영 및 철도시설 관리를 위해 필요한 인력, 시설, 차량, 장비, 운영절차, 교육훈련 및 비상대응계획 등 안전관리에 관한 유기적인 체계를 말한다. 크게 철도안전관리시스템(SMS)과 열차운행체계, 유지관리체계(차량·시설·전기 분야)로 구성된다. 한국교통안전공단은 철도운영기관이 철도안전법에서 정한 안전관리기준에 맞게 체계를 유지하고 있는지 매년 정기·수시 검사를 통해 지속적으로 점검·확인해 조치하고 있다.

한편 대곡소사선 개통을 하루 앞두고 열린 개통기념식에 야당 소속인 김동연 경기도지사와 고양시 국회의원 4명(심상정, 이용우, 한준호, 홍정민)을 전원 배제하고 대통령을 비롯한 정부·여당 측 인사들만 초청해 논란이 됐다. 경기도의회 내 민주당 소속 고양·부천 지역구 의원들도 경기도의회에서 기자회견을 열고 "정부가 개통식 그림을 그리기 위해 민주당 단체장들을 의도적으로 배제한 것이라는 지적이 있다"며 "해당 노선은 문재인정부의 '하나인 한반도 신경제 지도' 구상을 앞당길 핵심과제 중 하나로 윤석열정부가 이를 위해 한 것이라고는 개통식을 준비한 것밖에 없다"고 강하게 비판했나. 이처럼 야권 인사들이 개통식에 초청을 받지 못한 것과 관련해 원희룡 국토교통부 장관은 이날 국토위 전체회의에서 "모르는 이야기를 지어내서 답할 수 없다"며 즉답을 피했다. 시대

화제의 뉴스를 간단하게!
간추린 뉴스

방송법 시행령 개정안 통과 … TV수신료 분리징수 현실화

텔레비전방송수신료(KBS·EBS 방송 수신료)를 전기요금과 분리해 징수하는 방송법 시행령 개정안이 7월 12일 공포돼 시행됐다. 윤석열정부 들어 재가열된 TV수신료를 분리징수하는 사안은 대통령실이 나서 국민투표에 붙여 찬성여론을 끌어냈고, 정부와 여당이 이에 박차를 가해 분위기를 조성했다. 결국 지난 7월 5일 TV수신료 분리징수안을 골자로 하는 방송법 시행령 개정안이 방송통신위원회(2:1)를 통과, 윤석열 대통령이 11일 재가하면서 KBS 수신료 분리징수가 현실화됐다. 이로써 개정안은 정식 공포됐고 다음 날인 12일부터 수신료의 분리납부가 가능해졌다.

한국, 11년 만에 유엔 안보리 재진입

우리나라가 유엔 안전보장이사회(안보리) 비상임이사국으로 선출됐다. 우리나라는 2023년 6월 6일 미국 뉴욕 유엔본부에서 열린 총회 비상임이사국 선거에서 투표에 참여한 192개 회원국 중 3분의 2 이상인 180개국의 찬성표를 획득했다. 이에 따라 우리나라는 2024~2025년 임기의 안보리 비상임이사국이 됐다. 비상임이사국은 5개 상임이사국이 가진 거부권만 행사할 수 없을 뿐 안보리의 현안 논의와 표결에 참여할 수 있다. 우리나라가 안보리에 재진입한 것은 2013~2014년 이후 11년 만이다. 1996~1997년 첫 비상임이사국으로 활약한 것까지 포함해 세 번째 임기다.

정부·의협, '의대정원' 확대 논의 … 논의주체 두고 대립각 세워

보건복지부(복지부)와 대한의사협회(의협)가 의과대학 정원·의사인력확충 문제를 두고 대립각을 세우고 있다. 양측은 앞서 6월 8일 필수·지역 의료강화를 위해 적정 의료인력 확충방안을 논의하기로 했다. 6월 29일에는 이 문제를 법정기구인 보건의료정책심의위원회(보정심)를 중심으로 논의한다는 복지부 방침에 입장차가 드러났다. 복지부는 보정심을 통해 의사, 환자, 소비자단체 등 다양한 주체의 의견을 수렴할 필요가 있다는 입장이다. 반면 의협 측은 보정심과 의료현안협의체(협의체)의 의견이 충돌할 수 있다며, 협의체의 존재이유가 상실될 수 있다고 우려했다.

복지부와 의협의 의료현안협의체 회의

"최저임금보다 많은 실업급여 개선" … 당정, '하한액 폐지·조정' 검토

실업급여 제도개선 공청회

국민의힘이 7월 12일 국회에서 '실업급여 제도개선 민당정 공청회'를 열고 현재 최저임금의 80%인 실업급여 하한액을 낮추거나 없애는 방안을 검토하기로 했다. 실업급여 부정수급에 대한 특별점검을 늘리고, 허위로 구직활동을 한 수급자에 대해 제재를 강화할 방침이라고 밝혔다. 공청회 참석자들은 '일해서 버는 돈보다 많은' 실업급여가 실직자의 노동시장 복귀를 지원하는 기존의 역할을 못하고 노동시장의 불공정성을 키우고 있다고 지적했다. 그러나 실업급여는 그 재원이 실직기간의 생계를 위해 근로자가 낸 부담금인 만큼 정부·여당의 적선이 아니라는 비판이 거세다.

보건의료노조 대규모 총파업 … 공공의료확충 등 요구

간호사와 요양보호사 등 다양한 의료계 직역이 소속된 전국보건의료산업노동조합(보건의료노조)이 7월 13~14일 인력과 공공의료 확충 등을 주장하며 총파업에 돌입했다. 19년 만에 벌인 대규모 파업으로 노조는 필수인력을 파업에서 제외하고 응급대기반을 가동했지만 의료현장에서는 파업 전부터 수술이 취소되고 환자가 전원조처되는 등 차질이 빚어졌다. 노조 측은 인력부족에 필수·공공 의료가 붕괴위기에 처했다고 파업의 정당성을 강조하는 반면, 정부는 '정치파업'이라 규정하며 "환자의 생명과 건강에 중대한 위해를 끼칠 수 있는 파업은 정당하지 않다"고 비판했다.

투쟁없이 쟁취없다!
가자! 7.13 산별 총파업

고교학점제 2025년 전면시행 확정 발표 ··· 고1 내신 상대평가는 유지

6월 21일 교육부가 '공교육 경쟁력 제고방안'을 발표하며 고교학
점제를 2025년부터 전면시행하기로 확정했다. 하지만 한때 논의
된 고1 공통과목 전면 성취평가제(절대평가)는 시행하지 않는다.
전문가들은 제도도입 취지에 맞게 모든 과목에서 절대평가를 해
야 한다고 지적해왔다. 그러나 교육부는 전 과목 절대평가에 대
한 교육현장의 찬반이 팽팽했다며, 대신 성취평가제의 신뢰성을
높이고자 별도의 평가관리센터를 설치·운영한다고 밝혔다. 또
교육부는 초3·중1을 '책임교육학년'으로 정해 학습지원을 강화
하고, 자율형사립고·외국어고 체계는 계속 유지하기로 했다.

인도에서 열차 탈선해 충돌 ··· 288명 사망한 대참사 일어나

인도 열차 탈선·충돌사고 현장

인도 동부 오디샤주(州)에서 6월 2일 오후(현지시간) 대규모 열
차 탈선·충돌 사고가 발생해 최소 288명이 숨졌다. 열차 세 대
가 잇따라 충돌한 이 사고는 열차 중 한 대의 객차 10~12량이 먼
저 탈선하면서 인접선로로 넘어졌고, 해당 선로를 이용해 반대편
에서 오던 다른 여객열차와 부딪혀 시작됐다. 이로 인해 두 번째
열차의 객차 3량가량도 탈선했고, 충돌한 여객열차는 철로에 서
있던 다른 화물열차까지 덮쳤다. 한편 미국 일간지 뉴욕타임스는
사망자 대부분이 가장 싼 입석객차에서 발생해 인도의 빈부격차
현실을 여실히 드러냈다고도 보도했다.

인터넷카페 운영자가 고수익 미끼로 140억원대 상품권 사기 벌여

백화점 상품권에 투자하면 고수익을 보장하겠다고 회원들을 속여
140억원을 받아 가로챈 인터넷카페 운영자가 구속돼 6월 26일
재판에 넘겨졌다. 인천지검 형사5부(박성민 부장검사)는 특정경
제범죄가중처벌법상 사기와 유사수신행위의 규제에 관한 법률 위
반 혐의로 A(50세, 여)씨를 구속기소했다. A씨는 2019년 11월
부터 지난해 9월까지 회원수 1만 5,000명 규모의 인터넷카페를
운영하며 회원 61명으로부터 142억원을 받아 가로챈 혐의를 받
고 있다. 또한 상품권을 미끼로 회원 282명으로부터 464억원의
자금을 불법으로 모으는 유사수신행위를 한 혐의도 받는다.

구속심사에 출석하는 인터넷카페 운영자

서울백병원 8월 말 진료종료 … 부지에 '종합의료시설' 계획 추진

82년 역사의 서울백병원이 8월 말로 환자진료를 종료한다. 앞서 병원을 운영하는 인제학원 이사회는 6월 20일 20년간 1,745억 원에 달하는 누적적자 등을 이유로 폐원을 결정했다. 서울 중구 는 병원부지를 '종합의료시설'로 쓰기 위한 도시계획시설 결정안 을 입안해 11월까지 서울시에 제출하겠다고 밝혔다. 그러나 한편 병원폐원 방침에 노조와 교수, 동문 등은 일제히 반발하고 나섰 다. 이들은 "노조와의 합의 없이 병원 측이 일방적으로 진료종료 를 결정했다며, 다른 백병원 노조 지부장들과 모여 긴급회의 후 행동에 나설 것"이라고 밝혔다.

서울백병원 폐원 철회를 촉구하는 병원 직원들

스토킹범죄 반의사 불벌죄 폐지 … 법원판결 전 전자발찌도

국회 본회의를 통과한 스토킹범죄 처벌법 개정안

국회가 6월 21일 스토킹범죄의 반의사 불벌죄 폐지를 담은 개정 안을 본회의에서 의결했다. 이에 따라 앞으로 스토킹범죄 가해자 는 피해자가 원하지 않아도 처벌받을 수 있다. 이 법안은 지난해 발생한 '신당역 살인사건'을 계기로 미흡함이 드러난 스토킹 피해 자 보호제도를 보강하기 위한 취지에서 마련됐다. 또 법원이 원 활한 조사·심리 진행, 피해자 보호 등을 위해 필요한 경우는 판 결 전에도 가해자에게 전자발찌를 부착하는 '잠정조치' 등을 취할 수 있게 됐다. 아울러 정보통신망을 이용해 음성·문자·영상 메 시지를 전송하는 행위도 스토킹범죄로 규정했다.

31년 만에 새 시중은행 예고 … 은행권 과점체제 타파

7월 5일 금융당국이 5대 시중은행 중심으로 굳어진 은행권 과점 체제를 깨기 위해 신규 시중은행 진입을 적극 유도하겠다고 발표 했다. 기존 금융회사의 시중은행 전환을 허용하고, 인터넷전문은 행이나 지방은행에 대한 신규인가도 추진하는 등 은행산업을 '경 합시장'으로 전환한다는 방침이다. 우선 지방은행인 대구은행이 시중은행으로 전환하겠다는 의사를 밝혀 금융당국이 전환요건에 대한 심사를 진행할 것으로 알려졌다. 또한 금융당국은 저축은행 이나 지방은행, 외국계은행 지점규제를 완화하고 경쟁력을 높여 시중은행과의 경쟁여건을 조성하기로 했다.

서울 대중교통 요금 인상 ··· 서민부담 가중 어쩌나

서울시는 7월 12일 '대중교통 요금조정안'이 시 물가대책위원회 심의를 통과했다고 밝혔다. 이에 따라 지하철 기본요금은 10월 7일부터 1,400원으로 150원 인상되고, 버스 요금은 8월 12일부터 300원 오른 1,200원이 된다. 지하철 요금은 무임수송 손실보전과 서울교통공사 적자완화 등을 위해 인상이 불가피하나, 서민부담을 고려해 한 번에 300원을 올리지 않고 두 차례로 나눠 순차 인상하기로 결정했다. 조정안에 따라 버스와 지하철 모두 기본요금만 인상하고 수도권 통합환승과 지하철 거리비례에 적용되는 거리당 추가요금은 동결했다.

범죄자 '머그샷' 공개 추진 ··· '묻지마폭력'도 신상공개 대상 포함

또래여성을 살해하고 유기한 혐의를 받는 정유정

정부·여당이 범죄자 신상공개 제도의 실효성을 높이기 위해 범죄자의 현재모습을 보여주는 '머그샷(Mug Shot, 범죄자 인상착의 기록사진)' 공개를 추진키로 했다. 당정은 이러한 내용의 특별법 제정을 의원입법 형식으로 신속히 추진하겠다고 6월 18일 밝혔다. 또 최근 발생한 "'부산 돌려차기 사건', '또래 살인사건' 등 흉악범죄의 심각성을 인식하고 있다"며 "범죄자의 신상정보공개 대상을 '묻지마폭력' 등으로 확대하는 게 특별법의 내용"이라 밝혔다. 이어 "또 범죄자의 최근 사진을 제대로 공개하지 못했는데 이를 공개할 수 있도록 하는 규정도 추가하겠다"고 덧붙였다.

아시아나·제주 항공 여객기 잇따른 개문 소동 ··· 승객은 공포·불안 떨어

5월 26일 승객들이 탑승한 아시아나항공 여객기가 대구공항에 착륙 직전 출입문이 열린 채 비행하는 사고가 발생했다. 부상자는 없으나 놀란 일부 승객은 호흡곤란 증세를 보여 착륙 후 병원에 이송됐다. 이날 실직 후 누적된 스트레스로 출입문을 열었다는 30대 남성은 경찰에 긴급체포돼 항공보안법위반 등으로 구속송치됐다. 6월 19일에는 인천으로 향하던 제주 항공 여객기에서 한 20대 승객이 갑자기 출입문 개문을 시도했으나, 주변 승무원과 승객의 빠른 대처로 제압돼 큰 사고로 이어지지는 않았다. 일부 승객은 당시의 아찔한 순간을 온라인상에 전하기도 했다.

대구공항에 착륙 직전 출입문이 열린 아시아나 여객기

지역축제 곳곳에서 바가지 논란 … 정부 대책마련 나서

최근 일부 지역축제와 전통시장에서 바가지요금 논란이 일어나면서 문화체육관광부가 먹거리값을 사전공개하고, 바가지요금 근절을 위한 '착한 가격 캠페인'을 추진한다고 밝혔다. 바가지요금 논란이 축제전체에 대한 부정적인 인식으로 확산하는 것을 막고 지속가능한 축제문화를 조성하기 위해 정부와 지자체, 축제주관기관의 역할이 무엇인지 논의한다. 아울러 7월 18일부터 축제주관기관들의 자발적 참여로 '대한민국 구석구석' 축제 통합홈페이지에서 먹거리 가격과 사진 등을 사전에 제공한다. 강원, 충남, 전북 등 지자체도 가격점검, 지도관리 등 대책에 속속 나섰다.

동해 망상해변에서 열린 바가지요금 근절 캠페인

라임사태 김봉현 탈옥계획 발각 … 치밀하게 시나리오 준비

김봉현 전 스타모빌리티 회장

'라임사태' 주범으로 수감 중인 김봉현 전 스타모빌리티 회장이 동료수감자와 친누나까지 끌어들여 또 도주할 계획을 세운 정황이 7월 4일 포착됐다. 김 전 회장은 지난해 한 차례 도주했다가 붙잡힌 뒤 올해 2월 1심에서 1,258억원대 횡령·사기 혐의로 징역 30년과 추징금 769억원을 선고받았다. 검찰이 확보한 A4용지 수십장 분량의 '탈옥계획서'에 따르면 그는 법원과 검찰청사의 건물조감도뿐 아니라 구치소와 법원을 오가는 동선에 있는 폐쇄회로TV 사각지대, 호송차량 이동경로, 차량내부 좌석배치까지 치밀하게 기록해 탈옥을 준비한 것으로 파악됐다.

사상초유의 국가자격시험 답안지 파쇄사고 … 황당한 수험생들 재시험 치러

5월 23일 채점도 안 한 600여 명의 국가자격시험 답안지가 한국산업인력공단의 실수로 파쇄되는 초유의 사고가 발생했다. 4월 23일 치러진 제1회 정기 기사·산업기사 실기시험 답안지가 담긴 포대가 인수인계 과정에서 발생한 착오로 채점센터로 옮겨지지 않고 파쇄된 것이다. 공단은 책임자를 엄중히 문책하고, 재시험을 봐야 하는 수험생들에게는 개별연락해 사과했다. 공단은 수험자의 불이익이 없도록 추가시험 기회를 제공하고, 10만원씩의 피해보상금을 지급하겠다고 밝혔다. 어수봉 한국산업인력공단 이사장은 사고의 책임을 지고 6월 1일 결국 사의를 표명했다.

국가자격시험 답안지 사고로 사과하는 어수봉 이사장

고삐 풀린 기후변화·엘니뇨 … 전 세계 기온 밀어 올려

기후변화에 공기를 데우는 엘니뇨현상까지 도래하면서 폭염 등 이상기후가 내년 이후까지 더욱 극심해질 것이라는 우려가 커지고 있다. 이상고온에 따른 폭염이 6~7월 전 세계적으로 이어지면서 기온을 전례 없는 수준으로 끌어올린 가운데 세계기상기구(WMO)는 지난 5월 낸 보고서에서 지구촌 최고온도기록이 조만간 깨질 수 있다는 예고를 내놨다. 이 같은 이상고온현상이 다른 자연재해로 이어질 수 있다는 점은 우려를 키운다. 캐나다는 올해 4월부터 통제불능의 산불피해를 겪고 있으며, 지구촌 곳곳에서는 최악의 가뭄피해가 현실화하고 있다.

통제불능의 산불이 발생한 캐나다

타이태닉 관광 잠수정 탄 관광객 5명, 잠수정 파괴로 전원 사망

지상으로 옮겨지는 타이태닉 잠수정 잔해

침몰한 여객선 타이태닉호의 잔해를 보려는 관광객을 태운 심해 잠수정 '타이탄'의 탑승자 5명이 전원사망했다고 미국 해안경비대가 6월 22일(현지시간) 밝혔다. 6월 18일 잠수시작 1시간 45분 후 연락이 끊겨 수색을 시작한 지 나흘 만이다. 해안경비대는 잠수정 잔해를 근거로 잠수정이 내파(외부압력에 의해 구조물이 안쪽으로 급속히 붕괴하며 파괴되는 현상)된 것으로 결론지었다. 타이탄 운영사인 오션게이트는 7월 6일 모든 탐사활동을 중단한다고 선언했다. 타이탄은 초고가 관광상품임에도 충분한 안전검증을 거치지 않았다는 우려가 끊임없이 제기돼왔다.

캄보디아 검찰, 한국인 BJ '고문·살해' 혐의로 중국인 부부 기소

6월 14일 캄보디아에서 한국인 30대 여성 인터넷방송 진행자(BJ) A씨를 고문을 동반해 살해한 혐의로 중국인 부부가 캄보디아 검찰에 기소됐다. A씨는 6월 6일 프놈펜 인근 한 마을에서 붉은 천에 싸인 채 웅덩이에 버려진 상태로 발견됐다. 캄보디아 경찰은 천에 묻어 있는 지문을 감식해 중국인 부부를 붙잡았다. 부부는 A씨가 자신들이 운영하는 병원을 찾았다가 갑자기 발작증세를 일으켜 사망해 유기했다고 진술했으나, A씨의 시신에 폭행·고문 흔적이 드러나 명확한 사인규명이 필요한 상태다. 경찰은 유족의 동의로 A씨의 시신을 부검할 것이라 밝혔다.

차이콥스키 콩쿠르, 바이올린·첼로·성악 한국인 석권 쾌거

23개국 청년 음악가 236명이 참가한 제17회 차이콥스키 국제 콩쿠르에서 한국인 참가자들이 바이올린, 첼로, 성악 부문에서 우승을 거머쥐었다. 6월 30일 차이콥스키 국제 콩쿠르 홈페이지에 따르면 바이올린 부문에 김계희, 첼로 부문에 이영은, 남자 성악 부문에 테너 손지훈이 각각 1등을 차지했다. 한국인이 차이콥스키 콩쿠르 기악부문에서 우승한 것은 이번이 처음이다. 이번 대회에서는 피아노, 바이올린, 첼로 부문은 6위까지, 성악 부문은 남녀 각각 4위까지, 목관 및 금관 부문은 8위까지 발표됐다. 한국인 참가자는 8명이 결선에 진출해 모두 입상했다.

차이콥스키 콩쿠르

에버랜드서 암컷 쌍둥이 판다 태어나 … 푸바오는 이제 '맏언니'

아이바오와 쌍둥이 판다

에버랜드 판다월드에서 생활하는 러바오(10세)·아이바오(9세) 판다 부부가 6월 11일 쌍둥이 딸을 얻었다. 에버랜드는 국내 처음으로 판다 자연번식에 성공한 데 이어 쌍둥이 판다 자연번식에도 성공했다. 에버랜드 동물원은 혈액·소변 검사 등을 통해 판다 부부의 호르몬변화 데이터를 분석해가며 짝짓기 성공확률이 높은 시기를 찾아내 올해 2월 중순 자연교배에 성공했다. 판다는 가임기가 1년에 단 한 번, 봄철 1~3일밖에 되지 않아 자연임신이 어려운 동물로 알려져 있다. 에버랜드는 쌍둥이 판다를 당분간 일반에 공개하지 않고 내실에서 관리한다는 계획이다.

4·19혁명과 동학농민혁명 기록물, 세계기록유산 등재

4·19혁명과 동학농민혁명 기록물이 2023년 5월 18일(현지시간) 유네스코 세계기록유산에 등재됐다. 앞서 유네스코 세계기록유산 국제자문위원회는 두 기록물에 대해 등재를 권고했고, 프랑스 파리에서 열린 집행이사회에서 최종 승인됐다. 문화재청 관계자는 "대한민국 민주주의의 발전에 크게 기여한 역사적 사건에 대한 기록물들"이라며 "대한민국 민주주의 역사를 넘어 전 세계 인류가 배우고 기억해야 하는 가치를 인정받은 것"이라고 평가했다. 이번에 2건의 기록물이 모두 등재되면서 우리나라의 세계기록유산은 총 18건으로 늘었다.

4·19혁명 기록물

우주강국으로 한 걸음 더!
누리호 첫 실전발사 성공

누리호 3차 발사 성공

누리호가 실용위성을 계획된 궤도에 안착시키면서 우리나라도 자체발사체로 자체개발한 실용위성을 쏘아 올리는 7대 우주강국에 진입했다.

누리호 발사를 관람하기 위해 전망대를 찾은 시민들은 가슴을 졸이며 지켜보다가 발사가 정상진행되자 환호성과 박수를 보내며 성공을 축하했다.

핵심 브리핑

한국형발사체 누리호(KSLV-II)가 지난 5월 25일 오후 6시 24분 정각에 전남 고흥 나로우주센터에서 3차 발사됐다. 이번 첫 실전발사에서 주탑재위성인 '차세대소형위성 2호'를 고도 550km 지점에서 정상분리한 데 이어 부탑재위성인 큐브위성 7기 중 6기도 정상분리된 것으로 확인돼 발사체 이륙부터 위성 작동까지 성공적으로 마쳤다는 평가가 나왔다.

당초 24일 발사할 예정이었지만 일부 통신기술 문제로 발사가 중단됐다. 그러나 오류를 빠르게 확인·해결해 다음날 바로 발사를 진행했다.

과학기술정보통신부에 따르면 3차 발사 비행에서 궤적, 자세 등 발사 임무수행 관련 시스템이 모두 설계대로 정상작동한 것으로 나타났다.

한편 누리호 개발에 국내 민간기업 300여 곳이 참여한 가운데 3차 발사 성공으로 민간 주도 우주산업 시대로의 전환이 가속화될 전망이다.

다만 이번 발사에 탑재된 큐브위성 중 하나인 도요샛 4기 가운데 3호 '다솔'은 위성에서 사출되지 않아 우주로 내보내지 못한 것으로 최종 확인됐다.

나라마다 다른 건강보험
상호주의 적용 가능할까?

What?

한중관계가 냉각되면서 해묵은 외국인 건강보험 무임승차 논란이 다시 불거졌다. 6월 20일 김기현 국민의힘 대표는 국회 교섭단체 대표연설에서 외국인 건강보험을 상호주의에 따라 적용해야 한다며 우리 국민보다 중국인이 더 많은 혜택을 누리는 것은 불공평하다고 밝혔다. 이에 외국인 건강보험에 상호주의를 적용하는 것이 타당성이 있는지 의문이 제기됐다.

국가마다 다르게 운영되는 의료보장제도

근대 사회보장제도의 핵심인 의료보장제도는 1883년 도입된 독일 질병보험제도에서 시작된 이후 각국으로 확산됐다. 주요 선진국만 놓고 봐도 정치·경제·사회적 상황에 따라 유형이 천차만별인데, 크게 국가보건서비스(NHS), 사회보험방식(NHI), 민간보험방식(CSM) 3가지 유형으로 나눌 수 있다. NHS는 국민의 의료문제를 국가가 책임져야 한다는 관점에서 일반조세를 재원으로 하여 국가가 모든 국민에게 무상으로 균등한 의료서비스를 제공하는 방식으로 영국, 캐나다, 스웨덴, 이탈리아 등이 해당한다. 반면 NHI는 자기책임원칙을 우선시해 개인이 납부한 보험료를 주요 재원으로 삼고 정부는 지원·감독

하는 역할을 하며 독일, 프랑스, 네덜란드, 일본, 대만, 한국 등이 이에 속한다. CSM은 민간의료보험이 공적 의료보장체계를 대신하는데 미국, 스위스가 대표적이다.

그렇다면 사회주의 국가인 중국의 경우는 어떨까? 2021년 논문 '한국과 중국의 건강보험제도 비교연구(조문흠)' 등에 따르면 1950~1970년대 무상의료체제를 유지해온 중국은 1978년 개혁개방 이후 사회주의 시장경제로 전환하면서 의료보장제도를 개혁하기 시작했다. 1998년 도시근로자기본의료보험, 2003년 신형농촌합작의료제도 도입에 이어 2010년 사회보험법 제정으로 도시주민기본의료보험을 전면

시행하면서 사회의료보험제도의 틀을 갖춘 뒤 2016년 도시와 농촌 지역의료보험을 통합하면서 지금에 이르게 됐다.

중국의 의료보험은 전 국민을 대상으로 하고 가입자가 납부한 보험료를 재원으로 삼는 등 우리나라와 닮은 점이 있지만, 실현방식과 세부제도 면에서는 차이가 크다. 그중 하나는 국민 중 상당수가 직장가입자의 피부양자로서 보험료를 면제받는 우리나라와 달리 중국은 국민 개개인이 의료보험의 개별 가입자로서 보험료 납부부담을 지기 때문에 지역의료보험에 가입해야만 보험혜택을 받을 수 있다는 것이다. 또 우리나라 직장가입자 보험료는 통합기금으로 관리되지만, 중국은 보험기금이 사회통합기금과 개인계좌로 구분돼 들어간다. 나아가 우리나라는 직장·지역가입자 모두 의무가입이지만 중국은 직장가입자만 의무가입 대상이다. 외국인 직장가입자의 경우 양국 모두 고용 즉시 의무가입이지만, 우리나라는 6개월 이상 국내에 체류하면 의무적으로 가입되고 중국은 영주권이 있어야 가입이 가능하다.

상호주의가 차별을 정당화하는 결과가 될 수도 있어

이처럼 국가별로 건강보험체계가 다른 상황에서 차이가 큰 각국의 건강보장제도를 두고 유불리를 따지긴 쉽지 않아 보인다. 상호주의는 상대국이 자국을 어떻게 취급하느냐에 따라 상응한 대응을 하는 외교통상의 원리다. 1995년 제정된 우리나라 사회보장기본법(제8조)에는 '국내에 거주하는 외국인에 대한 사회보장제도의 적용은 상호주의의 원칙에 의하되,

관계 법령이 정하는 바에 따른다'고 규정돼 있다. 그러나 국내에 거주하는 외국인 대다수는 우리나라보다 건강보험 보장수준이 낮은 국가 출신이며, 중국도 의료보험이 아직 발전 초기 수준으로 지역 간 편차가 크고 의료시설이 부족한 상황이다. 따라서 외국인 건강보험에 상호주의를 적용한다는 건 결국 외국인 가입자들에게 제공하는 건강보험 혜택을 축소하겠다는 의미가 돼 차별을 정당화하는 결과가 될 수 있다는 우려가 제기된다.

우리나라 현행 국민건강보험법(제109조)과 외국인고용법(제14조)은 가입자격을 갖춘 외국인에게는 국적에 따른 차별 없이 내국인과 동일한 건강보험을 적용하는 것을 원칙으로 한다. 이들 법령은 상호주의 원칙에 우선하기 때문에 만약 국가별 상호주의를 건강보험에 적용하려면 관련 법들을 개정해야 한다. 다만 학계에서는 상호주의를 전제한 사회보장기본법 규정이 시대상황과 맞지 않고 우리나라 헌법정신에도 부합하지 않는다는 지적이 나오고 있으며, 해외 사례를 봐도 외국인 의료보험 가입자격에 취업, 체류기간 등의 보편적인 제약을 두는 나라는 많지만, 건강보험 보장수준이 낮은 국가 출신이라고 해서 불이익을 주는 사례를 찾긴 어렵다. 또 중국인 건강보험 적자가 지속되고 있는 것은 사실이나, 외국인 가입자 전체로 놓고 보면 납부한 건강보험료에 비해 받아 간 보험급여가 훨씬 적어 2018년 이후부터는 계속 흑자를 내고 있는 만큼 외국인 대상 의료보험에 상호주의 적용을 검토할 정도로 외국인 무임승차 문제가 심각한지도 따져 볼 필요가 있다. 시대

Fact!

국가마다 건강보험체계가 다른 현 상황에서 편차가 큰 각국의 건강보험제도에 상호주의를 적용하는 것은 쉽지 않은 일이며, 자칫 외국인 가입자에 대한 차별을 정당화하는 것으로 비춰질 수 있어 신중한 논의가 필요하다.

미중관계에 훈풍 부는데
한국만 나 홀로 반중

재닛 옐런 미국 재무장관은 7월 9일 나흘간의 중국방문 일정을 마무리하며 베이징의 미국대사관에서 개최한 기자회견에서 "미국은 중국과의 디커플링을 추구하지 않는다"며 "우리는 세계 최대의 두 경제대국을 디커플링하는 것은 두 나라에 재앙적일 것이며, 세계를 불안정하게 할뿐더러 실질적으로 실행할 수도 없는 일임을 안다"고 강조했다. 미국이 중국과의 외교에 이어 경제채널 재구축에 나선 것이다. 반면 우리나라는 지난해 정부 출범과 함께 시작한 반중기조를 여전히 유지하는 모양새다.

중국을 '가장 중대한 도전'으로 규정했던 조 바이든 미국정부가 중국과의 소통채널 복원에 시동을 걸었다. 6월 16일 시진핑 중국 국가주석이 빌 게이츠 마이크로소프트(MS) 공동창업자와 만난 데 이어 18일부터 19일까지 중국을 방문한 토니 블링컨 미국 국무장관도 만났다. 여기에 7월 들어서는 재닛 옐런 미국 재무장관의 중국방문을 시작으로 지나 러몬도 상무장관, 존 케리 대통령기후특사 등이 줄줄이 방중에 나설 계획으로 알려졌다. 중국에서도 친강 외교부장의 방미를 시작으로 고위급 당국자들의 방미가 잇따를 것으로 전망되고 있다.

중국을 방문한 토니 블링컨 미국 국무장관

미국 외교·경제 라인, 연이어 중국행

❖ 양국의 경쟁은 공동의 이익에 부합하지 않아
❖ 중국 "미국 이익 존중, 미국 대체 안 해"
❖ 미국 "대만독립 지지하지 않아!"

블링컨 장관의 중국방문은 국무장관으로서는 5년 만이고 조 바이든 행정부 들어서는 처음이다. 지난해 11월 '충돌로 가지 말자'는 미중 정상합의에 따라 당초 지난 2월로 방문이 예정됐으나 중국 정찰풍선 논란이 불거지면서 일정이 4개월 늦춰졌다. 또한 공식일정에 없었던 시 주석과의 면담이 이루어지면서 관심이 쏠렸다.

실제로 면담 직후 언론보도에 따르면 양측은 모두 미중 양국의 격렬한 경쟁이 충돌로 비화하는 것은 '공통의 이익'에 부합하지 않는다는 데 입장을 같이했다. 시 주석은 "두 강대국이 평화롭게 공존하고 원원하는 방법을 찾을 수 있다고 믿는다"며 "중국은 미국의 이익을 존중하며, 미국에 도전하거나 미국을 대체하지 않을 것"을 분명히 하면서도 "미국도 중국을 존중해야 하며 정당한 권익을 해치지 말아야 한다"고 강조했다.

블링컨 장관 또한 "바이든 대통령은 미중 양국이 책임감, 의무감을 갖고 양자관계를 잘 관리하는 것이 미국과 중국, 세계의 이익에 부합한다고 믿는다"는 것을 강조했다. 그러면서 "미국은 중국의 제도변화를 추구하지 않으며, '대만독립'을 지지하지 않고, 중국과 충돌할 의사가 없다"고 확인했다. 사실상 중국 측과 갈등요인을 만들지 않을 '책임과 의무'를 부각시킨 것이다. 윤석열 대통령이 대만 발언을 통해 중국과 불필요한 갈등을 야기한 것과 크게 대조적인 자세다.

블링컨 장관의 방중에 이어 재닛 옐런 미국 재무장관도 중국을 찾았다. 미중이 외교에 이어 경제 분야 고위급 대화채널을 복원했다는 의미다. 옐런 장관은 7월 7~8일 리 총리, 허 부총리, 류 재정부장, 판 서기 등 중국경제를 이끄는 핵심인사들과 상견례를 겸한 협의를 했고, 그 결과에 대해선 양국 모두에서 긍정적인 평가가 나왔다. 옐런 장관은 9일 출국을 앞두고 실시한 기자회견에서 "직접적이고, 실질적이며, 건설적"인 대화였다고 자평했고, 중국 관영 신화통신도 옐런-허리펑 회담에 대해 "깊고, 솔직하고, 실무적인 교류를 진행했다"고 평가했다.

국무장관의 방중 이후 보름여 만에 이뤄진 재무장관의 방중, 여기에 존 케리 미국 기후변화 특사와 지나 러몬도 상무장관의 방중 가능성도 거론되고 있어 미중 국방당국 간 고위급 대화만 복원된다면 시진핑 집권 3기 중국 당정과 미국 바이든 행정부를 연결하는 고위급 대화채널 구축은 어느 정도 마무리될 것이라는 평가가 나온다.

물론 도널드 트럼프 전 행정부 시절 중국에 부과된 미국의 고율관세, 미국의 첨단반도체 등 분야 대중국 디리스킹(De-risking), 중국의 미국기업 마이크론 제재, 갈륨과 게르마늄 수출통제 등에서 양측은 한 발도 물러서지 않는 등 상대를 겨냥한 칼끝을 완전히 거두지는 않았다. 실제로 블링컨 방중 이후 조바이든 미국 대통령이 공개석상에서 시 주석을 '독재자(Dictator)'로 지칭하고, 반도체 생산장비 수출통제 등 미국이 서방 각국과 조율한 디리스킹으로 중국의 첨단반도체 산업 등의 발전을 차단하는 데 주력하자 중국은 7월 3일 반도체 핵심원료인 갈륨, 게르마늄 등에 대해 수출제한을 선언한 바 있다. 앨런 장관도 방중을 마치고 성과를 보고하는 기자회견에서 "미국과 중국 사이에는 중대한 이견들이 있다"고 말해 갈등해결에 실패했음을 시사했다.

그러나 미래산업의 핵심이라 할 수 있는 반도체와 전기배터리의 핵심원료인 희토류, 갈륨, 게르마늄

생산의 80%를 중국이 담당하고 있는 만큼 미국으로서는 이전과 같은 고강도 대중제재를 유지하기가 쉽지만은 않다. 갈륨과 게르마늄은 태양광 패널에서부터 컴퓨터 칩, 야간 투시경, 레이저 등 다양한 전자기기에 사용되는 금속이다. 중국은 두 금속을 포함한 20개 원자재의 주요 생산국이다. AFP통신이 인용한 유럽연합 집행위원회(EC)의 2020년 통계를 보면 중국은 전 세계 갈륨생산의 80%를 담당하고 있다. 사실상 독점 생산국인 셈이다.

이 때문에 적어도 새로운 공급처를 찾기 전까지 수급에 어려움이 불가피할 전망이다. 미래의 경제·군사 패권 향방을 결정하는 핵심적 요소인 첨단기술 분야에서 기술적 우위를 되찾는 것을 국정과제로 삼고 있는 미국 바이든 행정부로서도 무조건 반중을 밀어붙일 수 없는 이유이기도 하다. 미국과 서방의 대중 접근법이 기존의 틀을 아예 바꿔 중국을 배제하자는 디커플링(De-coupling, 분리)에서 디리스킹(De-risking, 위험완화·제한)으로 완화된 것도 이런 속내를 짐작게 한다.

반중·친일 프레임 속에 나 홀로 마이너스 성장

❖ 정부 "중국을 통한 수출호황의 시대는 끝나"
❖ 미일의 중국 겨냥한 군사전략에 동조
❖ 친중은 매국, 친일은 애국?

반면 우리 정부는 지난해 파트너국 정상으로 참석한 북대서양조약기구(NATO, 나토) 정상회의에서 경제수석의 입을 통해 "지난 20년간 우리가 누려왔던 중국을 통한 수출호황의 시대는 끝나가고 있다"며 중국의 대안시장 필요성을 강조한 뒤 시종일관 미국의 대중 압박에 동조하는 입장을 취해왔다. 윤 대통령은 '중국봉쇄'라는 미·일의 전략에 편승해 역대 한국정부가 진보, 보수를 가리지 않고 취해온 '전략적

모호성'을 버린 것이다. 주요 7개국(G7) 정상회의, 한-태평양 도서국 정상회의 등 여러 국제무대에서 인도태평양전략과 자유·인권·법치의 보편석 가치를 거론하며 사실상 중국을 겨냥했다. 여기에 후쿠시마 오염수 방류문제에 있어 일본정부 편을 들면서 군사·경제·환경 등 모든 면에서 중국의 대척점에 섰다.

이에 중국은 지난 5월 윤석열정부에 '4불가(不可)' 방침을 통보하면서 '하나의 중국' 원칙을 존중할 것과 미국과 일본의 중국 적대시 전략에 동조하지 말 것 등을 촉구했다. 특히 "악화한 정세 속에서 한국의 대북주도권 행사는 불가하다"는 네 번째 불가방침은 중국의 협조 없이 한반도 문제에서 한국정부가 얻을 수 있는 것은 없을 것이라는 경고다. 1953년 7월 6·25전쟁 정전협정이 유엔군, 조선인민군, 중국 인민지원군 간에 체결된 것을 두고 한국은 정전협정의 당사자가 아니라는 논란이 계속되고 있는 것을 생각했을 때 이번 4불가 방침은 북핵문제에 있어 중국의 협조를 받을 수 없다는 것을 넘어 종전·평화 협정의 문제에서도 우리가 배제될 수 있다는 우려를 낳는다.

"외교참사를 넘어 형사처벌 대상"이라고 맹공했다. 또한 김기현 국민의힘 대표는 아이보시 고이치 주한일본대사 접견하고 야권을 겨냥해 "비과학적 선전과 선동을 배격할 것"이라고 말해 논란을 일으키기도 했다.

문제는 친중·반중, 친일·반일 프레임으로 외교문제가 국내 정치이슈로 치환되고 있는 가운데 우리나라 수출은 1년 넘게 역대급 적자를 이어가고 있다는 것이다. 기타 국가 상대 수출상승이 대중국 수출하락을 따라잡지 못하고 있기 때문이다. 수출부진의 여파는 수입하락을 야기했고, 이런 국내외적 불안은 자산가치 하락과 맞물려 소비심리를 위축시켜 내수 경기마저 얼어붙게 했다.

특히 이번에 중국의 수출규제는 이차전지 주요 소재인 리튬, 코발트, 망간을 포함해 핵심광물 전반에 걸쳐 중국 의존도가 높은 우리나라로서는 공급망 변화 가능성에 촉각을 곤두세울 수밖에 없는 실정이다. 적과 아군만 있는 일차방정식 외교가 아닌 '악마'와도 손을 잡을 수 있는 고차방정식 외교가 필요한 시점이다. 시대

중국정부 4불가 방침

- (대만문제 등) 중국 핵심이익 개입 시 협력 불가
- 한국의 친미·친일 일변도 외교정책 지속 시 협력 불가
- 한중관계 긴장 지속 시 고위급 교류(시진핑 방한 포함) 불가
- 악화한 정세 속에서 한국의 대북주도권 행사 불가

여권 또한 싱하이밍 주한 중국대사가 이재명 더불어민주당 대표를 만난 자리에서 '베팅' 발언을 한 것과 관련해 이 대표를 향해 '중국 공산당 한국 지부장이냐'고 비난하는 등 친중프레임으로 공격하고 있다. 또 민주당 의원들의 중국방문을 '중국돈 외유'라면서

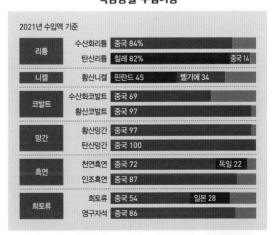

핵심광물 수입비중

2021년 수입액 기준

리튬	수산화리튬	중국 84%
	탄산리튬	칠레 82% / 중국 14
니켈	황산니켈	핀란드 45 / 벨기에 34
코발트	수산화코발트	중국 69
	황산코발트	중국 97
망간	황산망간	중국 97
	탄산망간	중국 100
흑연	천연흑연	중국 72 / 독일 22
	인조흑연	중국 87
희토류	희토류	중국 54 / 일본 28
	영구자석	중국 86

자료 / 산업통상자원부

심각한 남녀 경제활동 격차,
경단녀 해법 시급해

더 심각해진 여성 경력단절

여성가족부가 내놓은 '2022년 경력단절여성 등의 경제활동 실태조사' 결과를 보면 성인여성 10명 중 4명은 결혼과 임신, 돌봄노동 등의 이유로 경력단절을 경험한 것으로 나타났다. 경력단절이 처음 발생하는 평균연령은 29세, 재취업하는 데는 평균 8.9년이 걸렸다. 자녀가 있는 기혼여성이 경력단절을 겪은 비율은 58.4%로 자녀가 없는 기혼여성(25.6%)보다 2배 이상 높았다. 경력단절 이후 처음 취업한 일자리의 고용환경도 나빠졌다.

2023.06.01. 한겨레

남녀 경제활동 격차, OECD 7위

우리나라의 남녀 간 경제활동 참가율 격차가 경제협력개발기구(OECD) 38개국 가운데 7번째로 크다는 보고서가 나왔다. 6월 11일 OECD의 성평등 관련 보고서에 따르면 경제활동인구의 성별격차는 2021년 기준 18.1%로 OECD 평균인 10.9%보다 7.2%포인트나 높았다. 국내총생산(GDP) 세계 10위 안팎의 주요국으로 좁혀 보면 한국은 이탈리아(18.2%)와 함께 격차가 가장 컸다. 한국의 성별격차는 10년 전인 2013년 22.4%에서 호전된 것으로 보인다. 그러나 일본이 10년 전 20.9%에서 13.3%로 대폭 줄었고, 한국여성의 대학진학률이 10명 중 8명꼴로 세계 1위라는 점을 감안하면 실제 내용 면에서는 악화된 지표로 봐도 무방하다.

결혼·출산 후 경력 끊는 여성 많아

한국의 성별격차가 큰 것은 국가와 사회가 여성에게 계속 일할 수 있는 환경을 제공하지 못하기 때문이다. 최근 여성가족부 통계를 보면 여성 고용률은 20대에 가장 높다가 30대에 추락하는 'M자형' 곡선을 그린다. 변곡점은 결혼과 출산이다. 여성이 출산과 함께 육아부담을 떠안으면서 다니던 직장을 그만두는 것이다. 직장여성이 출산과 육아로 인해 노동시장에서 이탈하는 경력단절, 이른바 '경단녀' 현상은 코로나19 사태를 거치면서 악화된 것으로 나타났다. 코로나19 3년간 여성이 직장을 그만둔 경력단절 경험비율은 35.0%에서 42.6%로 뛰었고, 재취업까지 걸리는 기간은 7.8년에서 8.9년으로 늘어났다.

경단녀가 어렵게 구한 새 일자리는 전 직장에 비해 임금과 고용안정성이 떨어지는 것으로 나타났다. 사업주가 경단녀 고용을 꺼리는 게 그 이유일 것이다. 현실이 이러니 임금이 낮아도 육아를 병행할 수 있는 시간제 근로자 등 비정규직 업종으로 여성이 몰리고, 일터로 복귀하더라도 저임금 탓에 직장을 그만두는 상황으로 이어진다. 경력단절이 여성의 결혼 기피를 초래하는 악순환의 고리 속에서 저출산율 세계 1위의 불명예 기록이 해마다 경신되고 있다.

육아부담 해소 확실히 이뤄져야 해

원인과 해법은 이미 나와 있다. 여성의 경제활동을 가장 저해하는 육아부담을 획기적으로 줄이는 것이다. 정부는 2022년 육아휴직 기간을 12개월에서 18개월로 확대하는 방안 등을 경단녀 대책으로 제시한 바 있다. 하지만 기업문화 등 현실을 고려할 때 제도만으로는 어림도 없다는 비판이 많다. 남성의 유급 육아휴직제도가 이런 현실을 입증한다. 법으로 보장된 남성의 육아휴직기간은 52주로 OECD 중 가장 길지만, 실제 사용률은 출생아 100명당 1.3명으로 가장 낮다.

이렇듯 제도를 정비하는 것도 필요하지만 여성이 아이를 믿고 맡길 수 있는 탁아 및 보육시설을 확충하는 노력이 병행돼야 한다. 국회에 계류 중인 외국인 가사도우미 법안도 검토해볼 만하다. 이미 일본과 홍콩 등에서 도입해 여성의 경력단절문제 해소에 큰 도움이 되고 있다고 한다. 내·외국인 간 임금차별을 이유로 반인권적 제도라는 시민단체의 반발이 크지만, 일하는 엄마들과 국가가 처한 현실이 녹록치 않은 만큼 고려해봄직하다. 외국인 가사도우미를 포함해 현실적인 육아대책을 두고 여야가 조속히 머리를 맞대길 바란다. 시대

34주년 맞은 비극
중국의 톈안먼 지우기

6·4 톈안먼 시위 당시 해방군의 탱크를 단신으로 막아 세운 탱크맨

2023년 6월 4일 제34주년을 맞은 톈안먼 민주화시위를 추모하는 움직임이 세계 곳곳에서 있었다. 중국의 압박에 홍콩을 떠나 뉴욕에 새롭게 둥지를 튼 톈안먼 추모기념관에서는 추모행진을 벌였고, 대만에서는 연례 추모행사와 톈안먼 시위를 소재로 한 연극이 공연됐다. 그러나 홍콩에서는 삼엄한 경비 속에 체포와 연행이 잇따르고, 중국 현지에서는 톈안먼 시위를 완전히 지우고자 하는 공산당의 통제가 진행됐다.

34주년 맞아 뉴욕, 대만 등에서 추모행사 열려

중국 6·4 톈안먼 민주화시위 34주년을 맞아 세계 곳곳에서 이를 추모하는 행사가 마련됐다. 6월 2일(현지시간) 저녁 미국 뉴욕 맨해튼에서는 이날 현지에 문을 연 톈안먼 시위 추모기념관에서부터 주뉴욕 중국 총영사관까지 일단의 활동가들이 중국의 민주화를 요구하며 행진했다. 뉴욕 톈안먼 시위 추모기념관은 1989년 7주간 벌어졌던 시위현장에서 나온 피 묻은 수건과 지혈대로 사용된 피에 젖은 현수

막, 텐트, 옷, 당시 사건에 관한 신문기사와 편지 등이 전시돼 있다. 2021년 홍콩에 있던 톈안먼 추모기념관이 당국의 압박 속에 폐쇄되자 시위 당시 학생 지도자 등 미국에 거주하는 중국활동가들이 주축이 돼 뉴욕으로 옮겨 기념관을 열었다.

대만에서는 연극 '5월 35일'이 공연됐다. 중국에서 언급이 금지된 '6월 4일'을 검열을 피하기 위해 '5월 35일'로 표현한 이 연극은 톈안먼 시위 당시 아들을 잃은 부모의 슬픔을 그렸다. 홍콩에서는 극단 '무대 64'가 2020년 6월 30일 홍콩국가보안법이 시행되기 직전에 마지막으로 공연한 후 극단의 해체와 함께 명맥이 끊겼다가 대만에서 부활한 것이다. 홍콩에서 국가보안법 시행 후 추모행사가 차단되고 관련기념물들이 모두 철거된 가운데 중화권에서는 유일하게 대만에서 추모행사가 진행되고 있다.

홍콩에서는 삼엄 경비 속 체포·연행 이어져

홍콩에서는 경찰 수천명이 삼엄한 경비를 펼친 가운데 6월 4일 체포와 연행이 잇따랐다. 이날 홍콩 거리 곳곳에서 불심검문이 이뤄졌으며, 오후 6시를 전후해 야당지도자와 민주활동가 등이 속속 경찰에 연행됐다. 오후 7시께 번화가인 코즈웨이베이 한 백화점 앞에서 현지 군소 야당인 사회민주연선의 찬포잉 주석이 경찰에 연행됐다. 찬 주석은 당시 작은 발광다이오드(LED) 촛불과 두 송이의 꽃을 들고 있었으며, 경찰은 즉시 그를 붙잡아 경찰차에 태워 갔다.

그에 앞서 같은 장소에서 막인팅 전 홍콩기자협회장이 경찰과 한동안 말다툼을 벌이다 경찰차에 실려 갔다. 이어 한 여성은 연행돼 가면서 "촛불을 들어올리자! 6·4를 추모하자!"고 외쳤으며, 홍콩인들 사이에서 '그랜마 웡'이라 불리는 백발의 여성활동가도 꽃을 들고 거리로 나섰다가 경찰에 연행됐다.

중국에서 톈안먼 시위는 찾아볼 수 없어

1989년 4월부터 대학생과 지식인 등이 주축이 된 중국시민들이 톈안먼광장에서 부정부패 척결과 민주개혁 등을 요구하며 시위를 벌이자 중국 인민해방군이 그해 6월 4일 이를 유혈진압한 비극적인 사태가 발생해 많은 인명피해가 났다. 중국공산당은 2021년 11월 채택한 제3차 역사결의에서 톈안먼 시위에 대해 구체적으로 설명하지 않고 '엄중한 정치풍파'로 규정했다. 그러면서 유혈진압에 대해 "당과 정부는 인민을 의지해 동란에 선명하게 반대하는 것을 기치로 해서 사회주의 국가 정권과 인민의 근본 이익을 수호했다"고 평가했다. 공산당은 해마다 톈안먼 시위가 발생한 6월 4일을 앞두고 반체제 인사들에 대한 통제를 강화해왔다.

톈안먼 시위 유혈진압 희생자

집계기관	사망자/부상자
AP통신	500명 이상/통계 없음
베이징독립학생연합	4,000명 이상/통계 없음
중국 국무원	300명 이하/군 5,000명, 민간인 2,000명
중국적십자 요원들	727명/통계 없음
사우스차이나모닝포스트	1,400여 명/1만명

자료 / 사우스차이나모닝포스트

이로써 중국 내에서 톈안먼 시위는 사실상 사라졌다. 중국 포털사이트 바이두와 SNS 웨이보에 '톈안먼 사건', '6·4 사건', '톈안먼 시위', '6·4 톈안먼' 등 톈안먼 시위와 관련된 검색어를 입력해도 '관련 결과를 찾을 수 없다'는 메시지만 나온다. 톈안먼 시위를 둘러싼 모든 논의를 금기시하면서 '없었던 일' 취급하는 셈이다. 6월 4일 뉴욕, 런던, 베를린 등 세계 최소 30곳에서 추모행사가 열렸지만 정작 베이징에서는 평온한 하루가 이어졌다. 시대

"경각심 고취 vs 실효성 없어"

찬성

알아야 조심하고 피한다

범죄자의 신상공개의 근거는 국민의 알권리와 공익의 보호다. 헌법상 명시되지 않은 기본권이지만 헌법재판소는 직접적으로 국민의 알권리를 인정한 바 있다. 이를 위해 범죄자의 신상은 공개돼야 하는 것이다.

국가기관의 통계에 따르면 범죄자의 약 22% 이상이 출소 후 3년 이내에 범죄를 저지른다고 한다. 추가범죄로 인해 새로운 피해자가 발생한다는 것이다. 또한 이 중 앞선 범죄의 피해자나 이를 신고한 신고자에 대한 보복범죄가 상당수 존재한다. 이미 정신적·육체적 고통을 당한 피해자가 평생 보복의 두려움에 고통받아야 한다는 의미다. 나아가 재범방지와 원활한 수사와 같은 공익을 위해서라도 신상공개가 필요하다. 실제로 강도치사죄로 무기형을 선고받고 복역 중 탈옥했다가 2년 뒤인 1999년 검거된 신창원 탈옥·검거 사건의 경우 전국적으로 배포된 공개수배전단이 있었기 때문에 검거할 수 있었다.

범죄자 신상공개는 범죄자에게 심리적인 압박감을 줄 수 있을 뿐만 아니라 주변인들 스스로 경계하고 조심하게 만든다. 또 다른 피해자가 나오는 것을 어느 정도 막을 수 있는 사전장치인 셈이다. 특히 가해자의 인권이 피해자의 안위나 인권에 앞설 수 없다.

헌법재판소가 성범죄 피의자 신상공개제도의 위헌성을 심리 중인 것으로 확인됐다. 성폭력범죄의 처벌 등에 관한 특례법 25조1항의 위헌성을 따져달라는 서울고법 춘천재판부 행정1부(황승태 부장판사)의 위헌법률심판제청을 작년 11월 접수해 심리하고 있다는 것이다. 해당 조항은 '검사·사법경찰관은 성폭력범죄 피의자가 죄를 범했다고 믿을 만한 충분한 증거가 있고 오로지 공공의 이익을 위해 필요할 때 얼굴, 성명, 나이 등 피의자의 신상에 관한 정보를 공개할 수 있다'는 것이다. 특정강력범죄의 처벌에 관한 특례법 8조의2도 범행수단이 잔인하고 중대한 피해가 발생한 강력범죄의 경우 피의자의 신상정보를 공개할 수 있도록 정하고 있다.

서울고법 춘천재판부 행정1부는 "성폭력처벌법 제25조 제1항은 대상정보를 공개할 수 있다고 정하고 있을 뿐"이라며 "어떠한 절차 규정 없이 대상 정보의 공개에 관련된 모든 사항을 오로지 사법경찰관의 결정에만 맡기고 있어 적법절차 원칙과 무죄추정원칙에 위반될 수 있고 과잉금지원칙을 위반하여 피의자의 인격권과 개인정보 자기결정권을 침해할 가능성이 있다"라고 위헌제청 이유를 밝혔다.

중대범죄자 신상공개 확대 논란

이런 가운데 최근 20대 여성을 무차별 폭행해 실신시킨 뒤 성폭행까지 시도해 사회적 공분을 산 이른바 '부산 돌려차기 사건'과 관련해 한 유튜버가 이 사건 가해자(피의자)의 신상을 공개해 '사적 제재' 논란이 되고 있다. 가해자가 항소심 재판에서 징역 20년을 선고받았지만 신상공개가 이뤄지지 않고 있다는 것이 공개 이유였다. 현행법상 살인, 성폭력 등을 저질러도 일단 재판에 넘겨지면 판결이 확정되기 전까지는 신상공개를 할 수 없다.

그러자 정부와 여당은 범죄자 신상공개 확대를 추진하고 나섰다. 6월 18일 범죄자 신상공개대상이 살인, 강도, 흉기를 동원한 성폭행 혐의 피의자 등에 한정된 것을 ▲ 아동성범죄 ▲ 불특정인대상 무차별 범죄 ▲ 내란·외환·테러·마약 등의 중대범죄로까지 확대하고, 현재 무죄추정원칙에 따라 신상공개대상에 포함되지 않는 피고인도 공개대상에 포함하기로 했다. 또한 신상정보 공개가 결정된 범죄자는 결정일 30일 이내 모습을 머그샷으로 공개하고, 수사기관이 범죄자의 얼굴을 촬영할 수 있도록 하는 규정도 특별법에 마련하기로 했다. 입법 이유에 대해서는 제한적 신상공개가 지금 시대상황에 맞지 않고, 신상공개제도가 오히려 가해자를 보호해주는 문제가 있기 때문이라고 설명했다. 시대

"중요한 건 범죄자가 아니라 피해자"
"최근 늘어난 악질범죄로 대상 확대해야"

"대상 확대 이전에 마스크, 모자부터 없애야"
"나중에 무죄면 그 피해는 어떻게 보상?"

반대

명확한 기준, 강제성 있어야

가해자의 신상을 알린 유튜버는 "피해자가 공개를 원하고 보복범죄 두려움에 떨고 있어 공개하기로 결정했다"고 했다. 공개의 이유를 경찰이 가해자의 범죄행위가 특정강력범죄법상 신상공개 기준인 '범죄의 잔인성과 중대성'에 미치지 않는다고 판단해 가해자 신상을 공개하지 않았기 때문이라고 밝혔다. '수원 냉장고 영아시신 사건' 피의자의 신상 또한 공개불가 결정이 났다. 수사기관이 자의적, 주관적으로 결정한다는 비판이 나올 수밖에 없다. 제도가 없는 게 문제가 아니라 일관성 있는 명확한 기준이 없는 게 문제다. 단순히 대상범죄를 확대한다고 해결될 수 없다는 의미다.

한편 또래여성을 살해하고 시신을 유기한 피의자 정유정에 대해선 체포 6일 만에 신상공개 결정이 났지만, 모자와 마스크로 얼굴을 가린 바람에 실제 모습은 미공개나 마찬가지였다. 신상공개가 결정이 나더라도 피의자 본인의 의지에 따라 실제 얼굴공개는 얼마든지 피할 수 있다는 말이다.

더구나 형 확정 이전의 신상공개는 무죄추정원칙에 어긋난다. 화성연쇄살인사건의 범인이 되어 억울하게 20년간 복역했던 피해자처럼 형 확정 후 무죄로 밝혀지는 일도 있다. 이런 경우 입는 피해는 무엇으로도 보상할 수 없다.

"고물가 관리 vs 시장자율 부정"

찬성

그리드플레이션 견제

코로나19와 글로벌공급망 이상이 겹치면서 인플레이션이 세계 각국에서 심각한 문제가 됐고, 여기에 미중대결 심화와 러시아-우크라이나 전쟁까지 겹치면서 식량과 에너지 가격까지 급등시켰다. 인플레이션은 정부가 걷는 '제2의 세금'이라 할 정도로 국민 전체에 무차별적으로 충격을 준다. 경제취약계층엔 더욱 가혹하다. 그래서 통상 각국 정부는 고물가에 동원할 수 있는 정책을 총동원하기 마련이고, 기업의 가격인상을 저지하는 것도 그중 하나다.

최근 장바구니 체감물가로 보면 서민은 생활이 어려울 정도다. 통계로는 소비자물가가 3~4%대 오르지만, 식품류는 그보다 훨씬 높다. 특히 라면은 저소득 서민, 청년, 노인 등에게 주식에 가까울 정도로 일상적 생활 품목이다. 그런데 라면업계는 원자재가격과 임금상승을 이유로 제품가격을 9.7~11.3% 올렸는데, 최근 밀가격 하락으로 큰 영업이익을 남겼다.

정부에는 기업이 이윤을 극대화하려고 가격을 많이 올려 물가를 끌어올리는 '그리드플레이션(Greedflation)'을 견제해야 하는 책무도 있다. 현대 국가에서는 자본주의 시장경제라고 해서 무조건적 '자유'가 보장되지 않는다. 정부는 과도한 이윤을 견제해 소비자를 보호해야 하는 것이다.

지난 6월 18일 정부 내 경제팀장인 추경호 부총리 겸 기획재정부장관이 한국방송(KBS) '일요진단' 프로그램에 출연해 '라면업체들이 라면값을 내려야 한다'고 발언했다. "작년 9월, 10월에 라면값을 크게 올렸는데 (…) 1년 전 대비 약 50% 밀가격이 내렸고, 작년 말 대비로 약 20% 정도 내렸습니다. (…) 제조업체에서도 밀가루가격으로 올랐던 부분에 관해서는 다시 적정하게 가격을 좀 내리든지 해서 대응을 해줬으면 하는 바람"이라고 말한 것이다. 이어서 "정부가 원가조사를 하고 가격을 통제하는 것은 바람직하지 않다"며 "소비자단체에서 적극적으로 나서서 견제도 하고 가격조사도 해서 압력을 좀 행사하면 좋겠"다고 했다.

그러자 농림축산식품부가 나서 국제 밀가격(2023년 6월 기준)이 1년 전보다 50% 떨어졌다는 점을 근거로 제시하며 밀가루가격 인하를 압박했다. 앞서 주류가격 인상을 검토하던 주류업계를 압박한 지 넉 달 만이었다. 결국 국내 '라면 3사(농심, 삼양, 오뚜기)'는 7월부터 라면값을 일제히 인하했다. 업계 1위 농심은 4.5~6.9%, 삼양식품은 12개 제품가격을 평균 4.7%, 오뚜기도 라면류 15개 제품의 가격을 평균 5% 낮추기로 했다.

정부 라면값 개입 논란

이 때문에 라면값에는 밀가루뿐 아니라 급등한 인건비, 물류비, 에너지비용 등 여러 가지 요인이 반영되는 것을 고려하지 않았다는 것부터 물가인상을 앞세워 내년으로 다가온 총선에서 여당에 유리하도록 판을 짠 것 아니냐는 등의 비난이 뒤따랐다. 특히 윤석열정부가 그동안 줄곧 '시장'과 '자유'를 외쳐온 만큼 정부가 시장의 개별 상품가격에 간섭·개입하는 게 적절하냐는 논란이 이어졌다. 이에 정부는 압박이 아니라 의견이었을 뿐이라고 해명했지만, 추 부총리의 발언 이후 정부부처의 움직임이 실제로 있었기 때문에 업계로서는 압박으로 받아들일 수밖에 없다는 분석이다.

한편 추 부총리의 발언 다음 날인 6월 19일 월요일 주식시장에선 상장사인 농심, 삼양식품, 오뚜기의 주가가 6.1%, 7.8%, 5.6% 떨어졌다. 주식을 팔았다는 한 개인투자자는 "감사원과 검찰의 움직임을 봐서는 라면업체가 값을 안 내릴 경우 국세청이나 공정거래위원회가 들이닥칠 수도 있겠다 생각해 리스크 회피 차원에서 팔아버렸다"고 말했다. 또한 라면업계는 밀가격만 다소 인하됐을 뿐 인건비와 전기료 등 기타 부수비용이 상승하고 있는 만큼 이번 가격인하로 올해 연결기준 영업이익 추정치가 기존 전망치 대비 2~3%(최대 180억원) 정도 낮아질 수 있다고 내다봤다. 시대

"물가부터 잡아야"
"라면은 서민의 일상적 생활품목"

"자유시장의 근본을 무너뜨릴 셈인가?"
"차라리 법인세를 올려 복지정책을 펼쳐야"

지나친 정부 개입

자본주의 시장경제체제에서 상품가격을 정하는 것은 시장과 기업 등 민간의 영역이다. 정부의 역할은 기업이 가격담합 등의 불법행위를 하지 못하도록 감시하는 것이어야 한다. 그런데 정부가 영역을 넘어 요구를 하면 기업에게는 부담이 된다. 국세청이 세무조사나 공정거래위원회의 감사, 극단적으로는 검찰조사로까지 이어질 수 있기 때문이다.

정부가 시장가격을 주도하면 시장경제의 기둥인 자유로운 경쟁과 이윤추구가 뿌리째 흔들리게 된다. 공산주의나 다를 것이 없다. 이런 경우 기업활동이 위축될 뿐 아니라 정부가 경제에 개입하는 나라로 비쳐서 외국인투자자의 대거 이탈을 야기할 수 있다. 실제로 50원 인하된 라면을 매일 먹을 때 1명이 절약할 수 있는 돈은 1년에 2만원이 채 안 되지만, 이번 일로 인해 라면업계의 시가총액은 추 부총리 발언 단 하루 만에 3,000억원가량이 증발했다.

무엇보다 우리나라의 물가 조사대상 458개 품목 중 라면은 전체 물가에서 차지하는 영향력이 0.27%에 불과하다. 라면값을 인하한다고 물가가 잡히지 않는다는 의미다. 인플레이션의 고통 속에서 정부가 해야 할 것은 정부 지출을 줄여 복지정책을 확장하는 것이지 행정권 남용이 아니다.

01 (   )은/는 일본정부가 핵 오염수 방류 합리화에 주요 근거로 제시한 방사능 핵종 제거 시설을 말한다.

02 정부가 수능의 적정난이도 확보 및 공교육 정상화를 위해 (   )을/를 배제하겠다고 밝혀 수험생들의 혼란이 빚어졌다.

03 폭우로 전국에서 피해가 속출한 가운데 정부는 대규모 수해가 발생한 지역을 (   )(으)로 선포하기로 했다.

04 (   )은/는 대규모 국가예산이 투입되는 사업에 대해 기재부에서 사업의 타당성을 일정 기준에 따라 검증하는 제도다.

05 (   )은/는 사회·경제적 위기에 처한 산모가 신원을 숨기고 출산해도 정부가 아동의 출생신고를 할 수 있도록 하는 제도다.

06 세금부과기준인 과세표준을 결정하는 공시가격비율을 (   )(이)라고 한다.

07 (   )은/는 중요 전략무기인 전함에서 일어난 반란으로 사실상 러시아제국 붕괴의 시초를 알린 사건으로 기록돼 있다.

08 (   )은/는 노사 간 내놓은 잇따른 최저임금 수정안에도 이견을 좁히지 못해 결국 공익위원들의 투표로 최저시급을 결정했다.

09 새마을금고 위기설이 대두되면서 한때 일부 지점에 예·적금을 해지하려는 고객이 몰리는 등 (   )이/가 감지됐다.

10 국내 가계부채 증가와 (   )이/가 경제에 큰 위협이 될 수 있다는 우려가 금융당국과 전문가들 사이에서 제기됐다.

11 최근 일본증시가 회복세를 보이는 배경으로 (   ) 현상, 글로벌 자금의 일본 이동, 기업가치 제고 노력 등이 꼽혔다.

12 6월 무역수지 흑자는 수출·수입이 동반 감소한 가운데 수입이 수출보다 더 줄어서 나타난 (   )(이)다.

13 6월 28일부터 만 나이 통일법이 시행된 가운데 초등학교 입학과 병역의무에 대해서는 기존대로 (   )을/를 적용한다.

14 정부가 거둬들인 재정의 수입과 지출의 차이를 (   )(이)라고 한다.

15 정부가 민간단체로 지급되는 (　　　)에 대규모 감사를 벌여 부정 사용을 적발하고 감사기준을 강화하겠다고 밝혔다.

16 (　　　)은/는 환율과 금리변동에 따른 위험을 헤지하거나 외화유동성 확충을 위해 사용하는 거래방식이다.

17 (　　　)(이)란 치열한 경쟁환경이 오히려 개인과 조직 전체의 발전에 도움이 되는 현상을 일컫는 말이다.

18 튀르키예에는 전 세계에서 (　　　)이/가 가장 많이 사는 것으로 알려져 있는데, 튀르키예정부는 독립국가 건설을 요구하는 (　　　)에 대한 탄압을 이어가고 있다.

19 최근 채권시장에서 GS건설과 새마을금고 이슈 등으로 악재가 연발해 (　　　) 관련 불안을 자극할 수 있다는 우려가 제기됐다.

20 세계보건기구가 설탕 대체 인공감미료 중 하나인 (　　　)을/를 '발암가능물질'로 분류하겠다고 발표했다.

21 외국인 투자자가 현지 국가의 부당한 대우 또는 급격한 정책변화로 손해를 입었을 때 (　　　)을/를 통해 구제를 받을 수 있다.

22 정부가 강제징용 피해자의 배상금을 (　　　) 하려던 시도가 각 지방법원의 공탁관에 의해 불수리 처리됐다.

23 (　　　)은/는 인류사회 모든 구성원이 시민적·정치적 자유 및 공포와 결핍으로부터 자유를 향유하는 권리를 누린다는 것을 주요 내용으로 한다.

24 메타의 새 SNS (　　　)이/가 출시 일주일도 안 돼 가입자 수가 1억명에 육박하면서 트위터의 대항마로 주목을 받았다.

25 7월 1일부터 검·경 합동 대책으로 (　　　)을/를 하면 차량을 압수·몰수하는 방안이 시행되고 있다.

26 (　　　)이 개통한 이후 5개 노선의 환승역이 된 김포공항역 이용객이 20% 넘게 증가한 것으로 나타났다. 시대

---

01 알프스(ALPS)　**02** 킬러문항　**03** 특별재난지역　**04** 예비타당성조사　**05** 보호출산제　**06** 공정시장가액비율　**07** 포템킨 반란　**08** 최저임금위원회　**09** 뱅크런(대규모 자금이탈 움직임)　**10** 주택버블　**11** 엔화 약세(엔저)　**12** 불황형 흑자　**13** 연 나이　**14** 재정수지　**15** 국고보조금　**16** 통화스와프　**17** 메기효과　**18** 쿠르드족　**19** 부동산 프로젝트파이낸싱(PF)　**20** 아스파탐　**21** 국제투자분쟁(ISDS)　**22** 공탁　**23** 유엔 시민적·정치적 권리규약　**24** 스레드　**25** 음주운전　**26** 대곡소사선(서해선)

학점은행제 인기 자격증 소개!

SD에듀 유튜브 채널 토크레인 인터뷰 영상 보러가기

학점은행제란?

학교뿐만 아니라 학교 밖에서 이루어지는 다양한 형태의 학습 및 자격을 학점으로 인정하고, 학점이 누적되어 일정 기준을 충족하면 법적으로 학력으로 인정되는 학위취득을 가능하게 한 제도

Q 학점은행제 플래너가 하는 일은?

평생교육 제도를 활용해서 진행할 수 있는 과정에 대해 컨설팅하고 수강생들이 그 과정을 잘 마칠 수 있도록 중요한 부분을 짚어주는 등의 역할을 한다고 보시면 됩니다. 이 제도가 주의해야 할 점들이 많고 과정 자체도 다양하거든요. 그래서 학습플래너가 학점은행제를 통해 학위를 취득하고자 하는 분들 옆에서 도움을 드리고 있다고 생각해 주시면 될 것 같아요.

Q 학점은행제 장점 및 특징은?

학점은행제는 학점 제도로 이뤄져 있어서 필수 이수학점만 빨리 취득하면 학위증도 빨리 받을 수 있어요. 또 학점으로 인정되는 요건이 온라인 강의와 자격증 취득, 독학사, 전적대 학점 등 4가지나 돼서 평균적으로 대학에서 졸업장을 받기까지 걸리는 시간의 절반 정도 이내에 학위증을 받을 수가 있어요. 그리고 대학과 달리 매달 개강이 가능해서 언제든지 마음만 먹으면 시작할 수 있습니다.

2022년 인기 자격증은?

산업안전기사의 경우 국가기술 자격증이라 취득이 쉽지는 않아요. 필기시험 합격률이 30%에서 50% 까지 오긴 했지만, 실기도 굉장히 어렵고 외워야 하는 내용이 많거든요. 그런데 제조업체나 공장 등에는 안전관리자가 꼭 필요해서 전망이 좋다는 점 때문에 시험이 어려워도 도전하는 분들이 많아요.

사회복지사의 경우에는 1·2급 자격을 취득하면 노인, 아동 등과 관련된 여러 복지 분야로 취업할 수 있고, 그 외 의료·정신건강·학교 사회복지사로도 진출할 수 있습니다. 특히 1급의 경우 2급보다 전문성이 훨씬 더 높다고 보시면 될 것 같아요.

 # 요양보호사 시험이 2023년부터 개정됐다는데?

네. 올해부터 크게 교육시간과 시험일정, 시험방법 3가지가 바뀌었습니다.

구분	변경 전	변경 후
교육시간	총 240시간 = 이론 80시간 + 실기 80시간 + 실습 80시간	총 320시간 (2024년부터 시행 예정)
시험일정	1년에 4번 정기시험	주5일 상시시험 (오전/오후 하루 2번 운영)
시험방식	OMR카드를 활용한 지필고사 방식	문제은행 방식의 컴퓨터(CBT) 시험으로 변경됐으며, 올해에 한해 지필고사와 병행

미래 유망 자격증을 소개한다면?

IT계열의 직업을 추천드리고 싶어요. 특히 보안에 취약한 부분을 연구하거나 화이트 해커처럼 각종 사이버 공격을 예방할 수 있는 분야의 직종이 떠오르지 않을까 싶습니다. 관련 직종에 취업을 준비하신다면 정보보호와 관련된 학위를 취득하거나 정보보안 산업기사·기사, 빅데이터분석가 같은 국가기술 자격증이 스펙이나 취업에 도움이 될 것 같습니다. 시대

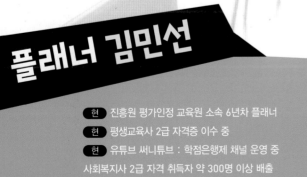

플래너 김민선

- **현** 진흥원 평가인정 교육원 소속 6년차 플래너
- **현** 평생교육사 2급 자격증 이수 중
- **현** 유튜브 써니튜브 : 학점은행제 채널 운영 중
- 사회복지사 2급 자격 취득자 약 300명 이상 배출
- 학점은행제 학위취득자 약 500명 이상 배출

필수
시사상식

화제의 용어를 한자리에!
시사용어브리핑

쿵이지 문학
고학력자임에도 취업하지 못한 중국 청년들이 스스로를 소설 속 주인공에 빗대 온라인에 쓴 글

▸ 국제·외교

대학이나 대학원을 졸업해 고학력을 취득했지만, 여러 사회적 상황으로 인해 취직하지 못한 중국의 청년들이 스스로를 루쉰의 소설 속 주인공 '쿵이지'에 비유해 온라인에 쓴 글을 뜻하는 신조어다. 이때 '쿵이지'는 중국의 대문호 루쉰의 동명 소설 속 주인공으로 지식인으로서의 체면만 중시하다 점차 사회에서 도태되는 인물을 말한다. 최근 중국의 청년층은 쿵이지 문학을 통해 학력 인플레이션과 취업난에 처한 자신들의 상황을 한탄하고 사회에 대한 불만을 간접적으로 표출하고 있다.

왜 이슈지?
현재 최악의 취업난에 놓인 중국의 고학력 청년들이 적절한 일자리를 찾지 못하는 상황에 대한 불만과 답답함을 **쿵이지 문학**에 투영하고 있는 가운데 지난 4월 바이두 등 중국 주요 포털사이트에서는 쿵이지 문학이 인기검색어 1위를 차지하기도 했다.

바드(Bard)
구글에서 개발한 대화형 인공지능 검색서비스

▸ 과학·IT

세계적 인터넷기업 구글(Google)이 개발한 대화형 인공지능(AI) 검색서비스로 지난해 11월 오픈에이아이(Open AI)가 공개한 챗GPT의 대항마로 출시됐다. 올해 3월 22일 미국과 영국에서 초기버전이 발표된 데 이어 5월 10일 한국을 포함한 전 세계 180여 개국에 전면 공개됐다. 실시간 검색결과를 수집·요약해 사용자에게 제공하며, 이메일 초안 작성, 코딩 작업 등도 가능하다. 구글의 최신 대규모 언어모델인 '팜2(PaLM2)'가 탑재돼 100개 이상의 언어를 학습할 수 있는 것으로 알려졌으며, 특히 영어 외 언어로는 처음으로 한국어와 일본어가 추가되면서 국내 정보기술(IT)기업들과도 본격적인 경쟁에 돌입했다.

왜 이슈지?
구글이 **바드**에 한국어서비스를 포함한 것을 두고 최근 한국콘텐츠가 해외에서 인기를 끌며 한국어 수요가 증가하고 있고, 네이버와 카카오 등 국내 IT기업들이 한국어 특화 AI서비스를 준비 중인 가운데 한국시장을 먼저 선점하려는 의도라는 분석이 나왔다.

트리플 인구절벽 학령인구 감소로 유치원, 초등학교, 대학교가 동시에 직격탄을 맞는 현상

2000년대에 접어든 이후 심각한 사회문제로 대두된 저출산의 영향으로 2024년 유치원, 초등학교, 대학교가 동시에 인구감소의 직격탄을 맞게 된 것을 일컫는 말이다. 내년에 유치원과 초등학교, 대학교에 입학하는 2020년생, 2017년생, 2005년생은 모두 전년 대비 출생아가 급감한 해에 태어났다. 특히 코로나19가 유행했던 2020년도 출생아는 27만 2,000명으로 연간 출생아 수가 처음으로 20만명 대로 떨어졌으며, 2021년 26만명, 2022년 24만 9,000명으로 계속 감소하는 추세다.

왜 이슈지?

인구감소로 인한 **트리플 인구절벽**이 가시화된 가운데 향후 국가경쟁력뿐만 아니라 국가의 지속성마저 위협을 받게 될 것으로 예측되고 있어 저출산의 원인으로 꼽히는 보육·주거·일자리 문제 등에 대한 전방위적인 대책이 마련돼야 한다는 목소리가 커지고 있다.

매그니피센트7(M7) 2023년 뉴욕증시의 강세장을 이끈 7개 기술종목

2023년 미국 연방준비제도(Fed, 연준)의 금리인상 속도조절에 대한 기대감과 인공지능(AI) 열풍의 영향으로 주가가 급등한 알파벳, 애플, 메타(페이스북), 마이크로소프트, 아마존, 엔비디아, 테슬라 등 7개 기술기업을 일컫는 말이다. '매그니피센트(magnificent)'란 '참으로 아름다운', '훌륭한'이라는 뜻이고, 매그니피센트7은 '훌륭한 7개 주식'이라는 뜻이다. 이전까지 미국의 대표 빅테크기업을 지칭하던 'FAANG(페이스북, 아마존, 애플, 넷플릭스, 구글)'을 밀어내고 뉴욕증시의 강세장을 이끌며 주목을 받았다. 특히 엔비디아의 경우 AI수요가 급증하면서 글로벌 반도체기업 중 처음으로 시가총액 1조달러를 돌파하기도 했다.

왜 이슈지?

2023년 상반기 뉴욕증시 상승랠리가 지속되는 가운데 일부 전문가들은 **매그니피센트7(M7)**과 같은 특정 기업들의 독주가 시장 전체에는 악영향을 끼칠 수 있다고 경고하면서 하반기까지 상승기조가 이어지기 위해서는 중·소형주들도 이에 동참해야 한다는 의견을 밝혔다.

지속가능한 배터리법 유럽연합 내에서 판매되는 모든 배터리의 생애주기를 관리하고 친환경성을 강화하기 위한 규제

유럽연합(EU)이 시장 내에서 휴대전화, 전기차 등에 탑재돼 판매되고 있는 모든 배터리의 공급망 및 생애주기를 관리하여 지속가능성을 확보하고 친환경성을 강화하기 위해 마련한 규제다. 지난 6월 14일 열린 본회의에서 법안이 승인됨에 따라 EU이사회 승인과 관보 게재를 거쳐 발효된다. 법안발효 시점을 기준으로 8년 후부터 적용될 예정이며, 생산공정 규정 강화와 새로운 배터리 생산 시 리튬, 코발트 등 핵심원자재 재활용 의무화, 폐배터리 수거의무 비중 강화를 골자로 한다.

왜 이슈지?

유럽연합의회가 **지속가능한 배터리법**을 통과시키면서 법안이 실제로 적용될 경우 삼성SDI, LG에너지솔루션, SK온 등 EU에 진출해 있는 한국 배터리업체도 영향을 받을 것이라는 관측이 제기됐다.

가상발전소(VPP ; Virtual Power Plant) 정보통신기술을 활용해 분산형 자원을 통합 관리하는 시스템

▶ 과학·IT

클라우드 컴퓨팅이나 사물인터넷(IoT) 같은 정보통신기술(ICT)을 활용해 소규모 에너지 발전, 축전지, 연료전지 등 발전설비 및 전력수요와 관련된 분산형 자원을 통합 제어·운영하는 시스템을 말한다. 물리적으로 작동하는 발전기나 발전소는 존재하지 않지만, 소프트웨어를 이용하여 날씨와 시간대, 계절 등에 따라 변동성이 큰 신재생에너지의 발전량과 사용량을 비교적 정확하게 예측할 수 있으며, 잔여 전력을 저장하거나 제어하여 효율적으로 공급하는 역할을 수행한다.

왜 이슈지?

기후위기에 대응하기 위해 마련된 글로벌협약에 따라 신재생에너지의 사용이 확대될 것으로 전망되면서 **가상발전소** 시장을 선점하기 위한 기업들이 증가하는 한편 사업모델 역시 다양화하는 추세다.

여우사냥 작전 중국정부가 해외에 있는 범죄자나 반체제 인사를 본국으로 강제송환하기 위해 벌이는 작전

▶ 국제·외교

2014년부터 중국이 범죄를 저지르고 해외로 도피한 이들이나 해외에서 활동하는 반체제 인사들을 본국으로 강제송환하기 위해 벌이고 있는 작전을 일컫는 말이다. 중국에서 여우는 교활함과 간사함을 상징하는데, 부패를 저지른 관료 중 조사 사실을 미리 알고 해외로 도주한 이들을 가리키는 말로도 사용한다. 중국 당국은 부정부패척결을 위한 활동이라 주장하고 있으나, 미국 등 서방에서는 중국이 자국의 체제를 비판하는 이들을 겨냥한 불법공작으로 규정하고 있다. 특히 중국이 각국에서 운영하는 것으로 알려진 비밀경찰서가 해당 작전의 거점이라는 의혹이 있는데, 지난해 12월 서울의 한 중식당이 비밀경찰서로 지목돼 논란이 됐다.

왜 이슈지?

지난 6월 20일(현지시간) 미국 브루클린 연방지방법원 배심원단이 스토킹 및 공모 등의 혐의로 기소된 중국 국적의 피고인 2명에게 유죄를 평결하면서 중국 당국이 벌이는 소위 '**여우사냥 작전**' 관련자에 대해 미국 법원이 처음으로 단죄에 나섰다.

곤조 저널리즘 취재대상에 대한 기자의 주관적 판단에 따라 서술하는 보도경향

▶ 문화·미디어

객관성과 중립성을 중시하는 보도원칙에서 벗어나 취재대상에 대한 기자의 주관적 판단에 따라 1인칭 시점으로 서술하는 보도경향을 말한다. 미국의 저널리스트이자 작가인 헌터 S 톰슨이 창시한 개념으로 그는 기사를 작성할 때 사건에 적극적으로 개입해 글쓴이의 주관을 드러내야 한다고 주장했다. '곤조'라는 용어는 어리석음을 뜻하는 이탈리아어 'gonzo' 또는 미련하다는 뜻의 스페인어 'ganso'에서 유래했다는 설과 근성을 뜻하는 일본어 'こんじょう'에서 유래했다는 설 등이 있다.

왜 이슈지?

곤조 저널리즘을 표방하며 디지털 혁신의 선두주자로 꼽혔던 미국의 미디어기업 '바이스미디어'가 파산신청한 사실이 알려진 이후 소셜미디어에 대한 높은 의존도와 매체환경의 변화, 정체된 혁신으로 인한 경쟁력 축소가 맞물리며 경영난에 처한 것이라는 분석이 나왔다.

청색채권(Blue Bond) 해양환경 개선을 위해 발행된 채권

ESG(환경·사회·지배구조) 채권의 한 종류로 해양환경 보존과 지속가능한 어업지원 등을 위해 발행된 채권이다. 환경보존을 위해 필요한 자금을 조달한다는 점에서 녹색채권과 비슷하지만, 청색채권은 해양환경 개선·보존 효과가 명확하게 나타나는 사업에만 투자하는 것을 전제로 발행된다는 점에서 차이가 있다. 대표적인 예시로 해양오염 방지사업 연구개발비, 인재교육비, 해양 플라스틱 문제해결을 위한 기술개발 등이 있다. 2018년 인도양의 세이셸공화국이 해양생태계 보호를 위해 세계 최초로 발행해 1,500만달러를 조달했으며, 아시아에서는 2020년 중국은행이 9억 4,250만달러 규모로 발행한 바 있다.

왜 이슈지?

현재 **청색채권**은 발행건수가 많지는 않지만 전 세계적으로 이상기후 현상이 나타나고 있는 만큼 향후 주목도가 높아질 것으로 예상되고 있으며, 최근 인도네시아가 해양보존 및 기후변화 대응을 위한 자금마련을 위해 엔화 표시 청색채권 발행을 추진하고 있는 것으로 알려졌다.

쉬커버리(She-covery) 엔데믹에 접어들면서 여성고용률이 빠르게 회복되는 현상

여성을 뜻하는 'she'와 회복을 뜻하는 'recovery'의 합성어로 코로나19의 확산세가 진정되면서 여성고용률이 빠르게 회복되는 현상을 말한다. 팬데믹 이후 여성들이 대량실직하는 현상을 일컬었던 '쉬세션(She-cession)'과 반대되는 개념이다. 최근 한국은행이 발표한 '여성고용 회복세 평가' 보고서에 따르면  2020년 1월 대비 2023년 4월 남성고용률이 0.3%포인트(p) 증가한 반면 여성고용률은 1.8%p 올랐으며, 특히 20~30대 젊은 여성의 고용률은 4%p 대로 빠르게 증가한 것으로 나타났다.

왜 이슈지?

엔데믹에 접어든 이후 **쉬커버리**로 대표되는 20~30대 여성의 고용률이 높아진 것은 디지털 전환 등 산업별 노동수요가 변하면서 여성의 취업비중이 높은 비대면 서비스업, 보건복지 등의 분야에 취업자 수가 증가한 영향으로 풀이됐다.

할루시네이션(Hallucination) 인공지능이 정보를 생산하는 과정에서 발생하는 오류

원래 '환청'이나 '환각'을 뜻하는 단어였으나 최근에는 인공지능(AI)이 잘못된 정보나 허위정보를 생성하는 오류가 발생하는 것을 일컫는다. 실제로 생성형 AI의 사용이 증가하면서 이를 이용해 정보를 검색·활용하는 과정에서 AI가 질문의 맥락에 맞지 않는 내용으로 답변하거나 사실이 아닌 내용을 마치 사실인 것처럼 답변해 논란이 된 바 있다. 이러한 오류는 데이터학습을 통해 이용자의 질문에 맞는 답변을 제공하는 AI가 해당 데이터값의 진위 여부를 매번 정확하게 확인하지는 못해 나타나는 현상이라고 알려져 있다. 한편 일각에서는 AI의 허점을 이용해 악의적으로 조작된 정보가 사회적 문제를 일으킬 수 있다는 우려가 제기되고 있다.

왜 이슈지?

생성형 인공지능(AI)의 활용영역이 점점 확대되면서 각국의 정부와 관련 업계에서는 AI의 문제점으로 거론되고 있는 **할루시네이션**에 대응하기 위한 가이드라인을 마련하고, AI가 제공하는 정보의 신뢰성을 높이는 방안을 논의하고 있다.

힙트래디션(Hiptradition) 전통과 젊은 세대 특유의 감성이 만나 만들어진 새로운 트렌드를 뜻하는 신조어

문화·미디어

고유한 개성을 지니면서도 최신 유행에 밝고 신선하다는 뜻의 'hip'과 전통을 뜻하는 'tradition'을 합친 신조어로 우리 전통문화를 재해석해 즐기는 것을 의미한다. 한국의 전통문화를 MZ세대 특유의 감성으로 해석해 새로운 트렌드를 만드는 것으로 최근 소셜네트워크서비스(SNS)를 중심으로 인기를 끌고 있다. 대표적으로 반가사유상 미니어처, 자개소반 모양의 무선충전기, 고려청자의 문양을 본떠 만든 스마트폰 케이스 등 전통문화재를 기반으로 디자인된 상품의 판매율이 급증하면서 그 인기를 입증하고 있다. 특히 유명 연예인들이 관련 상품을 소장하거나 패션 등에 전통무늬를 차용하면서 해외에서도 한국의 전통문화가 주목을 받고 있다.

왜 이슈지?

최근 2030세대 사이에서 **힙트래디션** 열풍이 부는 가운데 관련 상품을 기획·판매하고 있는 국립박물관문화재단에 따르면 국립문화재를 모티브로 한 상품의 매출액은 2020년 38억원, 2021년 66억원에서 2022년 117억원으로 급증한 것으로 나타났다.

미이즘(Meism) 스스로를 위한 삶을 추구하는 경향

사회·노동·교육

스스로를 위한 삶을 추구하는 자기중심주의를 뜻하는 말로 '나'를 뜻하는 영어 'me'와 특성을 나타내는 접미사 'ism'이 합쳐져 만들어졌다. 이러한 자기중심적인 사고를 가진 세대를 '미 제너레이션(Me Generation)'이라고 부르기도 한다. 현대사회로 접어들면서 기술의 발전속도가 빨라지고 1인가구가 증가함에 따라 혼자만의 생활에 익숙해진 젊은 세대 및 1인가구가 새로운 소비집단으로  떠오르고 있는데, 이들은 다른 사람이 아닌 '나'만을 위한 소비활동에 가치를 둔다는 점이 특징이다.

왜 이슈지?

최근 식품업계에서는 **미이즘(Meism)**을 겨냥해 개인의 욕구에 맞는 상품만 구매하는 소비자를 공략하기 위해 차별화를 강조한 프리미엄 제품을 출시하는 등 소비자의 니즈를 충족시키기 위한 다양한 대책을 내놓고 있다.

디리스킹(Derisking) 중국에 대한 외교적·경제적 의존도를 낮춰 위험요소를 줄이겠다는 서방의 전략

국제·외교

'위험제거'를 뜻하는 영단어로 지난 3월 30일 우르줄라 폰데어라이엔 유럽연합(EU) 집행위원장이 대중정책 관련 연설에서 언급하면서 주목받기 시작했다. 원래는 금융기관이 테러나 자금세탁 제재와 관련해 위험을 관리하기 위해 광범위하고 무차별적으로 거래를 중단하는 것을 가리키는 말이었다. 그러나 우르줄라 위원장의 연설 이후 경쟁 또는 적대관계의 세력으로부터의 탈동조화를 뜻하는 '디커플링(Decoupling)'을 대신하는 개념으로 본격 사용되면서 의미가 확대됐다. 이는 중국과 경제적 협력관계를 유지하면서도 중국에 대한 과도한 외교적·경제적 의존도를 낮춰 위험요소를 관리하겠다는 의도로 풀이된다.

왜 이슈지?

미중 간 무역전쟁으로 세계 각국에서 경제적 손실이 발생하고 신냉전 위기가 초래하고 있다는 지적이 제기되자 바이든행정부는 공급망 재편 등을 통해 중국을 강하게 압박했던 '디커플링'에서 상대적으로 강도가 약한 '**디리스킹**'으로의 전환을 공식화하는 모양새다.

피크 차이나(Peak China) 중국의 성장이 한계에 다다랐다고 보는 개념

대규모 인구를 기반으로 고도의 성장을 이어온 중국이 한계에 놓였다고 보는 개념이다. 피크 차이나론을 주장하는 이들은 중국의 총인구가 지난해 처음으로 감소한 가운데 중국의 생산가능인구는 이미 10여 년 전부터 감소해왔고, 중국정부가 경제성장률 목표치를 계속해서 낮추고 있다는 것을 성장둔화의 근거로 제시했다. 또 2018년부터 지속된 미중 간 무역전쟁과 코로나19 발병 이후 전 세계적으로 심화된 반중정서 역시 중국경제에 대한 부정적 인식에 영향을 주는 것으로 알려졌다.

왜 이슈지?

최근 미국을 중심으로 '피크 차이나론'을 주장하는 이들이 증가하고 있으나 그 근거로 제시된 중국의 인구감소와 고령화, 가계부채 비율 증가 등은 일본, 영국 등과 비슷하거나 낮은 수준으로 알려져 중국을 견제하는 서방의 과장된 주장이라는 비판이 제기됐다.

일라이자 효과(Eliza Effect) 컴퓨터나 인공지능의 행위를 인간의 것으로 간주해 의인화하는 현상

컴퓨터 프로그램이나 인공지능(AI) 등 기계와의 소통에 지나치게 몰입해 기계에 인격을 부여하는 현상을 말한다. 사용자들은 챗봇에게 이름을 붙여주고 대화를 나누면서 감정적 교감을 느낀다. '일라이자'라는 용어는 1966년 미국 매사추세츠공대(MIT)의 컴퓨터과학자 조셉 와이젠바움이 개발한 심리치료 챗봇 일라이자에서 유래한 것이다. 당시 일라이자는 매우 단순한 알고리즘으로 설계돼 사람이 하는 말에 반복 반응하며 대화를 이어가는 정도였지만, 이용자 중 일부는 실제 정신과 의사라고 착각해 감정적 교감과 애착을 느꼈다고 답한 바 있다. 2014년에는 일라이자 효과를 소재로 한 영화 'Her'가 개봉하기도 했다.

왜 이슈지?

인공지능(AI)이 고도화함에 따라 활용영역이 확장되고 있는 가운데 일부 사례에서는 AI챗봇이 만든 가상인간과 교감을 나누다 감정 과몰입에 빠지는 등 **일라이자 효과**로 인한 부정적인 결과가 나타나면서 무분별한 AI 활용에 대한 우려의 목소리가 커지고 있다.

최고다양성책임자(CDO) 근로자들이 차별 없이 능력을 펼칠 수 있도록 근무환경을 조성하는 역할을 하는 고위직책

기업에서 근로자들이 성별, 인종, 나이, 출신지역 등에 관계 없이 자신이 가진 능력을 마음껏 펼칠 수 있도록 근무환경을 조성·관리하는 역할을 하는 회사 내 고위직책을 말한다. 인권을 존중하고자 하는 분위기가 확산하고 다양한 특성을 가진 인재를 확보하는 것이 기업의 이익 증가에 영향을 미치게 되면서 그 중요성이 커지고 있다. 실제로 미국정부와 실리콘밸리의 기업들을 비롯해 메타, 포드, 월트디즈니 등의 글로벌 기업을 중심으로 CDO 직책 설치 및 채용이 활발해지는 추세다.

왜 이슈지?

지난 6월 주요 외신이 전 세계 관객의 다양성을 반영해 작품을 제작해 온 래토드라 뉴튼 디즈니 **최고다양성책임자(CDO)** 겸 수석부사장의 사임을 보도하자 '인어공주'의 글로벌 흥행 실패를 두고 디즈니가 문책성 인사를 단행한 것이 아니냐는 추측이 제기됐다.

시사상식 기출문제

01 다음 중 우리나라 대통령실의 직속기관이 아닌 것은? [2023년 대전MBC]

① 경호실
② 국가안보실
③ 인사혁신처
④ 감사원

해설

윤석열정부 들어 청와대에서 새롭게 개편된 대통령실에는 대통령 경호실, 국가안보실, 감사원, 국가정보원 등의 직속기관이 있다. 중앙 행정기관 중 하나인 인사혁신처는 공무원의 인사나 윤리 등의 사무를 담당하는 기구로 국무총리 직속에 있다.

02 축구에서 일정금액 이상의 이적료를 제시한 구단이 상대구단과 협의 없이 선수와 협상할 수 있는 조항은? [2023년 대전MBC]

① 바이아웃
② 테이퍼링
③ 샐러리캡
④ 옵트아웃

해설

본래 금융용어인 '바이아웃(buyout)'은 기업의 다수 지분을 취득하기 위한 투자를 말한다. 축구에서의 바이아웃은 선수와 구단이 계약할 때 맺는 사전조항을 뜻하며, 일정금액 이상의 이적료를 제시한 타 구단이 소속구단과의 협의 없이 바로 선수와 협상할 수 있도록 한 것이다. 구단은 높은 금액의 바이아웃을 매겨 선수유출을 방지하는 동시에, 바이아웃을 감당할 수 있는 타 구단이 나타나면 높은 가격으로 선수를 팔 수 있다.

03 다음 중 재난보도준칙이 제정된 계기가 된 사건·사고는? [2023년 대전MBC]

① 4·16 세월호참사
② 4·19 민주화운동
③ 11·23 연평도포격전
④ 10·29 이태원참사

해설

재난보도준칙은 언론이 재난에 관한 보도를 할 때, 국민에게 사회적 혼란이나 불안을 야기하지 않도록 노력하고 재난수습에 지장을 주거나 개인의 인권을 침해하지 않도록 유의하자는 내용의 준칙이다. 2014년 4월 16일 발생한 세월호 침몰사고를 계기로 한국기자협회가 제정했다.

04 다음 중 '현충사'의 올바른 로마자 표기는? [2023년 대전MBC]

① Hyeonchung-sa
② Hyeonchoongsa
③ Hyeonchungsa
④ Hyonchoongsa

해설

국어의 로마자 표기 기본원칙에 따르면 국어의 표준발음법에 따라 적는 것을 원칙으로 하고, 로마자 이외의 부호는 되도록 사용하지 않는다. 이러한 원칙에 따라 단모음인 'ㅜ'는 'u'로, 이중모음인 'ㅕ'는 'yeo'로 적어야 하므로 현충사의 올바른 로마자 표기는 'Hyeonchungsa'다.

05 다음 중 발음표기가 틀린 단어는?

[2023년 대전MBC]

① 휘발유[휘발뉴]
② 물약[물략]
③ 담임[다밈]
④ 각막염[강망념]

해설

국어규범에 따르면 합성어 및 파생어에서 앞 단어나 접두사의 끝이 자음이고 뒤 단어나 접미사의 첫음절이 '이, 야, 여, 요, 유'인 경우에는 'ㄴ'음을 첨가하여 [니, 냐, 녀, 뇨, 뉴]로 발음한다. 제시된 보기 중 '휘발유'와 '물약'에서는 'ㄴ' 소리가 덧나므로, '휘발유'는 [휘발뉴]의 'ㄴ'이 자음동화하여 [휘발류], '물약'은 [물략]으로 발음된다.

06 다음 중 친구 사이를 뜻하는 사자성어가 아닌 것은?

[2023년 대전MBC]

① 금란지교(金蘭之交)
② 관포지교(管鮑之交)
③ 수어지교(水魚之交)
④ 빙탄지간(氷炭之間)

해설

빙탄지간(氷炭之間)은 '얼음과 숯 사이'라는 의미로 둘이 어긋나 서로 맞지 않고, 서로 화합할 수 없는 사이라는 뜻이다. 뜻이 통하는 사자성어로는 犬猿之間(견원지간), 戴天之讐(대천지수), 不俱戴天(불구대천) 등이 있다.

07 미국에서 12세 미만의 아동에게 저지른 성범죄를 25년형 이상의 징역으로 강력 처벌하는 내용의 법률은?

[2023년 헤럴드경제]

① 링컨법
② 셔먼법
③ 제시카법
④ 펜들턴법

해설

제시카법은 미국에서 2005년 성폭행 후 살해된 9살 소녀의 이름을 따 제정된 법으로 12세 미만의 아동을 대상으로 성범죄를 저지른 범죄자에게 25년 이상의 징역형과 출소 후에는 종신토록 위치추적장치를 채우는 강력한 처벌내용을 담고 있다. 우리나라에서도 13세 미만 아동에게 성범죄를 저지른 전자가 출소 후 학교 · 보육시설로부터 500m 이내에는 거주할 수 없게 하는 '한국형 제시카법' 도입을 추진하고 있다.

08 특허가 만료된 바이오의약품의 복제약을 뜻하는 용어는?

[2023년 헤럴드경제]

① 바이오제네릭
② 바이오시밀러
③ 바이오베터
④ 바이오CMO

해설

바이오시밀러(Biosimilar)는 특허가 만료된 바이오의약품의 복제약을 말한다. 오리지널 바이오의약품과 비슷한 효능을 갖도록 만들지만, 바이오의약품의 특성상 동물세포나 효모, 대장균 등을 이용해 만든 고분자의 단백질 제품이기 때문에 기존의 특허 받은 바이오의약품과 완벽히 동일한 약품은 아니다.

🔒 01 ③ 02 ① 03 ① 04 ③ 05 ① 06 ④ 07 ③ 08 ②

09 유망 벤처기업에 투자해 추후 성장했을 때 자금을 회수하는 자본은? [2023년 헤럴드경제]

① 벤처펀드
② 벤처넷
③ 벤처캐피탈
④ 코픽스

해설

벤처캐피탈은 보통 해당 벤처의 사업초기 때 담보 없이 자본을 투자해 성장할 수 있도록 돕고 이후 벤처가 성장해 기업공개를 통해 상장하거나 성과를 내면, 자금을 회수하여 수익을 올린다. 위험성이 크다보니 보통 벤처캐피탈의 투자는 소수의 투자자들을 매집하여 많은 벤처기업에 투자하는 일종의 사모펀드 형식으로 이뤄진다.

11 조선 정조가 왕실서적을 보관할 목적으로 강화도에 설치한 도서관은? [2023년 코리아헤럴드]

① 집현전
② 외규장각
③ 사정전
④ 장용영

해설

외규장각은 조선왕실 도서관인 규장각의 부속 도서관으로 1782년 정조가 왕실 관련 서적을 보관할 목적으로 강화도에 설치했다. 이곳에는 조선왕실의 주요 행사 내용과 과정을 기록한 의궤 등이 보관됐다. 1866년 병인양요 때에는 강화도에 침입한 프랑스군이 의궤와 기타 왕실서적을 약탈하고 불태우기도 했다.

10 남미 국가의 정부에 온건좌파 기조의 정권이 들어서는 경향을 뜻하는 말은?

[2023년 코리아헤럴드]

① 핑크타이드
② 블루타이드
③ 옐로타이드
④ 레드타이드

해설

분홍 물결이라는 뜻의 '핑크타이드(Pink tide)'는 남미 국가에서 온건 성향의 좌파정권이 연이어 들어서는 것을 뜻한다. 1990년 베네수엘라에 차베스정권이 들어선 것을 시작으로 약 20년간 이어졌으나 정책실패로 불황이 이어지면서 잠시 주춤했었다. 그러나 최근 2020년부터 볼리비아와 온두라스, 콜롬비아, 브라질 등에서 다시 좌파세력이 정권을 잡으면서 부활하고 있는 분위기다.

12 실업률이 낮으면 임금상승률이 높고, 실업률이 높으면 임금상승률이 낮다는 관계를 나타낸 그래프는? [2023년 연합뉴스TV]

① 엥겔계수
② 로렌츠곡선
③ 지니계수
④ 필립스곡선

해설

필립스곡선(Phillip's Curve)은 임금상승률과 실업률의 관계를 나타낸 그래프다. 실업률이 낮으면 임금상승률이 높고, 실업률이 높으면 임금상승률이 낮다는 관계를 나타낸 곡선이다. 영국 경제학자 필립스가 실제 영국의 사례를 토대로 분석한 결과에서 이 같은 관계를 도출했다. 최근에는 임금상승률과 실업률의 관계보다는 물가상승률과 실업률의 관계를 보는 것이 일반적이다.

13 국가가 선거운동을 관리해 자유방임의 폐해를 막고 공명선거를 실현하는 선거제도는?

[2023년 전라남도공무직통합채용]

① 선거공영제
② 선거법정제
③ 선거관리제
④ 선거보전제

해설

선거공영제는 국가가 나서 선거 전반을 관리하고 여기에 소요되는 비용을 부담해 선거가 방임됨으로써 일어나는 폐단을 방지하기 위한 제도다. 비용이 부족해 선거운동에 나서지 못하는 일이 없도록 기회의 균등을 확립하기 위함이다. 우리나라는 선거공영제를 헌법으로서 선거운동의 기본원칙으로 삼고 있다.

14 다음 문장의 밑줄 친 단어의 쓰임이 올바른 것은?

[2023년 전라남도공무직통합채용]

① 손을 꼭 <u>깨끗히</u> 닦아야 합니다.
② 세심하게 모든 과정을 <u>일일이</u> 챙겼다.
③ <u>오랫만에</u> 친구를 만나 반가웠다.
④ 그는 <u>희안한</u> 버릇을 갖고 있었다.

해설

①은 '깨끗이', ③은 '오랜만에', ④는 '희한한'으로 적는 것이 올바르다. '일일이'의 경우 관련 표준어규정에서 "'일일이'는 끝소리가 분명히 '-이'로 나는 경우이므로 '일일이'로 적는다"고 명시돼 있다.

15 보일의 법칙은 일정한 온도에서 무엇을 증가시키면 부피가 줄어든다는 법칙인가?

[2023년 전라남도공무직통합채용]

① 질량
② 고도
③ 습도
④ 압력

해설

1662년 아일랜드의 물리학자 R. 보일이 발견한 '보일의 법칙'은 일정한 온도에서 기체의 압력과 그 부피는 서로 반비례한다는 법칙이다. 온도를 일정하게 유지하는 상태에서 압력을 높이게 되면 물체의 부피는 줄어든다는 것을 실험을 통해 밝혀냈다.

16 다음 중 유교경전인 사서삼경에 해당하지 않는 것은?

[2023년 전라남도공무직통합채용]

① 중용
② 맹자
③ 예기
④ 역경

해설

사서삼경은 유교의 기본경전이다. 사서에는 〈논어(論語)〉, 〈대학(大學)〉, 〈중용(中庸)〉, 〈맹자(孟子)〉가 있고, 삼경은 〈역경(易經)〉, 〈서경(書經)〉, 〈시경(詩經)〉인데, 여기에 〈예기(禮記)〉, 〈춘추(春秋)〉를 더하면 사서오경이다.

17 다음 중 2차 산업에 해당하지 않는 것은?

[2023년 전라남도공무직통합채용]

① 공업
② 광업
③ 유통업
④ 건설업

해설

영국의 경제학자 콜린 클라크는 자신의 저서에서 산업을 분류하며 이를 단계별로 나누었다. 1차 산업은 농업과 축산업, 어업, 임업과 같이 자연과 직접 상호작용하는 기초산업이다. 2차 산업은 1차를 제외한 생산업을 말하며 공업, 광업, 건설업이 이에 해당한다. 물류업의 하위에 속하는 유통업의 경우 서비스업, 연구개발 등과 함께 3차 산업에 속한다.

18 경쟁 언론사보다 정보를 빠르게 입수하여 독점보도하는 특종기사를 뜻하는 말은?

[2023년 전라남도공무직통합채용]

① 스쿠프
② 엠바고
③ 아그레망
④ 오프더레코드

해설

스쿠프(Scoop)는 일반적으로 특종기사를 다른 신문사나 방송국에 앞서 독점보도하는 것을 말하며 비트(Beat)라고도 한다. 대기업이나 정치권력 등 뉴스 제공자가 숨기고 있는 사실을 정확하게 폭로하는 것과 발표하려는 사항을 빠르게 입수해 보도하는 것, 이미 공지된 사실이지만 새로운 문제점을 찾아내 새로운 의미를 밝혀주는 것 등을 모두 포함한다.

19 다음 중 우리나라의 국경일에 해당하지 않는 날은?

[2023년 전라남도공무직통합채용]

① 한글날
② 제헌절
③ 현충일
④ 개천절

해설

국경일은 나라의 경사스러운 날을 기념하기 위한 날로써 3·1절(3월 1일), 제헌절(7월 17일), 광복절(8월 15일), 개천절(10월 3일), 한글날(10월 9일)이 이에 해당한다. 국토방위에 충성으로 목숨을 바친 이들을 기리는 현충일(6월 6일)은 국경일이 아닌 공휴일로 지정돼 있다.

20 2024년 하계올림픽이 개최되는 도시는?

[2023년 전라남도공무직통합채용]

① 프랑스 파리
② 독일 함부르크
③ 헝가리 부다페스트
④ 미국 로스앤젤레스

해설

2012년 이후 12년 만에 올림픽 개최에 도전한 프랑스 파리는 최종 경쟁지였던 미국 로스앤젤레스(LA)와의 합의 끝에 2024년 하계올림픽을 개최하게 됐다. 언론보도에 따르면 2024년 올림픽은 LA가 파리에게 양보하고 그다음 2028년 하계올림픽은 LA가 개최하는 것으로 합의가 진전됐다고 전해졌다.

21 영국작가 코난 도일의 소설에서 처음 등장한 말로 사건의 결정적인 단서를 뜻하는 말은?

[2023년 부천시공공기관통합채용]

① 마타도어
② 스모킹 건
③ 포렌식
④ 주홍글씨

해설

스모킹 건(Smoking Gun)은 사건을 해결하는 데 있어서 결정적인 단서를 뜻하는 말로 아서 코난 도일의 소설 〈글로리아 스콧〉에서 처음 사용됐다. '연기 나는 총'이란 뜻으로 사건·범죄·현상 등을 해결하는 데 사용되는 결정적이고 확실한 증거를 말하는데, 가설을 증명해주는 과학적 근거도 스모킹 건이라고 한다.

22 다음 중 용연향에 대한 설명으로 틀린 것은?

[2023년 부천시공공기관통합채용]

① 향유고래의 창자 속에서 생성된다.
② 바다를 부유하다가 해안가에 밀려들어 발견되곤 한다.
③ 신선한 상태에서는 좋은 향기가 난다.
④ 매우 비싸게 팔리는 것으로 유명하다.

해설

용연향은 수컷 향유고래가 주식인 오징어를 섭취하고 창자에 남은 이물질이 쌓여 배설되는 것으로 알려져 있다. 막 배설된 용연향은 부드럽고 악취가 심하나, 바다에 오래 부유하면서 햇볕에 말라 검게 변하고 악취도 점차 사라진다. 바다를 부유하다가 해안가에 떠밀려 종종 발견되곤 하는데 알코올에 녹여 고급향수의 원료로 사용한다. 그 가치가 매우 높은 것으로 유명하며, 바다에 오래 떠다닐수록 향이 좋아 고가에 거래된다.

23 머리부터 발목까지 덮는 아랍권 이슬람 여성들의 전통의상은?

[2023년 부천시공공기관통합채용]

① 아바야
② 부르카
③ 히잡
④ 차도르

해설

부르카(Burqah)는 머리부터 발목을 덮는 이슬람 여성의 전통의상이다. 아바야(Abayah)는 얼굴, 손발을 제외하고 온몸을 가리는 망토 형태 의상이며, 히잡(Hijab)은 머리와 상반신만 가린다. 차도르(Chaddor)는 모자 달린 망토 형태로 돼 있다.

24 1929년 일어난 광주학생항일운동을 지원했던 항일단체는? [2023년 부천시공공기관통합채용]

① 의열단
② 한인애국단
③ 신민회
④ 신간회

해설

신간회는 조선독립을 위해 좌우익 세력이 합작하여 1927년 결성한 항일단체로 민족주의를 표방하면서 단결을 공고히 했고 기회주의를 배격했다. 강연회 개최 및 한국어 교육에 대한 연구활동을 했으며 1929년 광주학생항일운동이 발생하자 진상조사단을 파견하고 전국적 항일독립운동으로 확산시키는 등 지원을 했다.

시사상식 예상문제

01 채식주의자 중 가장 유연한 태도를 가진 낮은 단계의 사람들을 일컫는 말은?

① 플렉시테리언
② 에코테리언
③ 로우테리언
④ 프루테리언

해설

플렉시테리언은 영단어 '플렉시블(flexible)'과 '베지테리언(vegetarian)'의 합성어로, 가장 낮은 단계의 유연한 태도를 가진 채식주의자를 일컫는 말이다. 기본적으로 채식을 지향하고 상황에 따라 간헐적으로 육식을 하기도 하는 준채식주의자다.

02 다음 중 큰 나라가 작은 나라에 끼치는 정치적인 영향을 뜻하는 용어는?

① 안도라화
② 아이슬란드화
③ 핀란드화
④ 브루나이화

해설

핀란드화는 국제정치학에서 주변 강대국의 강요에 의해 중립국을 선택하게 되는 경향을 가리킨다. 큰 나라가 작은 나라에 끼치는 정치적 영향력을 뜻하기도 한다. 제2차 세계대전 이후 소련의 압박으로 서방과의 관계에서 중립을 지켜야 했던 핀란드의 상황에 빗댄 용어다.

03 자원을 재활용하는 방식으로 친환경을 추구하는 경제모델을 뜻하는 용어는?

① 중립경제
② 공유경제
③ 순환경제
④ 선형경제

해설

순환경제는 자원을 아껴 쓰고 재활용하는 방식을 통해 지속가능한 경제활동을 추구하는 친환경 경제모델을 일컫는 용어다. 채취하고 생산하고 소비하며 폐기하는 기존의 선형경제와 대치되는 경제모델이다. 재활용이 가능한 원자재를 사용하고, 썩지 않는 플라스틱 등의 폐기물을 없애는 방식의 형태로 나타난다.

04 석회암이 물속의 탄산가스에 의해 녹거나 침전되어 생성되는 지형은?

① 드럼린 지형
② 카르스트 지형
③ 모레인 지형
④ 바르한 지형

해설

카르스트 지형은 석회암이 물속에 함유된 탄산가스에 의해 용해되고 침전되어 만들어지는 지형을 말한다. 석회암 지역에서 나타나는 독특한 지형이다. 석회암 지반에서 빗물에 의해 용식작용이 일어나면서 구멍이 생기는데, 이 구멍으로 빗물이 침투하여 공간이 더욱 확장된다. 이렇게 공간이 확장된 석회암 지대는 석회동굴로 발전한다.

05 공직자가 자기 임기 중에 혐오시설을 설치하지 않고 임기를 마치려고 하는 현상은?

① 님투 현상
② 눔프 현상
③ 핌투 현상
④ 바나나 현상

해설

님투(NIMTOO)는 'Not In My Terms Of Office'의 약어로, 님투 현상이란 공직자가 쓰레기 매립장, 분뇨처리장, 하수처리장, 공동묘지 등 주민들의 민원이 발생할 소지가 많은 혐오시설을 자신의 재임기간 중에 설치하지 않고 임기를 마치려고 하는 것을 가리킨다. 님트(NIMT ; Not In My Term) 현상이라고도 한다. 핌투(PIMTOO ; Please In My Terms Of Office) 현상은 반대로 공직자가 선호시설을 자기 임기 중에 유치하려하는 것을 말한다.

06 친분을 이용해 피해자를 정신적으로 속박하여 벌어지는 성범죄를 뜻하는 용어는?

① 그루밍 성범죄
② 어썰트 성범죄
③ 사슬 성범죄
④ 재갈 성범죄

해설

그루밍 성범죄는 피해자와 친분을 쌓아 심리적으로 지배한 뒤에 피해자를 성적으로 가해하는 것을 뜻하는 말이다. 'grooming', 즉 '길들인다'는 의미대로 가해자는 피해자에게 원하는 것을 주거나 희망을 줌으로써 성적으로 가해해도 거부할 수 없게 만든다. 경제적·심리적으로 취약한 아동·청소년을 대상으로 한 성범죄에서 많이 나타나며, 표면적으로는 피해자가 동의한 것처럼 보여 처벌이 어려워지기도 한다.

07 영국 출신의 희극배우이자 감독인 찰리 채플린이 주연으로 출연한 작품이 아닌 것은?

① 〈살인광 시대〉
② 〈위대한 독재자〉
③ 〈모던 타임즈〉
④ 〈파리의 연인〉

해설

영국 출신의 영화배우이자 감독, 제작자인 찰리 채플린은 희극을 통해 사회에 대한 풍자와 날카로운 비판의식을 보여준 '20세기 가장 위대한 예술가' 중 한 명으로 손꼽힌다. 그의 대표 주연작으로는 현대 기계문명을 비판한 〈모던 타임즈〉(1936), 히틀러를 풍자한 〈위대한 독재자〉(1940), 자본주의 사회를 비꼰 〈살인광 시대〉(1947)가 유명하다. 〈파리의 연인〉(1923)은 그의 비극 작품으로 잠시 단역으로 출연하기도 했지만 주로 감독과 각본, 제작 등의 역할을 맡았다.

08 금융시장이 극도로 불안할 때 은행에 돈을 맡긴 사람들이 대규모로 예금을 인출하는 사태는?

① 더블딥
② 디폴트
③ 뱅크런
④ 모라토리엄

해설

뱅크런은 '대규모 예금 인출사태'를 의미한다. 금융시장이 불안정하거나 거래은행의 재정상태가 좋지 않다고 판단될 때, 많은 사람들이 한꺼번에 예금을 인출하려고 하면서 은행은 위기를 맞게 된다. 한편, 펀드 투자자들이 펀드에 투자한 돈을 회수하려는 사태가 잇따르는 것은 펀드런이라한다.

🔒 01 ① 02 ③ 03 ③ 04 ② 05 ① 06 ① 07 ④ 08 ③

09 다음 중 중앙은행이 발행한 화폐의 액면가에서 제조·유통비용을 제한 차익을 일컫는 용어는?

① 오버슈팅
② 페그제
③ 그레샴
④ 시뇨리지

해설

시뇨리지는 중앙은행이 발행한 화폐의 실질가치에서 제조와 유통 등의 발행비용을 뺀 차익을 말한다. 이는 곧 정부의 이익이 되는데, 가령 1,000원권 화폐를 제조하는 데 드는 비용이 100원이라면, 나머지 900원은 정부의 시뇨리지가 되는 것이다. 시뇨리지라는 용어는 유럽의 중세 봉건제 시절 영주였던 '시뇨르'가 화폐 주조를 통해 이득을 얻었던 데서 따왔다.

11 피해자가 가해자의 심리에 동화되어 그들을 변호하는 범죄심리학 현상은?

① 가면 증후군
② 스톡홀름 증후군
③ VDT 증후군
④ INS 증후군

해설

스톡홀름 증후군은 일반적으로 인질이 인질범에 동조하며 그의 행위를 변호하는 비이성적인 심리 현상을 가리킨다. 또한 아동학대나 가정폭력 피해자가 오히려 가해자를 변호하는 현상을 말하기도 한다. 이러한 현상은 극도로 위협적인 상황에서 상대적으로 자신보다 강한 사람에게 심리적으로 공감하거나 연민과 같은 긍정적인 감정을 느끼는 것이 원인이라고 알려져 있다.

10 다음 중 하늬바람은 어느 방향에서 불어오는 바람을 말하는가?

① 동남쪽
② 동쪽
③ 북서쪽
④ 서쪽

해설

하늬바람은 서쪽에서 부는 바람을 일컫는 옛 이름이다. 이 밖에 북쪽에서 부는 바람은 높바람(된바람), 동쪽에서 부는 바람은 샛바람, 남쪽에서 부는 바람은 마파람, 북동쪽에서 부는 바람은 높새바람이라고 한다.

12 다음 중 사회적 기업에 대한 설명으로 틀린 것은?

① 취약계층에게 일자리나 서비스를 제공한다.
② 수익 창출을 추구하지 않는 비영리적인 기업 형태다.
③ 노숙자를 판매원으로 고용하는 〈빅이슈〉 등이 있다.
④ 국가에서 인증된 사회적 기업은 세제혜택, 경영지원 등을 제공받는다.

해설

사회적 기업은 취약계층에게 일자리나 복지서비스를 제공하는 회사를 말하며, 비영리와 영리의 중간형태를 갖는다. 노숙자를 판매원으로 고용해 도움을 주는 〈빅이슈〉 잡지가 대표적인 사회적 기업이다. 사회적 기업은 국가의 인증을 받아 4대보험, 소득세·법인세 감면 등 세제혜택과 경영지원을 받을 수 있다.

13 다음 중 운전면허가 정지되는 벌점 또는 처분벌점 현행 기준은?

① 20점 이상
② 30점 이상
③ 40점 이상
④ 50점 이상

해설

도로교통법 등에 따르면 운전면허 정지 처분을 받는 벌점 또는 처분벌점 현행 기준은 40점 이상이다. 벌점이 40점 미만인 경우에는 위반 및 사고 없이 1년이 지나면 소멸되며, 관련 교육을 이수하여 벌점을 감경 또는 소멸시킬 수 있다. 한편 벌점의 누산점수가 1년간 121점 이상, 2년간 201점 이상, 3년간 271점 이상인 경우에는 운전면허가 취소된다.

14 다음 중 어류의 새끼를 일컫는 말은?

① 개호주
② 꺼병이
③ 능소니
④ 고도리

해설

고도리는 고등어의 새끼를 일컫는 순우리말이다. 개호주는 호랑이, 꺼병이는 꿩, 능소니는 곰의 새끼를 의미한다. 이 밖에도 명태의 새끼는 노가리라고 하며 가오리는 간자미, 갈치는 풀치라고 부른다.

15 1960~1970년대에 일어난 국제적 전위예술 운동은?

① 앙가주망
② 아포리즘
③ 플럭서스
④ 다다이즘

해설

플럭서스(Fluxus)는 1960~1970년대에 일어난 국제적 전위예술 운동이다. '변화', '움직임' 등을 의미하는 라틴어에서 기원했다. 독일을 시작으로 뉴욕, 파리, 일본에 이르기까지 전 세계적으로 일어났으며, 당시 예술가들은 우편으로 서로의 작품을 주고받으며 교류했다. 이들은 기존 예술의 경향과 규정을 부정하고, 다양한 장르를 넘나드는 혁명적 예술활동을 벌였다. 이 운동에 참여한 대표적 예술가로는 백남준, 조지 마키우나스 등이 있다.

16 다음 중 총가계 지출액에서 식료품비가 차지하는 비율을 뜻하는 경제용어는?

① 라떼지수
② 엥겔지수
③ 엔젤지수
④ 지니계수

해설

엥겔지수는 총가계 지출액에서 식료품비가 차지하는 비율을 말한다. 저소득 가계일수록 가계 지출 중 식료품비가 차지하는 비율이 높고, 고소득 가계일수록 식료품비가 차지하는 비율이 낮은 것을 엥겔의 법칙이라고 한다. 식료품은 필수품이기 때문에 소득수준과 관계없이 반드시 일정한 비율을 소비해야 하며 동시에 어느 수준 이상은 소비할 필요가 없는 재화다. 따라서 엥겔지수는 소득수준이 높아짐에 따라 점차 감소하는 경향이 있다.

17 차량 배기가스 저감장치 중 하나인 디젤 미립자 필터를 가리키는 약자는?

① NOx
② SCR
③ EGR
④ DPF

> **해설**
> DPF는 'Diesel Particulate Filter(디젤 미립자 필터)'의 약자로 배기가스 저감장치 중 하나다. 배기가스의 유해한 성분을 후처리하는 장치로 디젤이 연소한 후 남은 탄화수소의 찌꺼기들을 고온으로 완전히 연소시켜 없애는 역할을 한다.

18 미국의 투자은행인 모건 스탠리가 발표하는 세계 주가지수는?

① FT월드지수
② MSCI지수
③ S&P지수
④ FTSE지수

> **해설**
> MSCI지수는 미국의 투자은행인 모건 스탠리(Morgan Stanley)가 발표하는 국제 주가지수다. 미국, 유럽 등의 선진국지수와 우리나라를 비롯한 아시아, 중남미 등의 신흥국지수 등 다양한 주가지수를 발표한다. 글로벌 펀드의 투자기준이 되는 공신력 있는 지수로 유동주식 방식으로 산출한다.

19 중대재해기업처벌법 적용대상에서 제외되는 사업장의 인원기준은?

① 20인 미만
② 10인 미만
③ 5인 미만
④ 3인 미만

> **해설**
> 2022년 1월 27일부터 시행 중인 중대재해기업처벌법은 50인 이상의 사업장에서는 즉시 적용됐으며, 50인 미만의 사업장에서는 2024년부터 적용된다. 단, 5인 미만의 소규모 사업장은 적용대상에서 제외된다.

20 특정 브라우저를 통해 접속할 수 있는 웹은?

① 서피스 웹
② 다크 웹
③ 토르 네트워크
④ 핵티비스트

> **해설**
> 다크 웹(Dark Web)은 보통의 일반적인 브라우저로는 접속할 수 없는 웹으로 IP추적이 불가능하고 익명성이 보장되도록 고안됐다. 토르 브라우저(TOR Browser)라는 특수한 브라우저를 통해 접속할 수 있고, 표면화되지 않는 방대한 정보들이 숨어 있는 것으로 알려져 있다. 이러한 특징 때문에 마약판매, 총기거래 등 범죄에 악용된다는 문제가 있다.

21 일제강점기의 독립운동가로 신민회의 창립자 중 한 사람이자 신흥무관학교를 설립한 인물은 누구인가?

① 윤세주
② 신규식
③ 이동녕
④ 이회영

해설

일제강점기의 독립운동가인 우당 이회영은 서울의 명문가에서 태어나 계몽운동과 독립운동에 참여했다. 1905년 안창호를 비롯한 신민회의 창립 멤버가 되었고, 1910년 경술국치 때 가족과 함께 만주로 이주하면서 1912년 신흥무관학교를 설립했다. 1919년 임시정부(임정) 수립에도 참여했으나 임정 내의 알력다툼과 내분이 심해지자 무정부주의자가 되어 임정을 떠났다. 이후 아나키즘 운동과 항일투쟁을 계속하다가 일제에 붙잡혀 1932년 고문 끝에 순국했다.

22 다음 중 도심항공교통을 의미하는 용어의 약자는?

① UTM
② UAM
③ PAV
④ eVTOL

해설

UAM은 'Urban Air Mobility'의 약자로서 도심항공교통을 의미한다. 도시의 항공에서 사람과 화물이 오가는 교통운행 서비스를 운영하는 것으로 드론 등 소형 수직 이착륙기가 발전하면서 가시화되고 있다. 비슷한 개념으로 UTM(Unmanned aerial system Traffic Management)은 드론의 교통관리체계를 의미하고, PAV(Personal Air Vehicle)는 개인용 비행체를 의미한다.

23 1978년 소련의 헬싱키협약 위반을 감시하기 위해 설립된 이후 현재까지 활동 중인 국제 인권단체는?

① 휴먼라이츠워치
② 국제엠네스티
③ 프리덤하우스
④ 국가인권기구

해설

인권보호를 위한 비영리·비정부기구인 휴먼라이츠워치(Human Rights Watch)는 1978년 소련의 헬싱키협약 위반을 감시하기 위해 설립된 헬싱키 워치를 전신으로 한다. 헬싱키 워치를 시작으로 전 세계에 지부가 세워지기 시작했는데, 1988년에 각 지부들이 통합되어 오늘날의 휴먼라이프워치가 됐다. 본부는 미국 뉴욕에 있다.

24 일제강점기에 활동한 한국 최초의 여성 서양화가는?

① 천경자
② 이성자
③ 백남순
④ 나혜석

해설

나혜석은 한국 최초의 여성 서양화가로 회화뿐만 아니라 당시에 크게 낙후되어 있었던 여성의 권리신장과 여성계몽을 주장한 페미니스트이기도 하다. 일본의 학교에서 유학하며 그림을 배웠고, 유학 시절 〈여자계〉라는 기관지를 주도적으로 창간하기도 했다. 당시로서는 파격적인 성평등 의식을 보여 큰 비판을 받기도 했다.

방송에 출제됐던 문제들을 모아!
재미로 풀어보는 퀴즈~!~!

01 1909년 10월 26일 안중근 의사가 이토 히로부미를 사살한 중국의 도시는?

[장학퀴즈]

정답

안중근 의사는 1909년 만주를 시찰하기 위해 방문한 조선 침략의 주범 이토 히로부미를 하얼빈의 기차역에서 권총으로 저격해 사살했다. 그는 현장에서 붙잡힌 뒤 뤼순 감옥에 갇혀 지내다 1910년 사형됐는데, 재판 당시 조선의 주권을 빼앗고 동양의 평화를 해친 이토를 저격한 것은 죄가 될 수 없다고 주장하기도 했다.

02 르네상스시대 이탈리아에서 시작된 춤으로 우아함의 대명사로 불리며 발끝으로 서는 포즈가 인상적인 춤의 장르는?

[장학퀴즈]

정답

발레는 음악, 무대장치, 의상 등을 통해 특정 주제의 이야기를 종합적으로 표현하는 무용의 한 장르로 발레(Ballet)라는 용어는 '춤을 추다'라는 뜻의 이탈리아어 'ballare'에서 유래했다.

03 기존 스토킹 처벌법 중 이 조항 때문에 피해자를 보호하는 데 한계가 있었다고 한다. 이 조항은 어떤 내용인가?

[옥탑방의 문제아들]

정답

스토킹 처벌법 18조 3항 '반의사불벌죄'에 따라 피해자와 합의하면 가해자를 처벌하지 않았다. 그러나 가해자가 합의를 목적으로 피해자를 위협하는 보복 범죄가 발생할 수 있어 폐지를 요구하는 의견이 지속해서 제기돼왔고, 이에 해당 규정을 삭제하는 개정안이 6월 21일 국회 본회의를 통과했다.

04 '하늘이 내려준 벌레'로 불리는 이것은 연필심과 식용유의 원료로 사용되며, 이것의 천연단백질을 추출하면 인공고막도 만들 수 있다. 이것은 무엇인가?

[옥탑방의 문제아들]

정답

누에는 90% 이상이 단백질로 이루어져 있어 인체에 자연 흡수된다는 점 때문에 수술용 실 등 의료용으로도 활용되고 있다. 또 누에의 원가는 100원에 불과하지만, 누에고치로 만든 인공고막은 온도와 습도에도 변형이 없어서 구멍이 있어도 안전하게 재생될 수 있다.

05 다음 중 맞춤법이 틀린 것은?

[우리말 겨루기]

① 살그미 　　　　② 가뜩이
③ 뾰족이 　　　　④ 곤대로

정답

'곤대로'는 '그리 쉽사리'라는 뜻의 '간대로'의 잘못된 표현이다. 주로 '아니다', '않다' 등의 부정어와 호응하여 사용한다.

06 '소원히(疏遠히)'의 바른 뜻풀이는?

[우리말 겨루기]

① 어떤 일이 이루어지기를 바라며 간절하게
② 지내는 사이가 두텁지 아니하고 거리가 있어서 서먹서먹하게

정답

'소원히'는 '소통하다', '트이다'를 뜻하는 '疏(소)'와 '멀다'는 의미의 '遠(원)'이 합쳐져 만들어진 말로 가까이 왕래하면서 지내지 않아 사이가 멀다는 뜻을 가진 부사어다.

07 본래 '용이 바람과 구름을 타고 하늘을 오르는 힘찬 기세'라는 뜻에서 유래한 말로 흔히 우여곡절을 이겨내고 자신만의 길을 걷는 사람을 비유할 때 쓰이는 이것은?

[유퀴즈 온 더 블럭]

정답

풍운아(風雲兒)란 좋은 기회나 때를 타고 활약하여 세상에 두각을 나타내는 사람을 일컫는 말이다.

08 미국 과학진흥회가 기초과학의 중요성을 알리기 위해 만든 상으로 쓸모없어 보이지만 후대를 위해 큰 성과물을 남겼다는 뜻에서 이름 붙여진 이것은?

[유퀴즈 온 더 블럭]

정답

황금거위상은 당장은 큰 성과를 내지 못하지만 훗날 인류에 큰 기여를 할 수 있는 기초과학의 중요성을 알리기 위해 2012년 제정된 상이다. 2020년에는 코로나19 백신 · 치료제 개발에 기여한 연구진들이 수상하기도 했다.

09 원래 '비방하다'라는 뜻의 라틴어에서 유래한 말로 오늘날에는 '사람의 능력을 테스트하는 과제'라는 뜻으로 SNS에서 하나의 놀이문화로 자리 잡게 된 이것은?

[유퀴즈 온 더 블럭]

정답

챌린지는 '도전하다'라는 뜻으로 중세 유럽에서는 이의를 제기하는 행동을 일컫는 말로 사용되기도 했다. 최근에는 SNS의 숏폼을 중심으로 특정 미션을 수행하거나 춤을 추는 영상을 올리는 등의 놀이문화를 가리키는 말로 의미가 확대됐다.

10 〈보기〉와 같은 규칙을 적용한다고 했을 때 〈문제〉의 결괏값은 무엇이 될까?

[문제적 남자]

> **보기**
>
> $9981 + 1601 = 2957$
>
> ··
>
> **문제**
>
> $1080 + 9168 = ?$

정답

〈문제〉의 결괏값을 구하기 위해서는 먼저 〈보기〉 계산식에 적용된 규칙을 찾아야 한다. 등호 앞에 제시된 수식을 180도로 회전시킨 후 계산하면 결괏값이 도출되는데, 즉 $9981 + 1601$은 $1091 + 18660$이 되므로 결괏값은 2957이 된다. 같은 규칙을 적용해서 〈문제〉를 풀어보면 $1080 + 9168$은 $8916 + 08010$이 되므로 결괏값은 9717이다.

11 규칙을 찾아 물음표에 들어갈 숫자를 구해라.

[문제적 남자]

> $5 + 3 = 28$
>
> $9 + 1 = 810$
>
> $8 + 6 = 214$
>
> $5 + 4 = 19$
>
> $7 + 3 = ?$

정답

공통으로 적용된 규칙을 찾아야 하는 문제로 보기에서 수식에 관계 없이 등호 앞의 숫자들에 각각 빼기와 더하기를 적용해 구한 수를 순서대로 나열하면 등호 뒤의 숫자가 됨을 알 수 있다. 예를 들어 '$5 + 3 = 28$'에서 $5 - 3 = 2$이고 $5 + 3 = 8$이므로 답은 28이 된다. 같은 규칙을 적용해 물음표에 들어갈 숫자를 구하면 $7 - 3 = 4$, $7 + 3 = 10$이므로 정답은 410이다.

취업!
실전문제

최종합격 기출면접

기술보증기금의 면접전형은 1차 면접과 2차 면접으로 진행된다. 1차 면접은 조직적합성 면접과 직무적합성 면접, 토론면접 내용을 토대로 점수를 합산해 평가하며, 2차 면접은 종합적합성과 1차 면접전형의 점수, 필기전형의 점수를 합산해 평가한다.

1 조직적합성 면접(인성면접)

다대다 면접으로 진행되며 지원자의 자기소개서를 기반으로 한 질문이 주어진다. 제출한 자기소개서의 내용에 대한 숙지와 함께 기술보증기금의 핵심가치인 '공정, 혁신, 연대'를 반영한 답변을 준비할 필요가 있으며, 자기소개서 내용과 모순되지 않으면서 솔직하게 답변할 수 있도록 주의가 필요하다.

기출문제

- 30초간 자기소개를 해 보시오.
- 본인이 원하지 않는 직무에 배정될 경우 어떻게 할 것인가?
- 현재를 개선하기 위해 했던 노력에 대하여 말해 보시오.
- 어떤 상사가 좋은 상사라고 생각하는가?
- 전국 순환근무에 적응할 자신이 있는가?
- 금융기관 직원으로서 지녀야 할 중요한 덕목은 무엇이라고 생각하는가?
- 창의력을 키우기 위해 어떠한 노력을 했는가?
- 본인만의 스트레스 해소방법은 무엇인가?
- 기술보증기금의 핵심가치 3가지 중 본인을 잘 표현할 수 있는 키워드 한 가지와 관련된 경험에 대해 말해 보시오.
- 여러 금융기관 중 기술보증기금에 지원한 이유가 무엇인가?
- 기술보증기금의 핵심가치와 본인의 가치관이 어떻게 부합하는가?
- 기술보증기금이 여성을 배려하고 있는 점에 대하여 아는 것이 있는가?
- 다른 사람들이 생각하는 본인의 모습 중 본인의 생각과 다른 점이 있었는가?
- 인턴생활을 하면서 힘들었던 점을 말해 보시오.
- 기술보증기금이 공기업으로서 나아가야 할 방향은 무엇이라고 생각하는가?
- 부모님과 요즘 하는 이야기는 무엇인가?
- 연수원까지 오면서 어떤 생각을 했는가?
- 본인의 강점은 무엇이고, 그것을 기술보증기금에서 어떻게 활용할 수 있는지 말해 보시오.
- 동아리 활동을 했다고 기록했는데, 어떤 활동을 했는가?

2 직무적합성 면접(PT면접)

지원자 1명과 면접관 다수로 이뤄지는 다대일 면접이며 발표와 질의응답으로 진행된다. 시사와 관련된 주제가 나오기도 하므로 기업, 비즈니스, 4차 산업혁명, 기술보증기금의 사업 등과 관련된 내용을 미리 숙지해 두는 것이 좋다. 또한 처음 보는 단어라도 문제지에 쓰인 뜻을 보고 차분히 생각해서 발표내용을 구상해야 한다.

기출문제

- 문화콘텐츠 보증에 대하여 발표하시오.
- 최신 IT기술을 기술보증기금 업무에 적용할 방안에 대하여 발표하시오.
- 문화콘텐츠(영화, 드라마, 게임, 캐릭터 등) 평가방안에 대하여 발표하시오.
- 대기업의 중소기업 기술탈취에 대해 어떻게 생각하는가?
- 금리 인하로 인한 우리 정부의 앞으로의 방향은 어떠한지 말해 보시오.
- 빅데이터의 특징은 V3로 시작하여 V7까지 확장되어 왔다. 여기서 'V'가 의미하는 것이 무엇인지 아는가?
- 본인이 생각하기에 기술평가에서 중요하게 생각할 요소와 각 비중을 정해 설명하시오.
- 기술평가와 관련하여 어떤 경험과 역량을 쌓아왔는가?
- 실제 기술평가 시 어떤 평가요소를 중점적으로 평가할 것인가?
- CAMP에서 베타는 어떻게 구하는가?
- 기술이 눈에 보이지 않는데 어떻게 이를 증명할 것인가?
- 동아리활동 경험에 대해 이야기해 보시오.

3 종합적합성 면접(임원면접)

다대다 임원면접으로 약 30분간 자기소개서 및 직무와 관련해 공통질문 2개, 개인질문 2개 정도를 물어보는 형식으로 진행된다.

기출문제

- 남들이 생각하는 본인의 모습 중 본인의 생각과 다른 것이 있는가?
- 기금의 경제활성화 방안에 대하여 설명해 보시오.
- 본인이 생각하는 기술금융이란 무엇인가?
- 기술보증기금의 보증절차에 대해 설명해 보시오.
- 본인이 지원한 직무에서 가장 중요하다고 생각하는 점은 무엇인가?
- 거주하고 있는 지역 외에서 근무를 하게 돼도 괜찮은가?
- 20초 동안 자기소개를 해 보시오.
- 남들보다 경쟁력이 있다고 생각하는 것은 무엇인가?
- 조직융화와 전문성 중에 어떤 것을 중시하는가?
- 본인과 닮은 동물과 그 동물을 선택한 이유를 말해 보시오.
- 진상 고객이 왔을 때 어떻게 대처할 것인가?
- 일하면서 동료와 갈등이 있을 때 어떻게 할 것인가?
- 학창시절에 기억에 남는 경험을 말해 보시오.

한국도로공사는 실무진 면접과 경영진 면접을 치른다. 실무진 면접은 공사 직무수행에 필요한 직무역량 면접으로 PT면접과 토론면접으로 구성되어 있다. 경영진 면접은 지원자의 기본역량과 인성을 파악하기 위한 면접으로 두 차례의 면접 모두 블라인드 면접으로 진행된다. 출신지역, 학교 등과 같은 개인신상과 관련된 발언을 하면 불이익이 있을 수 있으므로 조심해야 한다.

1

PT면접

PT면접은 면접자 1명과 면접관 5명으로 구성된 다대일 면접방식이다. 약 10~20페이지 정도 분량의 자료가 사전에 제시되며, 30분의 준비시간 동안 주어진 기사와 자료를 읽고 A4 1장 분량으로 요약해야 한다. 요약한 내용을 토대로 5분 정도 발표한 후에 약 10분간 면접관들의 질문에 대답하는 형식으로 진행되며, 이때 많은 질문이 주어질 수 있으므로 미리 답변을 준비해두어야 한다. 또한 PT면접 이후 인성·상황 면접이 이어지므로 사전에 철저한 준비가 필요하다.

기출문제

- 명절에 고속도로 이용료를 무료로 시행하자는 의견이 있는데 이에 대해 어떻게 생각하는가?
- 인공지능이 발달하고 자동화될수록 톨게이트에서의 일자리가 사라질 수 있을까?
- 한국도로공사가 운영하는 고속도로와 민자 고속도로의 차이를 말해 보시오.
- 공기업에 근무하면서 지녀야 할 덕목은 무엇인가?
- 기업이 추구하는 가치와 개인의 가치가 충돌할 때, 어떻게 대처하겠는가?
- KTX와 같은 철도는 한국도로공사와 경쟁관계에 있는데, 앞으로 한국도로공사가 경쟁에서 어떨 것 같은가?
- 자율주행 자동차의 발전이 고속도로에 미치는 영향과 그에 따른 도로공사의 역할 및 대응에 대해 발표해 보시오.
- 졸음운전방지 대책에 대해 발표해 보시오.
- 로드킬의 원인 및 대책방안에 대해 발표해 보시오.
- 한국도로공사에서 환경에 기울이고 있는 노력에 대해 말하고, 이를 어떻게 보완하면 좋을지 발표해 보시오.
- BCG매트릭스와 GE매트릭스의 내용에 대해 발표해 보시오.
- 통일이 된 이후 북한의 도로건설 방안에 대해 발표해 보시오.
- 한국도로공사에서 관리하는 시설물의 종류와 관리방안에 대해 발표해 보시오.
- 휴게소에 대한 이용객들의 불만과 수요감소에 따른 해결방안에 대해 발표해 보시오.
- 업무처리 순서에 대해 발표해 보시오.
- 지원한 직무에서 한국도로공사가 개선해야 할 점은 무엇이라고 생각하는가?
- 상사가 부당한 지시를 한다면 어떻게 할 것인가?
- 종교에 대한 신념과 법이 상충된다면 어떤 것을 우선으로 할 것인가?
- 공사의 유휴부지 활용방안에 대해 발표해 보시오.
- 청년실업 해소방안에 대해 발표해 보시오.
- 한국도로공사의 사회적 가치 실현방법에 대해 발표해 보시오.
- 빅데이터를 활용한 고속도로의 안전성 개선방안에 대해 발표해 보시오.
- 고속도로 터널 내 화재 시 재난 대처방안에 대해 발표해 보시오.
- 한국도로공사 입사를 위해 어떤 노력을 했는지 말해 보시오.
- 과적차량을 검문하는 과정에서 사용할 수 있는 기술적인 아이디어를 말해 보시오.
- 본인의 강점은 무엇이고, 그것을 업무에 어떻게 활용할 수 있는지 말해 보시오.

2 인성 · 상황 면접

인성 · 상황 면접은 면접자 1명과 면접관 5명으로 진행되는 다대일 면접이다. 약 30분 동안 편안한 분위기에서 진행되며, 지원자의 경험에 대한 질문이 주를 이루므로 이에 대비하여 경험 중심의 예상답변을 준비해 놓는 것이 좋다.

기출문제

- 가장 힘들었던 경험에 대해 말해 보시오.
- 다른 사람과 의사소통했던 경험에 대해 말해 보시오.
- 지원동기에 대해 말해 보시오.
- 누군가에게 협력했던 경험에 대해 말해 보시오.
- 어떤 일을 성취했던 경험에 대해 말해 보시오.
- 선임이 적극적으로 일하지 않는다면 어떻게 대처할 것인지 말해 보시오.
- 업무수행 시 필요한 역량이 무엇이라고 생각하는가?
- 같이 일하기 싫은 유형의 사람에 대해 말해 보시오.
- 실제로 민원인을 응대해 본 경험이 있는가?
- 한국도로공사가 진행하는 사업에 대해 아는 대로 말해 보시오.
- 고속도로의 장점과 단점에 대해서 말해 보시오.
- 성과와 원칙 중 어느 것이 더 중요한지 말해 보시오.
- 1분 동안 자기소개를 해 보시오.
- 원칙을 지켰던 경험에 대해 말해 보시오.
- 직무와 관련하여 어떤 일을 하고 싶은가?
- 본인만의 스트레스 관리법은 무엇인가?
- 조기출근 또는 야근을 해도 괜찮은가?
- 상사의 횡령 등 비리행위 목격 시 어떻게 대처할 것인가?
- 상대방에게 설득당한 경험에 대해 말해 보시오.
- 시간과 예산이 부족할 때 어떻게 프로젝트를 수행하겠는가?
- 조직 내에서 상사와의 갈등이 발생했을 때 어떻게 극복해 나갈 것인지 경험에 기반하여 말해 보시오.
- 대학 때 했던 기억에 남는 활동에 대해 말해 보시오.
- 한국도로공사의 서비스 중 이용해본 것은 무엇인가?
- 자기계발을 위해 어떤 것을 하고 있는가?
- 고객의 불만을 해결했던 경험을 말해 보시오.
- 살면서 어렵거나 힘들었던 경험에 대해 말해 보시오.
- 기계설비 중에 아는 것이 있는가?
- 어떤 일을 추진하던 중에 포기하고 싶었던 경험이 있다면 말해 보시오.
- 도전적인 일을 해본 경험에 대해 말해 보시오.
- 어떤 수준 높은 요구에 대응해 본 경험에 대해 말해 보시오.
- 기계직으로서 사고를 줄이고 능동적으로 현장에 대처할 수 있는 아이디어를 말해 보시오.
- 학교생활 이외에 가장 자랑하고 싶은 경험에 대해 말해 보시오.
- 조직에 처음 들어가서 적응해 본 경험을 말해 보시오.
- 어디서든 1등을 해 본 경험을 말해 보시오.

기업별 최신기출문제

01 / 한국산업인력공단

1. 자원관리능력

01 H공사에 근무하는 S사원은 부서 워크숍을 진행하기 위해 다음과 같이 워크숍 장소 후보를 선정했다. 주어진 〈조건〉을 참고할 때, 워크숍 장소로 가장 적절한 곳은?

H공사 워크숍 장소 후보

후보	거리(공사 기준)	수용 가능 인원	대관료	이동시간(편도)
A호텔	40km	100명	40만원/일	1시간 30분
B연수원	40km	80명	50만원/일	2시간
C세미나	20km	40명	30만원/일	1시간
D리조트	60km	80명	80만원/일	2시간 30분
E호텔	100km	120명	100만원/일	3시간 30분

● 조건 ●

- 워크숍은 1박 2일로 진행한다.
- S사원이 속한 부서의 직원은 모두 80명이며 전원 참석한다.
- 거리는 공사 기준 60km 이하인 곳으로 선정한다.
- 대관료는 100만원 이하인 곳으로 선정한다.
- 이동시간은 왕복으로 3시간 이하인 곳으로 선정한다.

① A호텔   ② B연수원   ③ C세미나
④ D리조트   ⑤ E호텔

해설 두 번째 조건에 따라 S사원의 부서 직원 80명이 전원 참석하므로 수용 가능 인원이 40명인 C세미나는 제외되고, 세 번째 조건에 따라 거리가 60km를 초과하는 E호텔이 제외된다. 이어서 부서 워크숍은 2일간 진행되므로 하루 대관료가 50만원을 초과하는 D리조트는 제외된다. 마지막으로 다섯 번째 조건에 따라 왕복 이동시간이 4시간인 B연수원은 제외된다. 따라서 가장 적절한 워크숍 장소는 A호텔이다.

02 H공단에서 근무하고 있는 A인턴은 경기본부로 파견 근무를 나가고자 한다. 다음 〈조건〉에 따라 파견일을 결정할 때, A인턴이 경기본부로 파견 근무를 갈 수 있는 날짜는?

12월 달력

일	월	화	수	목	금	토
				1	2	3
4	5	6	7	8	9	10
11	12	13	14	15	16	17
18	19	20	21	22	23	24
25	26	27	28	29	30	31

조건

- A인턴은 12월 중에 경기본부로 파견 근무를 나간다.
- 파견 근무는 2일 동안 진행되며, 이틀 동안 연이어 진행해야 한다.
- 파견 근무는 주중에만 진행된다.
- A인턴은 12월 1일부터 12월 7일까지 연수에 참석하므로 해당 기간에는 근무를 진행할 수 없다.
- A인턴은 12월 27일부터 부서 이동을 하므로, 27일부터는 파견 근무를 포함한 모든 담당 업무를 후임자에게 인계해야 한다.
- A인턴은 목요일마다 D본부로 출장을 가며, 출장일에는 파견 근무를 수행할 수 없다.

① 12월 6~7일
② 12월 11~12일
③ 12월 14~15일
④ 12월 20~21일
⑤ 12월 27~28일

해설 12월 20~21일은 주중이며, 출장 혹은 연수 일정이 없고, 부서 이동 전에 해당되므로, A인턴이 경기본부의 파견 근무를 수행할 수 있는 날짜이다.
① 12월 6~7일은 A인턴의 연수 참석 기간이므로 파견 근무를 진행할 수 없다.
② 12월 11~12일은 주말인 11일을 포함하고 있으므로 파견 근무를 진행할 수 없다.
③ 12월 14~15일 중 15일은 목요일로, A인턴이 D본부로 출장을 가는 날이므로 파견 근무를 진행할 수 없다.
⑤ 12월 27~28일은 A인턴이 부서를 이동한 27일 이후이므로, A인턴이 아니라 후임자가 경기본부로 파견 근무를 가야 한다.

03 다음은 외국인근로자 고용지원 업무처리규칙의 일부이다. 이에 대한 설명으로 옳은 것은?

외국인근로자 고용지원 업무처리규칙

제1절 한국어능력시험

■ **응시자격(제5조)**

❶ 외국인고용허가제 한국어능력시험의 응시자격은 다음 각 호와 같다.

1. 만 18세 이상 39세 이하인 자(한국어능력시험 접수초일 기준)
2. 금고형 이상의 범죄경력이 없는 자
3. 대한민국에서 강제퇴거 또는 강제출국 조치를 당한 경력이 없는 자
4. 자국으로부터 출국에 제한(결격사유)이 없는 자

❷ 특별한국어능력시험의 응시자격은 전항의 자격요건을 갖추고 체류만료기간 내 자진 귀국한 외국인근로자로 한다.

■ **시험기준 및 방법(제6조)**

❶ 한국어능력시험은 외국인근로자가 한국생활에서 필요한 기본적인 의사소통능력, 한국문화, 산업안전에 대한 이해를 평가한다.

❷ 시험문제는 읽기 영역 25문항과 듣기 영역 25문항으로 하며, 객관식 사지선다(四枝選多) 필기시험으로 한다.

❸ 시험시간은 읽기 영역 40분, 듣기 영역 30분으로 한다.

❹ 한국어능력시험은 시행방법에 따라 지필기반시험(PBT)과 컴퓨터기반시험(CBT)으로 구분한다.

■ **수수료 환불(제20조)**

이사장은 접수기간 중 원서접수를 취소하는 자 또는 접수 완료 이후 응시 부적격자로 확인(결정)된 자에게는 응시수수료 전액을 환불할 수 있다.

---

① 만 40세 이상도 외국인고용허가제 한국어능력시험에 응시할 수 있다.

② 한국어능력시험은 컴퓨터기반으로만 볼 수 있다.

③ 응시자격을 갖추고 체류만료기간 내 귀국한 모든 외국인근로자는 특별한국어능력시험에 응시할 수 있다.

④ 접수 완료 후 대한민국에서 강제출국 조치를 당했다면 응시수수료 전액을 환불받을 수 있다.

⑤ 시험문제인 읽기 영역과 듣기 영역은 문항 수와 시험시간이 동일하다.

> **해설** 접수 완료 이후 응시 부적격자로 확인된 자는 응시수수료 전액을 환불받을 수 있다.
> ① 만 18세 이상 39세 이하인 자에 한하여 응시할 수 있다.
> ② 한국어능력시험은 시행방법에 따라 지필기반시험(PBT)과 컴퓨터기반시험(CBT)으로 구분한다.
> ③ 특별한국어능력시험에 응시하려면 전항의 자격요건을 갖추고 체류만료기간 내 자진 귀국한 외국인근로자여야 한다.
> ⑤ 읽기 영역과 듣기 영역의 문항 수는 25문항으로 같지만, 시험시간은 각각 40분, 30분으로 다르다.

04 한국산업인력공단은 다음과 같은 사유로 부득이하게 필기전형에 응시하지 못한 지원자에게 해당 사유를 증명할 수 있는 서류를 제출하도록 하여 필기전형에 재응시할 수 있는 기회를 부여하였다. 다음 중 필기전형에 재응시할 수 있는 지원자는?

재응시 인정 사유 및 제출서류	
사유	제출서류
가족의 사망, 장례식	가족관계증명서, 사망입증서
응시자 본인의 수술로 인한 병가	주민등록등본, 입원증명서
국가가 인정하는 전염병 격리 판정	입원증명서, 신분증
국가 위기 단계로 인한 외출 금지	중대장 이상이 발급한 확인서
예견할 수 없는 기후상황	경찰서확인서, 신분증

① 가족의 사망으로 장례식에 가게 되어 사망입증서, 신분증을 제출한 A씨

② 필기전형 기간에 수술을 하게 되어 주민등록등본, 입원증명서를 제출한 B씨

③ 북한의 도발로 인해 시험을 보러 갈 수 없어 경찰서확인서를 제출한 C씨

④ 갑작스런 코로나19 감염으로 격리되어 주민등록등본, 신분증을 제출한 D씨

⑤ 태풍으로 인해 모든 교통수단이 마비되어 중대장 이상이 발급한 확인서를 제출한 E씨

해설 필기전형 기간에 수술을 하게 된 것은 본인의 병가에 해당하므로 주민등록등본, 입원증명서를 제출하면 재응시할 수 있다.
① 가족의 사망은 가족관계증명서와 사망입증서를 제출해야 한다.
③ 북한의 도발은 국가 위기 단계로 인한 외출 금지에 해당하므로 중대장 이상이 발급한 확인서를 제출해야 한다.
④ 코로나19 감염으로 인한 격리는 국가가 인정하는 전염병 격리 판정에 해당하므로 입원증명서, 신분증을 제출해야 한다.
⑤ 태풍으로 인한 교통수단 마비는 예견할 수 없는 기후상황이므로 경찰서확인서, 신분증을 제출해야 한다.

05 다음 중 결재에 대한 설명으로 옳지 않은 것은?

① 안건에 따라서는 상위자가 직접 기안하거나 처리지침을 지시할 수 있다.

② 보조기관의 명의로 발신하는 문서는 보조기관의 결재를 받아야 한다.

③ 전결이란 결재권자가 결재할 수 없을 때 그 직무를 대리하는 자가 행하는 결재를 의미한다.

④ 대결한 문서 중 내용이 중요하다고 판단되는 문서는 결재권자에게 사후에 보고해야 한다.

⑤ 결재받은 문서의 일부분을 수정할 때에는 수정한 내용대로 재작성하여 결재를 받아야 한다.

해설 전결이란 행정기관의 장으로부터 업무의 내용에 따라 결재권을 위임받은 자가 행하는 결재를 말하며, 결재권자가 결재할 수 없을 때 그 직무를 대리하는 자가 행하는 결재는 대결에 해당한다.

🔒 03 ④ 04 ② 05 ③

06 다음은 고용노동부에서 제공하는 퇴직금 산정 기준과 H공사 직원 5명의 퇴직금 관련 정보다. 다섯 명 모두 미사용 연차 일수가 5일일 때, 퇴직금이 두 번째로 적은 직원은?(단, 모든 계산은 소수점 첫째 자리에서 반올림한다)

퇴직금 산정 기준

- (퇴직금) = (1일 평균임금)×30×$\dfrac{(근속연수)}{(1년)}$
- (1일 평균임금) = (A + B + C)÷90
  - A = (3개월간의 임금 총액) = [(기본급) + (기타수당)]×3
  - B = (연간 상여금)×$\dfrac{(3개월)}{(12개월)}$
  - C = (연차수당)×(미사용 연차 일수)×$\dfrac{(3개월)}{(12개월)}$

H공사 직원 퇴직금 관련 정보

구분	근속연수	기본급	기타수당	연차수당	연간 상여금
최과장	12년	3,000,000원	-	140,000원	1,800,000원
박과장	10년	2,700,000원	-	115,000원	1,500,000원
홍대리	8년	2,500,000원	450,000원	125,000원	1,350,000원
신대리	6년	2,400,000원	600,000원	97,500원	1,200,000원
양주임	3년	2,100,000원	-	85,000원	900,000원

① 최과장
② 박과장
③ 홍대리
④ 신대리
⑤ 양주임

해설 직원 다섯 명에 대한 1일 평균임금 및 퇴직금을 구하면 다음과 같다.

(단위 : 원)

구분	A	B	C	1일 평균임금	퇴직금
최과장	9,000,000	450,000	175,000	106,944	38,499,840
박과장	8,100,000	375,000	143,750	95,764	28,729,200
홍대리	8,850,000	337,500	156,250	103,819	24,916,560
신대리	9,000,000	300,000	121,875	104,688	18,843,840
양주임	6,300,000	225,000	106,250	73,681	6,631,290

따라서 두 번째로 퇴직금이 적은 직원은 신대리이다.

1. 의사소통능력

01 다음 글의 핵심내용으로 가장 적절한 것은?

> BMO 금속 및 광업 관련 리서치 보고서에 따르면 최근 가격 강세를 지속해 온 알루미늄, 구리, 니켈 등 산업금속들의 4분기 중 공급부족 심화와 가격상승세가 전망된다. 산업금속이란 산업에 필수적으로 사용되는 금속들을 말하는데, 앞서 제시한 알루미늄, 구리, 니켈뿐만 아니라 비교적 단단한 금속에 속하는 은이나 금 등도 모두 산업에 많이 사용될 수 있는 금속이므로 산업금속의 카테고리에 속한다고 할 수 있다. 이러한 산업금속은 물품을 생산하는 기계의 부품으로서 필요하기도 하고, 전자제품 등의 소재로 쓰이기도 하기 때문에 특정 분야의 산업이 활성화되면 특정 금속의 가격이 뛰거나 심각한 공급난을 겪기도 한다.
>
> 금융투자업계에 따르면 최근 전 세계적인 경제회복 조짐과 함께 탈탄소 트렌드, 즉 '그린 열풍'에 따른 수요 증가로 산업금속 가격이 초강세이다. 런던금속거래소에서 발표한 자료에 따르면 올해 들어 지난달까지 알루미늄은 20.7%, 구리는 47.8%, 니켈은 15.9% 가격이 상승했다. 구리 수요를 필두로 알루미늄, 니켈 등 전반적인 산업금속 섹터의 수요량이 증가한 것이다.
>
> 이는 전기자동차 산업의 확충과 관련이 있다. 전기자동차의 핵심적인 부품인 배터리를 만드는 데 구리와 니켈이 사용되기 때문이다. 이때, 배터리 소재 중 니켈의 비중을 높이면 배터리의 용량을 키울 수 있으나 배터리의 안정성이 저하된다. 기존의 전기자동차 배터리는 니켈의 사용량이 높았기 때문에 계속해서 안정성 문제가 제기되어 왔다. 그래서 연구 끝에 적정량의 구리를 배합하는 것이 배터리 성능과 안정성을 모두 향상시키기 위해서 중요하다는 것을 밝혀냈다. 구리가 전기자동차 산업의 핵심 금속인 셈이다.
>
> 이처럼 전기자동차와 배터리 등 친환경 산업에 필수적인 금속들의 수요는 증가하는 반면, 세계 각국의 환경규제 강화로 인해 금속의 생산은 오히려 감소하고 있기 때문에 산업금속에 대한 공급난과 가격 인상이 우려되고 있다.

① 전기자동차의 배터리 성능을 향상시키는 기술

② 세계적인 '그린 열풍' 현상 발생의 원인

③ 필수적인 산업금속 공급난으로 인한 문제

④ 전기자동차 산업 확충에 따른 산업금속 수요의 증가

⑤ 탈탄소 산업의 대표주자인 전기자동차 산업

해설 제시문의 세 번째 문단에서 전기자동차 산업이 확충되고 있음을 언급하면서 구리가 전기자동차의 배터리를 만드는 데 핵심재료임을 설명하고 있기 때문에 '전기자동차 산업 확충에 따른 산업금속 수요의 증가'가 글의 핵심내용으로 적절하다.
　① · ⑤ 제시문에서 언급하고 있는 내용이기는 하나 핵심내용으로 보기는 어렵다.
　② 제시문에서 '그린 열풍'을 언급하고 있으나, 그 현상의 발생원인은 제시되어 있지 않다.
　③ 제시문에서 산업금속 공급난이 우려된다고 언급하고 있으나 그로 인한 문제는 제시되어 있지 않다.

02 서울교통공사 기관사 체험안내문을 보고 다섯 사람이 대화를 나누었다. 다음 중 잘못 말한 사람은?

서울교통공사 기관사 체험안내

❶ **기관사 체험 일정** : 2022년 8월 24일(금) 13:00~16:40

❷ **신청기간 및 방법**
- 신청기간 : 2022년 8월 1일(수)~8월 5일(일)
- 신청방법 : 서울교통공사 홈페이지에서 신청

❸ **신청대상**
- 초등학생 및 청소년, 일반인

❹ **체험인원 및 선정방법**
- 체험인원 : 30명
- 선정방법 : 신청인원이 체험인원보다 많을 경우 신청자 중에서 전산 추첨

❺ **선정자 발표** : 8월 7일(화)~8월 10일(금)

※ 개인정보 제공 미동의 시 선정자에서 배제되며, 동의하신 개인정보는 여행자보험 가입 시 이용된 후 체험행사 종료 후 파기됩니다.

※ 개별적으로 전화연락은 드리지 않으니 홈페이지에서 꼭 확인해 주세요.

❻ **체험프로그램 구성**

진행시간	프로그램	장소
13:00~13:30	• 환영인사 • 행사일정 소개 및 안전교육 • 조별 담당자 소개	승무사업소 교양실
13:30~15:00	• 승무보고, 종료보고 체험 • 운전연습기 체험 • VR 체험	승무사업소 운용실 및 운전연습기실
15:00~15:08	임시열차 승차를 위해 이동	대림역 내선 승강장
15:08~16:40	• 기관사 및 차장칸 운전실 조별 승차 　- 전부운전실 및 터널 체험 　- 후부운전실 방송 체험 • 기념품 증정 및 기념촬영 • 종료인사	2호선 임시열차

---

① 정혁 : 이번에 유치원에 입학한 조카가 지하철을 참 좋아하는데, 신청하지 못할 것 같아서 아쉽네요.

② 민우 : 신청자가 40명이면 전산 추첨 후 10명이 떨어지겠네요.

③ 동완 : 체험프로그램은 총 3시간 40분 동안 진행되네요.

④ 혜성 : 선정자는 문자로 개별연락이 온다고 하니 발표기간에 잘 체크해야겠어요.

⑤ 선호 : 가장 궁금했던 지하철 방송을 체험할 수 있는 시간도 있으니 꼭 신청해야겠어요.

해설 '5. 선정자 발표'에 따르면 선정자에게 개별적으로 전화연락을 하지 않으므로 홈페이지에서 확인해야 한다.

03 다음은 S공사의 성과급 지급 기준에 대한 자료이다. K대리가 받은 성과평가 등급이 자료와 같을 때, K대리가 받게 될 성과급은 얼마인가?

S공사 성과급 지급 기준

• 개인 성과평가 점수

(단위 : 점)

실적	난이도평가	중요도평가	신속성	합계
30	20	30	20	100

• 각 성과평가 항목에 대한 등급별 가중치

구분	실적	난이도평가	중요도평가	신속성
A등급(매우 우수)	1	1	1	1
B등급(우수)	0.8	0.8	0.8	0.8
C등급(보통)	0.6	0.6	0.6	0.6
D등급(미흡)	0.4	0.4	0.4	0.4

• 성과평가 결과에 따른 성과급 지급액

구분	성과급 지급액
85점 이상	120만원
75점 이상 85점 미만	100만원
65점 이상 75점 미만	80만원
55점 이상 65점 미만	60만원
55점 미만	40민원

K대리 성과평가 등급

실적	난이도평가	중요도평가	신속성
A등급	B등급	D등급	B등급

① 40만원   ② 60만원   ③ 80만원

④ 100만원   ⑤ 120만원

해설 K대리의 성과평가 등급을 통해 개인 성과평가 점수에 가중치를 적용하여 점수로 나타내면 다음과 같다.

실적	난이도평가	중요도평가	신속성	합계
30×1=30점	20×0.8=16점	30×0.4=12점	20×0.8=16점	74점

따라서 K대리는 80만원의 성과급을 받게 된다.

※ 다음 지문을 읽고 물음에 답하시오. [04~05]

더글라스와 보잉의 대결

항공기 제작회사인 더글러스와 보잉사는 최초의 대형 제트 여객기를 이스턴 항공사에 팔기 위해 경합을 벌이고 있었다. 이스턴 항공사의 사장인 에디 레켄베커는 도날드 더글러스 사장에게 편지를 하여 더글러스사가 DC-8 항공기에 대해 작성한 설계 명세서나 요구조건은 보잉사와 매우 흡사한 반면 소음방지 장치에 대한 부분은 미흡하다고 전했다. 그러고 나서 레켄베커는 더글러스사가 보잉사보다 더 우수한 소음방지 장치를 달아주겠다는 약속을 할 수가 있는지 물어보았다. 이에 대해 더글러스씨는 다음과 같은 편지를 보냈다.

> To. 이스턴 항공사의 에디 레켄베커씨
>
> 우리 회사의 기술자들에게 조회해 본 결과, 소음방지 장치에 대한 약속은 할 수 없음을 알려드립니다.
>
> From. 더글러스사의 도날드 더글러스

이에 레켄베커씨는 다음과 같은 내용의 답신을 보냈다.

> To. 더글러스사의 도날드 더글러스씨
>
> 나는 당신이 그 약속을 할 수 없다는 것을 알고 있었습니다.
> 나는 당신이 얼마나 정직한지를 알고 싶었을 뿐입니다.
> 이제 1억 3,500만달러 상당의 항공기를 주문하겠습니다.
> 마음 놓고 소음을 최대한 줄일 수 있도록 노력해 주십시오.

---

04 더글러스씨가 윗글처럼 답장을 함으로써 얻을 수 있는 가치는 무엇인가?

① 눈앞의 단기적 이익   ② 명예로움과 양심

③ 매출 커미션   ④ 주위의 부러움

⑤ 승리감

> **해설** 더글러스씨는 소음방지 장치를 약속할 수 없다고 하면서 이스턴 항공사와 계약을 하지 못할 경우 발생할 수 있는 매출로 인한 단기적 이익 및 주변의 부러움을 포기했지만, 직업윤리를 선택함으로써 명예로움과 양심을 얻었다.

05 더글러스씨가 만약 레켄베커씨의 요청에 대해 기술적으로 불가능함을 알고도 할 수 있다고 답장을 보냈다면 직업윤리 덕목 중 어떤 덕목에 어긋난 행동이 되는가?

① 책임의식, 전문가의식

② 소명의식, 전문가의식

③ 직분의식, 천직의식

④ 천직의식, 소명의식

⑤ 봉사의식, 직분의식

> **해설** 직업윤리 덕목은 다음과 같다.
> - 소명의식 : 나에게 주어진 일이라 생각하며, 반드시 해야 하는 일
> - 천직의식 : 태어나면서 나에게 주어진 재능
> - 직분의식 : 나의 자아실현을 통해 사회와 기업이 성장할 수 있다는 자부심
> - 책임의식 : 책무를 충실히 수행하고 책임을 다하는 태도
> - 전문가의식 : 자신의 일이 누구나 할 수 있는 것이 아니라 해당 분야의 지식과 교육을 바탕으로 성실히 수행해야만 가능한 것이라고 믿고 수행하는 태도
> - 봉사의식 : 타인이나 공동체에 대해 봉사하는 정신을 갖추고 실천하는 태도
>
> 따라서 책임의식과 전문가의식에 어긋난 행동이 된다.

06 다음은 직장생활에서 나타나는 근면한 태도의 사례다. 근면한 태도의 성격이 다른 사례를 고르면?

① A씨는 자기계발을 위해 퇴근 후 컴퓨터학원에 다니고 있다.

② B씨는 아침 일찍 출근하여 업무계획을 세우는 것을 좋아한다.

③ C씨는 같은 부서 사원들의 업무 경감을 위해 적극적으로 프로그램을 개발하고 있다.

④ D씨는 다가오는 휴가를 준비하며 프로젝트 마무리에 최선을 다하고 있다.

⑤ E씨는 상사의 지시로 신제품 출시를 위한 설문조사를 계획하고 있다.

> **해설** 근면에는 스스로 자진해서 행동하는 근면과 외부로부터 강요당한 근면이 있다. ⑤는 외부(상사의 지시)로부터 강요당한 근면으로 다른 사례들과 성격이 다르다.

한국사능력검정시험

01 (가) 나라에 대한 설명으로 옳은 것은? [2점]

만화로 보는 (가) 의 사회모습

범금 8조

사람을 죽인 자는 사형에 처한다.

남에게 상해를 입힌 자는 곡식으로 갚아야 한다.

도둑질한 자는 노비로 삼되, 용서받고자 할 때에는 50만전을 내야 한다.

① 낙랑과 왜에 철을 수출했다.
② 영고라는 제천행사를 열었다.
③ 서옥제라는 혼인풍습이 있었다.
④ 건국 이야기가 삼국유사에 실려 있다.

기출 태그 #고조선 #범금8조 #사회질서 유지 #일연
#삼국유사 #단군신화

해설
고조선은 사회질서를 유지하기 위해 8개 조항으로 이루어진 범금8조를 만들었으며, 현재는 3개 조항만 전해진다. 범금8조의 내용을 통해 인간의 생명중시, 사유재산 보호 등을 확인할 수 있다.
④ 고려 때 승려 일연이 쓴 〈삼국유사〉는 불교사를 중심으로 저술된 역사서로, 단군을 우리 민족의 시조로 여겨 고조선의 건국 이야기를 수록했다.

02 다음 퀴즈의 정답으로 옳은 것은? [1점]

한국사 퀴즈 대회

1단계 | 6두품 출신의 학자입니다.
2단계 | 당의 빈공과에 합격해 관직에 올랐습니다.
3단계 | 진성여왕에게 시무책 10여 조를 올렸습니다.

제시된 단계별 힌트를 종합해 알 수 있는 인물은 누구일까요?

300 310

① 설총
② 이사부
③ 이차돈
④ 최치원

기출 태그 #최치원 #통일신라 6두품 학자 #당 빈공과
#진성여왕 #시무 10여 조

해설
최치원은 통일신라를 대표하는 6두품 출신의 학자이자 관리로, 12세 때 당으로 유학을 떠나 7년 만에 빈공과에 합격했다. 이후 귀국한 뒤 신라의 부패와 반란, 농민 봉기 등을 목격하면서 진성여왕에게 구체적인 개혁안인 시무책 10여 조를 건의해 정치를 바로 잡으려고 했으나 실현되지 않았다.
④ 최치원은 통일신라 6두품 출신으로 당의 빈공과에 합격했으며, 진성여왕에게 시무 10여 조를 건의했다.

03 (가) 국가에 대한 설명으로 옳은 것은? [2점]

이곳 옛 상경 용천부의 절터에는 높이 6.3m의 거대한 석등이 남아 있습니다. 이 석등을 통해 전성기에 해동성국이라 불렸던 (가) 의 융성한 불교문화를 알 수 있습니다.

① 기인제도를 실시했다.
② 9주 5소경을 설치했다.
③ 한의 침략을 받아 멸망했다.
④ 대조영이 동모산에서 건국했다.

기출태그 #발해 #상경 용천부 #해동성국 #발해 석등 #대조영 #동모산

해설

발해는 문왕 때 상경 용천부로 수도를 옮겼으며, 선왕 때는 영토를 크게 확장하고 전성기를 누리면서 주변 국가들로부터 해동성국이라 불렸다. 발해 석등은 상경 용천부의 절터에서 발견됐고 고구려 문화를 계승하면서 통일신라 석등양식의 영향을 받아 제작됐다.
④ 고구려의 장군 출신인 대조영은 유민들을 이끌고 지린성 동모산에서 발해를 건국했다.

04 (가) 시기에 있었던 사실로 옳은 것은? [3점]

문신의 관을 쓴 자들은 모두 없애라!

정중부

(가)

몽골군에 맞서 이곳 충주성을 지켜내면 신분을 가리지 않고 모두에게 관직을 주겠다!

김윤후

① 이자겸이 난을 일으켰다.
② 묘청이 서경천도를 주장했다.
③ 만적이 개경에서 봉기를 모의했다.
④ 강감찬이 귀주에서 큰 승리를 거두었다.

기출태그 #고려 무신정변 #만적의 난 #충주성전투 #김윤후

해설

• 무신정변(1170): 고려는 문벌귀족들이 정치권력을 독차지하고 심지어 군대를 지휘하는 권한마저 장악하며 무신을 차별했다. 그러던 중 보현원에서 수박희를 하다가 대장군 이소응이 문신 한뢰에게 뺨을 맞는 일이 벌어졌다. 이를 계기로 분노가 폭발한 무신들이 정중부와 이의방을 중심으로 무신정변을 일으켜 의종을 폐위하고 명종을 즉위시키며 정권을 장악했다.

• 충주성전투(1253): 몽골과의 충주성전투 당시 김윤후는 식량이 떨어지는 등 전세가 어려워지자, 전투에서 승리하면 신분의 고하를 막론하고 모두 관직을 주겠다고 병사들을 독려했다. 실제로 관노의 노비문서를 불태우고 노획한 소와 말을 나누어 주어 병사뿐 아니라 백성들까지도 죽음을 무릅쓰고 싸워 몽골군을 물리쳤다.

③ 고려 최씨 무신정권 때 최충헌의 노비인 만적이 개경의 송악산에서 신분차별에 항거하는 반란을 도모했으나 사전에 발각돼 실패했다(1198).

05 다음 대화가 이루어진 시기에 볼 수 있는 모습으로 적절한 것은? [2점]

> 박연 등이 새로 아악을 정비해 바쳤으니 논공행상을 하려는데 어떠한가?

> 아악 정비에 참여한 모두에게 차등을 두어 상을 주는 것이 마땅하옵니다.

① 단성사에서 공연하는 배우
② 집현전에서 연구하는 관리
③ 청해진에서 교역하는 상인
④ 해동통보를 주조하는 장인

06 다음 상황 이후에 일어난 사실로 옳은 것은? [3점]

> 왕이 세자와 신하들을 거느리고 삼전도에 이르렀다. …… 용골대 등이 왕을 인도해 들어가 단 아래 북쪽을 향해 설치된 자리로 나아가도록 요청했다. 청인(淸人)이 외치는 의식의 순서에 따라 왕이 세 번 절하고 아홉 번 머리를 조아리는 예를 행했다.

① 송시열이 북벌론을 주장했다.
② 조광조가 위훈삭제를 주장했다.
③ 광해군이 인조반정으로 폐위됐다.
④ 곽재우가 의령에서 의병을 일으켰다.

07 밑줄 그은 '신문'으로 옳은 것은? [2점]

① 만세보
② 한성순보
③ 황성신문
④ 대한매일신보

08 (가)에 들어갈 근대 교육기관으로 옳은 것은? [2점]

① 서전서숙
② 배재학당
③ 육영공원
④ 이화학당

해설

개항 이후 개화정책의 일환으로 출판기관인 박문국이 설치됐고 이곳에서 최초의 근대적 신문인 한성순보를 발행했다. 한성순보는 순 한문을 사용하고 열흘에 한 번씩 발행됐으며, 정부 관보의 성격을 가지고 있어 국내외의 정세를 소개했다.

② 개항 이후 박문국에서 최초의 근대적 신문인 한성순보를 발행했다.

해설

고종 때인 1886년 개화정책의 일환으로 우리나라 최초의 근대식 공립학교인 육영공원이 설립됐다. 학생을 7품 이상의 문무 현직관료 중에서 선발하는 좌원과 양반자제 중에서 선발하는 우원으로 구성돼 있었으며, 미국인 헐버트와 길모어, 벙커 등을 교사로 초빙해 영어와 수학, 지리 등 근대교육을 실시했다.

③ 최초의 근대식 공립학교인 육영공원은 헐버트, 길모어 등의 외국인 교사를 초빙해 상류층 자제에게 근대교육을 실시했다.

05 ② 06 ① 07 ② 08 ③

09 밑줄 그은 '이 정책'으로 옳은 것은?　　[2점]

이 사진은 일제강점기 일본으로 반출하기 위해 쌀을 쌓아 놓은 군산항의 모습입니다. 일제는 자국의 식량 문제를 해결하기 위해 1920년부터 조선에 <u>이 정책</u>을 실시해 수많은 양의 쌀을 수탈해 갔습니다.

① 회사령
② 농지개혁법
③ 산미증식계획
④ 토지조사사업

해설
1920년대 제1차 세계대전으로 공업화가 진전된 일본은 증가하는 도시인구에 비해 농업생산력이 부족해지면서 쌀값이 폭등했다. 이에 조선에서 산미증식계획을 실시해 일본 본토의 식량부족 문제를 해결하고자 했다(1920). 이를 위해 품종개량, 수리시설 구축, 개간 등을 통해 쌀 생산을 대폭 늘리려 했으나 증산량은 계획에 미치지 못했다. 그럼에도 불구하고 증산량보다 많은 양의 쌀을 일본으로 반출하면서 농민들의 경제상황은 더욱 악화됐다.
③ 1920년대 일제는 자국의 부족한 쌀을 조선에서 수탈하기 위해 산미증식계획을 실시했다.

10 밑줄 그은 '이 전쟁' 중에 있었던 사실로 옳은 것은?　　[2점]

이것은 <u>이 전쟁</u> 중인 1951년 11월 판문점 인근에서 열기구를 띄우려는 모습을 촬영한 사진입니다. 이 열기구는 휴전회담이 진행되던 당시 판문점 일대가 중립지대임을 표시하기 위한 것이었습니다.

① 애치슨 선언이 발표됐다.
② 흥남철수작전이 전개됐다.
③ 사사오입 개헌안이 가결됐다.
④ 한미상호방위조약이 체결됐다.

해설
1950년 북한의 남침으로 6·25전쟁이 시작됐고, 서울을 점령당한 뒤 낙동강 방어선까지 밀려나게 됐다. 유엔군 파병 이후 국군은 낙동강을 사이에 두고 치열한 공방전을 펼쳤다. 전쟁이 1년여 간 지속되자 소련 측의 제의로 미국과 소련이 개성 판문점에서 휴전회담을 진행하기 시작했다(1951.7.). 휴전회담은 전쟁포로 송환원칙 문제, 군사분계선 설정 문제 등으로 인해 2년여 간 지속됐다.
② 중공군 개입 이후 국군과 유엔군이 퇴각하면서 원산 지역을 뺏겨 전세가 불리해졌다. 이에 국군과 유엔군은 흥남해상으로 철수작전을 전개해 병력 및 물자, 피난민을 철수시켰다(1950.12.).

01 (가), (나) 나라에 대한 설명으로 옳은 것은?
[2점]

> (가) 여자의 나이가 열 살이 되기 전에 혼인을 약속하고, 신랑 집에서 맞이해 장성할 때까지 기른다. 여자가 장성하면 여자 집으로 돌아가게 한다. 여자 집에서는 돈을 요구하는데, 신랑 집에서 돈을 지불한 후 다시 데리고 와서 아내로 삼는다.
>
> (나) 읍마다 우두머리가 있어 세력이 강대하면 신지라 하고, …… 그 다음은 읍차라 했다. 나라에서는 철이 생산되는데 예(濊), 왜(倭) 등이 와서 사간다. 무역에서 철을 화폐로 사용한다.

① (가) – 신성지역인 소도가 존재했다.
② (가) – 삼로라 불린 우두머리가 읍락을 다스렸다.
③ (나) – 여러 가(加)들이 별도로 사출도를 주관했다.
④ (나) – 단궁, 과하마, 반어피 등의 특산물이 유명했다.
⑤ (가), (나) – 한 무제가 파견한 군대의 공격으로 멸망했다.

기출 태그 #옥저와 삼한 #민며느리제 #읍군·삼로
#마한·진한·변한 #신지·견지·읍차 #철 생산

해설
(가) 옥저: 옥저에는 여자가 어렸을 때 혼인할 남자의 집에서 생활하다가 성인이 된 후에 혼인하는 민며느리제가 있었다.
(나) 삼한: 삼한은 마한, 진한, 변한으로 구성된 연맹왕국으로 신지, 견지, 읍차와 같은 정치적 지배자가 있었다. 변한 지역은 철 생산이 매우 활발해 낙랑과 왜에 수출했으며, 철을 화폐로 사용하기도 했다.
② 옥저는 읍군이나 삼로라는 군장들이 부족을 다스렸다.

🔒 09③ 10② 01② 02④

02 다음 자료의 상황이 나타난 시기를 연표에서 옳게 고른 것은?
[2점]

> 검모잠이 남은 백성들을 거두어 신라로 향했다. 안승을 맞아들여 임금으로 삼았다. 다식(多式) 등을 신라로 보내어 고하기를, "지금 신 등이 나라의 귀족 안승을 받들어 임금으로 삼았습니다. 원컨대 변방을 지키는 울타리가 돼 영원토록 충성을 다하고자 합니다"라고 했다. 신라왕은 그들을 금마저에 정착하게 했다.

612	618	645	660	676	698
	(가)	(나)	(다)	(라)	(마)	
살수대첩	당 건국	안시성 전투	사비성 함락	기벌포 전투	발해 건국

① (가)
② (나)
③ (다)
④ (라)
⑤ (마)

기출 태그 #고구려 부흥운동 #사비성 함락 #기벌포전투
#검모잠 #안승

해설
• 사비성 함락(660): 백제는 당의 장수 소정방이 이끄는 나당연합군에 의해 수도 사비가 함락되고 의자왕과 태자 융이 당으로 송치되면서 멸망했다.
• 기벌포전투(676): 신라 문무왕은 기벌포전투에서 설인귀가 이끄는 당군에 승리하고 당의 세력을 한반도에서 몰아내면서 삼국을 통일했다.
④ 나당연합군에 의해 평양성이 함락돼 고구려가 멸망하자 검모잠, 고연무 등이 보장왕의 서자 안승을 왕으로 추대하고(670) 한성(황해도 재령)과 오골성을 근거지로 고구려 부흥운동을 전개했다. 그러나 내분으로 인해 안승이 검모잠을 죽인 뒤 고구려 유민을 이끌고 신라로 망명했다. 신라 문무왕은 당 세력을 몰아내기 위해 안승을 보덕국왕으로 임명하고 금마저에 땅을 주어 고구려 부흥운동을 지원했다(674).

03 (가) 왕에 대한 설명으로 옳은 것은? [2점]

창작뮤지컬 '삼태사, 후삼국 통일의 길을 열다'

고창전투에서 ___(가)___ 을/를 도와 견훤에 맞서 싸운 공로로 태사(太師)의 칭호를 받은 김선평 · 장길(장정필) · 권행, 그리고 후삼국 통일을 염원했던 백성들의 이야기를 한 편의 뮤지컬로 선보입니다. 많은 관람 바랍니다.

■ **일시:** 2021년 ○○월 ○○일 20:00
■ **장소:** 안동민속촌 특설무대

① 신라에 침입해 경애왕을 죽게 했다.
② 국자감에 7재라는 전문강좌를 개설했다.
③ 마진과 무태라는 연호를 사용했다.
④ 정계와 계백료서를 지어 관리의 규범을 제시했다.
⑤ 후주와 사신을 교환해 대외관계의 안정을 꾀했다.

기출태그 #고창전투 #왕건의 승리 #후삼국 통일기반
#정계 · 계백료서

해설

공산전투에서 고려에 승리한 후백제 견훤은 교통의 요충지였던 고창(안동)을 포위해 고려를 공격했다. 그러나 고창전투에서 고려 왕건이 크게 승리해 경상도 일대에서 견훤 세력을 몰아내고 후삼국 통일의 기반을 마련했다. 이때 안동 김씨의 시조 김선평, 안동 권씨의 시조 권행, 안동 장씨의 시조 장길(장정필)이 후삼국 통일에 기여한 공로를 인정받아 태사의 칭호를 받았다.
④ 고려 태조는 고려를 건국한 뒤 〈정계〉와 〈계백료서〉를 통해 관리가 지켜야 할 규범을 제시했다.

---

04 다음 대화에 나타난 사건에 대한 설명으로 옳은 것은? [2점]

① 국왕이 나주까지 피란했다.
② 초조대장경 간행의 계기가 됐다.
③ 김부식 등이 이끈 관군에 의해 진압됐다.
④ 이성계가 정권을 장악하는 결과를 가져왔다.
⑤ 여진정벌을 위한 별무반 편성에 영향을 줬다.

기출태그 #서경천도운동 #묘청 #칭제건원, 금 정벌
#김부식의 진압 #조선상고사

해설

③ 고려 인종은 문벌귀족 이자겸의 난 이후 왕권을 회복시키고자 정치개혁을 추진했다. 이 과정에서 묘청, 정지상을 중심으로 한 서경세력과 김부식을 중심으로 한 개경세력 간의 대립이 발생했다. 서경세력은 서경천도와 칭제건원, 금 정벌을 주장했는데 받아들여지지 않자 국호를 대위, 연호를 천개로 해 서경에서 반란을 일으켰으나(1135) 김부식의 관군에 의해 진압됐다. 이후 일제강점기 때 신채호는 〈조선상고사〉에서 묘청의 서경천도운동을 민족의 자주정신에 입각한 조선 1,000년 역사상 제1의 사건이라고 평가했다.

05 다음 상황 이후에 전개된 사실로 옳은 것은?

[3점]

> 선전관 이용준 등이 정여립을 토벌하기 위해 급히 전주에 내려갔다. 무리들과 함께 진안 죽도에 숨어 있던 정여립은 군관들이 체포하려 하자 자결했다.

① 이시애가 길주를 근거지로 난을 일으켰다.
② 기축옥사로 이발 등 동인세력이 제거됐다.
③ 양재역 벽서사건으로 인해 이언적 등이 화를 입었다.
④ 수양대군이 김종서 등을 살해하고 권력을 장악했다.
⑤ 이조전랑 임명을 둘러싸고 사림이 동인과 서인으로 나뉘었다.

기출 태그 #기축옥사 #정여립 토벌 #대동계 조직
#진안 죽도 #동인 탄압

해설
② 조선 선조 때 동인출신 정여립은 파직 후 고향인 전주 진안 죽도에서 고을의 여러 무사들과 공·사노비를 모아 궁술을 익히는 대동계를 조직했다. 이는 정철 등 조정의 서인세력에 의해 정여립이 역모를 꾀하기 위해 만든 조직으로 지목됐고, 이로 인해 발생한 기축옥사로 동인의 영수 이발 등을 비롯한 많은 동인들이 탄압을 받게 됐다(1589).

06 다음 글을 집필한 인물에 대한 설명으로 옳은 것은?

[2점]

> 이 비는 아무도 아는 사람이 없어 '요승 무학이 잘못 찾아 여기에 이르렀다는 비'라고 잘못 불려 왔다. …… 탁본을 한 결과 비의 형태는 황초령비와 서로 흡사했고, 제1행 진흥의 진(眞) 자는 약간 마멸됐으나 여러 차례 탁본을 해서 보니, 진(眞) 자임에 의심할 여지가 없었다. 마침내 진흥왕의 고비(古碑)로 정하고 보니, 1200년 전의 고적(古跡)임이 밝혀져 무학비라고 하는 황당무계한 설이 깨지게 됐다.
>
> – 『완당집』 –

① 담헌서를 통해 과거제 폐지를 주장했다.
② 역대 명필을 연구해 추사체를 창안했다.
③ 북학의를 저술하고 수레와 배의 이용을 권장했다.
④ 연려실기술에서 조선의 역사를 기사본말체로 서술했다.
⑤ 주역을 바탕으로 수론(數論)을 전개한 구수략을 저술했다.

기출 태그 #김정희 #조선 후기 실학자 #고증학 #금석학
#완당집 #추사체 창안

해설
조선 후기 실학자 김정희는 청의 고증학을 받아들여 금석학을 연구했다. 저서 〈완당집〉의 '예당금석과안록'에서는 북한산비를 황초령비와 대조해 당시 무학비로 잘못 알려졌던 것을 바로잡고 진흥왕순수비임을 밝혀냈다.
② 김정희는 금석학과 함께 문자의 서예적 가치를 연구했고, 왕희지, 구양순체 등 역대 고금필법을 두루 연구해 추사체를 창안했다.

🔒 03 ④ 04 ③ 05 ② 06 ②

07 (가)에 들어갈 내용으로 옳은 것은? [2점]

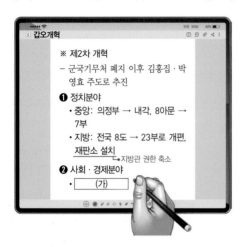

① 지계 발급
② 태양력 사용
③ 한성순보 발행
④ 공사노비법 폐지
⑤ 교육입국조서 반포

해설

군국기무처 폐지 이후 김홍집 · 박영효 연립내각에 의해 제2차 갑오개혁이 추진됐다. 이에 따라 중앙행정기구인 의정부와 8아문을 각각 내각과 7부로, 지방행정구역을 8도에서 23부로 개편했고, 재판소를 설치해 사법권을 행정권에서 분리했다.
⑤ 제2차 갑오개혁 때 교육입국조서를 반포해 근대적 교육의 기본방향을 제시했고, 이에 따라 소학교, 중학교, 한성사범학교 등을 세웠다.

08 다음 인물에 대한 설명으로 옳은 것은? [2점]

이달의 역사인물

혼이 보존되면 국가는 부활할 것이다

○○○(1859~1925)

국혼을 강조하며 민족의식을 고취한 역사학자이자 독립운동가이다. 일찍부터 민족교육의 중요성을 인식해 서우학회에서 애국계몽운동을 펼쳤으며, 국권피탈 과정을 정리한 〈한국통사〉를 저술했다. 1925년에는 대한민국 임시정부 제2대 대통령에 취임했다. 정부에서는 그의 공훈을 기리어 건국훈장 대통령장을 추서했다.

① 진단학회를 창립하고 진단학보를 발행했다.
② 여유당전서를 간행했으며 조선학운동을 전개했다.
③ 헤이그에서 열린 만국평화회의에 특사로 파견됐다.
④ 평양에서 조선물산장려회 발기인 대회를 개최했다.
⑤ 실천적인 유교정신을 강조하는 유교구신론을 저술했다.

해설

⑤ 박은식은 서우학회를 조직하고 〈유교구신론〉을 저술해 실천적인 유교정신의 회복을 강조하는 등 애국계몽운동을 전개했다. 일제강점기에는 나라가 망했지만 국혼을 유지하면 부활할 수 있음을 강조했고, 이후 중국으로 망명해 일본의 침략과정을 폭로하기 위해 〈한국통사〉를 저술했다. 대한민국 임시정부가 설립된 뒤에는 상하이에서 독립운동을 했으며, 1925년에는 분란을 야기한 이승만이 임시정부 대통령에서 탄핵되면서 박은식이 제2대 임시정부 대통령으로 선출됐다. 광복 이후 정부에서는 박은식의 공훈을 기리어 건국훈장 대통령장을 추서했다.

09 (가), (나) 발표 사이의 시기에 있었던 사실로 옳은 것은? [2점]

> (가) 우리는 다음 달에 입국할 유엔 한국임시위원단을 환영하는 동시에, 그들로 하여금 우리가 원하는 자주독립의 통일정부를 수립하는 임무를 완수하도록 최선을 다해야 할 것이다. 우리는 어떠한 경우든지 단독정부는 절대 반대할 것이다.
>
> (나) 올해 10월 19일 제주도 사건 진압 차 출동하려던 여수 제14연대 소속 3명의 장교 및 40여 명의 하사관들은 각 대대장의 결사적 제지에도 불구하고 남로당 계열 분자 지도하에 반란을 일으켰다. 동월 20일 8시 여수를 점령하는 한편, 좌익단체 및 학생들을 인민군으로 편성해 동일 8시 순천을 점령했다.

① 제1차 미·소 공동위원회가 결렬됐다.
② 모스크바 삼국외상회의가 개최됐다.
③ 좌우합작위원회에서 좌우합작 7원칙이 발표됐다.
④ 유상매수, 유상분배원칙의 농지개혁법이 시행됐다.
⑤ 우리나라 최초의 보통선거인 5·10 총선거가 실시됐다.

기출 태그 #대한민국 정부수립 #한반도 총선서 실시 #10·19사건 #5·10 총선거 #유엔

해설
(가) 유엔 한국임시위원단 파견(1947): 유엔총회는 한반도에서 인구비례에 따른 총선거 실시와 유엔 한국임시위원단 파견을 결의했다. 그러나 소련이 유엔 한국임시위원단 입북을 거부하면서 유엔총회가 결의한 한반도 전체 선거는 무산됐다.
(나) 여수·순천 10·19사건(1948): 전남 여수에 주둔하던 국방경비대 제14연대 소속의 일부 군인들이 남한 단독정부수립에 반대해 일어난 제주 4·3사건 진압을 거부하며 여수와 순천지역 일대를 장악했다.
⑤ 유엔 한국임시위원단의 입북이 거부당하자 유엔총회는 가능한 지역에서만 선거를 실시하고 임시위원단이 선거를 감시하라는 결정을 내렸다. 이에 따라 남한에서만 우리나라 최초의 보통선거인 5·10 총선거가 실시됐다(1948).

10 교사의 질문에 대한 학생의 답변으로 옳은 것을 〈보기〉에서 고른 것은? [2점]

> 이것은 국군과 유엔군이 인천상륙작전 이후 10여 일 만에 서울을 수복한 사실을 알리는 전단지입니다. 뒷면에는 맥아더 장군이 서울을 탈환해 적의 보급선을 끊었으며, 앞으로 힘을 합쳐 공산군을 끝까지 몰아내자는 내용이 있습니다. 이 서울 수복 이후에 있었던 사실을 말해 볼까요?

◆ 보기 ◆
ㄱ. 애치슨 선언이 발표됐어요.
ㄴ. 흥남철수작전이 전개됐어요.
ㄷ. 소련의 제안으로 정전회담이 개최됐어요.
ㄹ. 국군이 다부동 전투에서 북한군의 공세를 방어했어요.

① ㄱ, ㄴ   ② ㄱ, ㄷ   ③ ㄴ, ㄷ
④ ㄴ, ㄹ   ⑤ ㄷ, ㄹ

기출 태그 #6·25 전쟁 #인천상륙작전 #서울 수복 #흥남철수작전 #소련의 정전회담 제의

해설
ㄴ·ㄷ. 국군과 유엔군은 인천상륙작전 성공으로 서울을 수복하고 (1950.9.) 압록강까지 진격했다. 그러나 중국군의 개입으로 전세가 불리해지자 국군과 유엔군이 후퇴하는 과정에서 함경남도 흥남항구에 고립됐고, 흥남철수작전을 전개해 수많은 피란민을 구출했다(1950.12.). 이후 전쟁이 1년여 간 지속되자 소련 측의 제의로 개성에서 정전회담이 시작됐다(1951.7.).

🔒 07 ⑤   08 ⑤   09 ⑤   10 ③

발췌 ▶ 2021 한국사능력검정시험 기출이 답이다 심화(1·2·3급)·기본(4·5·6급)

면접위원이 찾고 싶은
고객만족이란?

면접현장에서 가장 빈번하게 나오는 질문 중 하나가 '고객만족'입니다. 대부분의 기업에서는 고객을 만족시키려는 지원자의 자세나 마인드를 알아보기 위한 질문을 많이 합니다. 물론 고객을 잘 응대하기 위해서는 적잖은 노력이 필요하겠지만, 면접위원의 입장에서 가장 듣고 싶은 것은 고객을 만족시킨 경험에 대한 것일 겁니다. 이번 칼럼에서는 몇 가지 예시질문을 통해 고객만족이란 무엇인지 알아보고 면접 전에 알아두면 좋은 사항에 대해 이야기해보겠습니다.

고객만족이란 일반적으로 '대인관계능력'의 하위영역인 '고객서비스능력'이라고 할 수 있습니다. 여기서 '고객서비스'의 의미를 정리하면 다음과 같습니다.

> 고객서비스란 다양한 고객의 요구를 파악하고 대응법을 마련하여 양질의 서비스를 제공하는 것을 의미한다. 고객서비스에서 직원의 고객에 대한 태도는 매우 중요한 요소를 차지하며, 대부분의 고객들은 품질에 대한 만족감과 동시에 직원의 친절함 및 인상 등에 대한 평가를 많이 한다.

비록 짧은 내용이지만 고객서비스에 관한 여러 핵심적인 내용이 담겨 있습니다. 위의 내용을 중심으로 '고객만족'에 대해 살펴보겠습니다. 가장 먼저 눈여겨봐야 할 것은 '양질의 서비스'라는 문구입니다. 이와 연계된 간단한 질문을 예시로 들어보겠습니다.

> **Q. 우리 기업에 있어서 고객에 대한 '양질의 서비스' 중 가장 중요한 것이 무엇이라고 생각합니까?**

위 질문에 간단히 단답형으로 답변하기는 어려울 것입니다. 그리고 각 기업이나 기관마다 답변에서 요구하는 사항이 있기 때문에 그 대답은 다를 수 있습니다. 여기서는 지면관계상 두 가지 유형으로 나누어 생각해보고자 합니다. 하나는 B2B(Business to Business)기업인 경우, 다른 하나는 B2C(Business to Consumer)기업인 경우입니다. B2B기업은 기업 대 기업의 비즈니스 유형이므로 '고객에 대한 양질의 서비스'를 기업고객 대상으로 답변해야 합니다.

> **지원자 A**
>
> 저는 기업고객에게 최상의 양질의 서비스를 제공할 때 고객이 원하는 핵심적인 서비스가 무엇인지 파악하고, 고객의 니즈를 충족시키는 것이 가장 중요하다고 생각합니다. 이에 따라 현재 ○○ 기업이 가지고 있는 ○○ 서비스를 중점으로 … (이하 생략).

지원자A의 답변에서 가장 핵심은 B2B기업에서 '기업고객'이라는 전제조건을 제시하고, 그에 따라 기업고객의 니즈에 맞는 서비스를 제공해야 한다는 내용입니다. 마지막 부분을 생략한 이유는 지원기업을 분석한 내용을 바탕으로 그에 해당하는 내용을 첨가해야 하기 때문입니다. 비슷한 예시로 B2C기업에 지원한 경우 역시, 이와 같은 취지로 답변하면 될 것입니다.

먼저 우리가 가장 타겟팅 해야 할 고객층은 우리 기관을 방문하는 청소년 민원고객이라고 생각합니다. 따라서 민원고객에게 최상의 서비스를 제공하기 위해서는 고객들이 우리의 서비스를 쉽게 파악할 수 있는 여러 가지 효율적인 플랫폼을 확보하고, 온라인·오프라인 소통을 원활하게 할 수 있도록 고객지원서비스를 강조해야 한다고 생각합니다. 이를 구체적으로 말한다면 … (이하 생략).

지원자B의 답변도 지원자A의 답변과 별반 다르지 않습니다. 하지만 B2B기업과 B2C기업의 가장 큰 차이는 B2B기업에 있어서의 고객은 이미 거래하고 있는 거래선인 경우가 많지만, B2C기업에 있어서 고객은 불특정 다수의 개인고객이라는 점입니다. 따라서 지원하는 기업이 핵심적으로 집중하고 있는 세부 고객층을 제시하고, 그 고객층과 관련된 내용으로 답변하는 것이 중요합니다.

이러한 점을 고려할 때 앞서 제시된 질문에 대한 답변을 잘 하기 위해 선행돼야 할 것은 지원하는 기업이나 기관을 잘 분석하는 것입니다. 고객의 유형은 어떠한지, 고객에게 제공하는 서비스는 어떤 방식으로 전개되고 있는지, 또 현재 동종업계의 분위기나 상황은 어떠한지 등을 미리 파악해 답변에 녹여내는 것이 중요합니다. 특히 상품이나 서비스를 제공하는 기업 또는 기관일 경우 주요 핵심 상품이나 서비스는 미리 면밀하게 파악하는 것이 중요합니다. 엄밀히 말하면 고객에게 양질의 서비스를 제공한다는 것은 기업의 입장에서 고객이 원하는 서비스(제품)를 제공(또는 판매)하여 기업의 매출을 높이는 것이 목적이기 때문입니다. 즉 답변의 변별력을 높이기 위해서는 지원기업이 속한 업계의 동향 등을 최근 신문기사의 헤드라인 등을 통해 미리 파악해 두는 것이 유리하리라 생각됩니다.

다음은 '고객의 요구 파악'에 관련한 질문입니다. 무척 광범위한 주제이기는 하지만 범위를 줄여서 '민원고객'의 범위로 한정하도록 하겠습니다.

Q. 귀하는 민원고객을 담당하고 있습니다. 만약 방문하신 고객이 일정 정도를 넘는 사항을 요구한다면 어떻게 행동하시겠습니까?

위 질문을 살펴보면 기본적으로 '딜레마' 상황입니다. 어느 특정한 고객의 정도가 넘는 요구를 모두 들어주기엔 시간이나 자원이 부족할 것이고, 그렇다고 무조건 외면하기에는 기업(또는 기관)의 평판에 심각한 영향이 있을 수도 있습니다. 따라서 위와 같은 질문에 답할 경우에는 행동의 기준을 명확하게 제시하고, 그 기준에 맞는 경우와 맞지 않는 경우를 나눠서 제시해야 합니다. 즉 무조건적인 협력적 대응이나 무조건적인 회피적 대응은 피해야 합니다. 정도의 차이는 있겠으나 적절한 답변을 생각해 본다면 아래와 같습니다.

사실 이전 직장에서도 유사한 경험이 있었습니다. 물론 담당자로서 고객이 요구조건을 최대한 만족시키는 것이 가장 좋겠지만 업무수행의 관점에서 범위를 벗어나거나 고객의 요구조건이 너무 어긋난 경우에는 고객에게 양해를 구하고 요청사항을 모두 들어드리는 것이 어렵다는 것을 설득해야 할 것입니다. 고객의 요청 중 즉시 해결할 수 있는 문제는 당연히 바로 해결해야겠지만 한 분의 고객에 대한 응대로 다른 고객들에게 서비스를 제공하는 것에 나쁜 영향을 미친다면 그것 역시 피해야 하기 때문입니다. (이하 생략)

앞서 말했지만, 정도에 벗어난 고객의 모든 조건을 무조건적으로 들어주어야 한다는 입장은 피하는 것이 좋습니다. 왜냐하면 모든 기업(또는 기관)에서는 업무의 효율성과 성과가 중요하기 때문입니다. 따라서 민원담당자로서 할 수 있는 범위 또는 기준을 명확하게 제시하여 면접위원의 의도에 부합하는 답변을 하는 것이 중요합니다. 만약 지원하는 기업과 유사한 업종 또는 직무에 근무한 경험이 있다면 경험 기반의 답변을 하는 것을 권장합니다. 그 이유는 이와 같은 질문에 대한 모범답안은 사실 없기 때문입니다. 따라서 본인이 겪은 경험을 중심으로 합리적인 판단을 제시하는 것이 면접위원들에게 더욱 설득력을 높일 수 있는 방법이 될 것입니다.

> **Q. 고객의 니즈를 파악하기 위해 귀하만의 좋은 방법이 있다면 말씀해 주십시오.**

위와 같은 질문 역시 고객서비스와 관련하여 자주 나오는 질문입니다. 물론 각 기업이나 기관마다 요구하는 고객의 니즈가 다르겠지만, 이를 파악하기 위해서는 의외로 평상시의 사소한 노력이 쌓여서 능력으로 발휘되는 경우가 많습니다. 예를 들어 민원 고객이 있다고 가정할 때, 모든 서비스를 마친 뒤 불편한 점은 없는지에 대해 형식적으로 질문하는 것이 아니라 진지하게 파악하고 메모를 한다면, 나중에 그러한 자료들이 쌓여서 고객의 니즈를 파악하는 데 큰 도움이 될 것입니다. 또는 꼭 100% 일치하는 것은 아니더라도 현재 기업이나 기관이 추구하는 서비스와 관련한 고객설문조사 등을 미리 파악하여 준비하는 것도 좋은 방법일 것입니다. 즉, 어느 특정한 방법이 있는 것은 아니지만 다양한 방법을 평소에 생각해 두고 답변하는 것이 중요합니다.

> **지원자 D**
>
> 질문과 관련해 예전에 제가 ○○ 아르바이트를 했을 때의 경험을 말씀드리겠습니다. 저는 ○○ 서빙업무를 했었는데 나가시는 모든 고객에게 이용 시 불편한 점을 포함해 몇 가지 질문을 간단히 드렸고, 답변을 꼼꼼하게 정리해 다음 고객응대에 활용했습니다. 비록

> 큰 일은 아니었지만 이를 통해 상사들이나 동료들에게 좋은 평판을 얻기도 했습니다. 이와 같이 업무를 하면서 틈틈이 의식적으로 고객의 불편한 점이 무엇일까 여쭤보며 파악하고, 이를 자료로 정리하여 활용하는 것이 좋은 방법이라 생각합니다.

답변의 핵심내용은 무척 일반적일수도 있지만 지원자D의 경우 본인의 구체적인 경험을 근거로 이야기한 것이기 때문에 면접위원에게 상당히 좋은 인식을 주었으리라 예상됩니다. 고객서비스라는 개념은 대부분의 기업이나 기관에서 요구하는 하나의 공통적인 목표이자 성과이기 때문에 자신이 겪은 아르바이트 경험 등을 토대로 답변을 구성한다면 무척 좋은 답변이 될거라 생각합니다.

이제 조금 다른 관점에서 '직원의 고객에 대한 태도'에 대한 주제로 살펴보겠습니다. 이러한 질문도 상당히 넓은 범위에 속하겠지만, 여기서는 범위를 좁혀서 '직업윤리' 관점에서 생각해 보겠습니다.

> **Q. 귀하는 우리 기업의 직원으로서 고객에 대하여 가장 필요한 태도는 무엇이라고 생각합니까?**

고객에 대하여 가장 필요한 태도는 곧 직무에 대한 직업인의 태도에 해당합니다. 즉, 위의 질문은 직무에 대한 소명의식과 직업의식을 묻는 것이라 볼 수 있습니다. 맥락상 내부고객이 아닌 외부고객에 대하여 필요한 태도를 물어보았으므로 외부고객을 응대할 때 필요한 태도를 명확하게 제시해야 합니다. 이때 단순히 '성실히 하겠다', '최선을 다하겠다'는 표현처럼 추상적이거나 일반적인 답변은 지양해야 합니다. 그보다는 직무기술서를 파악하고 직무기술서에 적힌 '지식', '기술', '태도'에 기반하여 답변하는 것이 바람직합니다.

지원자 E

저는 항상 고객을 위하는 책임정신과 성실성으로 고객의 니즈를 파악하고, 공명정대하게 직무를 수행하는 태도가 가장 중요하다고 생각합니다.

지원자 F

제가 지원한 직무는 시설관리직무인데, 이 시설을 이용하는 고객들이 불편함을 느끼지 않도록 매일 기기를 점검하는 꼼꼼함과 유사시에 적절하게 대처할 수 있는 위기대응능력이 필요하리라 생각합니다. 또한 시설과 관련하여 문의하는 고객의 응대 또한 무척 중요하기 때문에 고객에게 열린 소통의 태도를 가지는 것이 중요하다고 생각됩니다.

두 지원자의 답변에서 차이점이 단지 답변의 양만은 아닐 것이라 생각됩니다. 지원자E의 경우에는 일반적인 관점에서 직원의 태도를 말한 것입니다. 엄격히 말하면 모든 직종과 기업에 해당하는 답변이므로 면접위원의 관점에서는 특별한 감흥을 주지 못할 것입니다. 반면 지원자F는 '시설관리'라는 구체적인 직무와 해당 직무기술서에 나와 있는 내용을 바탕으로 자신의 의견을 개진했습니다. 따라서 지원자E 보다는 지원자F의 답변이 직업의식 또는 소명의식이 한층 더 살 느러났다고 할 수 있습니다. 마지막으로 고객을 응대함에 있어 친절함 또는 친절한 인상에 대한 질문을 살펴보겠습니다.

> **Q. 한 번 방문한 고객이 다시 재방문할 수 있도록 이에 대한 좋은 의견이나 아이디어가 있다면 말씀해 주십시오.**

위 질문을 '고객응대'의 관점에서 생각해보면 고객에게 직원의 친절한 태도를 강조하는 답변이 타당하리라 생각합니다. 물론 이와 같은 질문은 B2B기업보다는 B2C기업에 더 많이 나오는 질문이기도 합니다. 간단한 예시답변을 제시하면 아래와 같습니다.

지원자 G

한 번 방문한 고객이 다시 방문하기 위해서는 고객의 입장에서 우리 기업이 편안하게 느껴져야 합니다. 사무적인 태도를 지양하고 고객에게 마음으로 드러나는 친절한 태도를 보여야 합니다. 이를 통해 고객의 재방문을 유도할 수 있으리라 생각합니다. (이하 생략)

지면관계상 앞부분만 적었지만 생략된 부분에 지원자 자신이 직접 행하였던 친절한 사례를 제시한다면 더욱 좋을 것입니다. 또는 반대로 예전에 지원기업을 방문했는데 직원의 친절한 태도로 다시 방문하게 된 경험을 소개하는 것도 면접위원의 공감대를 형성할 좋은 답변의 내용이라 생각됩니다.

지금까지 '고객만족'이란 주제로 흔하게 나올 수 있는 면접질문의 몇 가지 예시를 살펴보았습니다. 앞에서도 강조했지만, 일반적이고 추상적인 답변보다는 구체적인 답변이나 경험 및 사례제시가 포함되면 더욱 좋을 것 같습니다. 특히 NCS기반의 채용이 진행되는 대부분의 공공기관(공기업)의 경우 면접을 실시하기 전 반드시 지원직무에 대한 NCS 직무기술서를 제시하고 있습니다. 따라서 미리 제시된 직무기술서를 면밀하게 분석하고 판단하여 자신의 경험이나 사례를 연결하여 질문에 답변하는 자세가 가장 필요하리라 생각됩니다. 시대

필자 소개

안쌤(안성수)
채용컨설팅 및 취업 관련 콘텐츠/과제 개발
NCS 채용 컨설팅, NCS 퍼실리테이터
취업 · 채용 관련 강의, 코칭, 경력 및 직업상담
공공기업 외부면접관/면접관 교육 등
취업/채용 관련 칼럼니스트, 자유기고가
[저서] 〈NCS와 창의적 사고기법으로 접근하기〉 外

수능 킬러문항 배제는
적절한가?

"발표 시기로 혼란" vs "공교육 확립"

교과과정 밖에서 대학수학능력시험(수능) 문제를 출제해 수험생이 어려움을 느낀다면 그것은 공정한 시험이라고 할 수 없습니다. 정부의 킬러문항 배제 결정은 이와 같은 배경에서 이뤄졌는데, 마땅한 처사임에도 불구하고 일부 관계자들은 정부의 결정에 우려를 표하고 있습니다.

입시의 출제경향이 바뀌면 학생들도 그에 대응해야 하는데, 현재 수능까지 남은 시간이 넉넉하지 않아 학생들이 혼란을 느끼기 때문입니다. 난도가 낮아지더라도 변화방향을 예측하기가 쉽지 않습니다. 또한 준킬러문항으로 변별력을 확보하겠다는 방침에 상위권부터 중하위권 학생들이 체감하는 부분도 차이가 있습니다. 변별력 상승을 목적으로 킬러문항이

등장해 사교육의 입지를 강화했는데, 이를 배제하는 결정으로 인해 되레 변별력 하락을 걱정해야 하는 상황입니다.

찬성과 반대에 따라 논조가 다를 수 있으나 사교육과 킬러문항의 관계, 공교육 확립의 필요성 등은 다뤄볼 필요가 있습니다. 두 가지 방향으로 사례를 살펴보겠습니다.

예시 답안 1

입시생의 혼돈이 불가피한 결정은 지양하거나 최대한 신중히 진행해야 한다. 학생들에게 더 나은 입시제도를 제공하려는 의도와 달리 혼란과 동요를 야기할 수 있기 때문이다. 킬러문항 배제 결정은 교과과정 내용만으로 문제풀이가 가능하도록 경계를 바로잡은 점에서 개선의 의미가 있다. 다만 이번 정부의 발표에서 아쉬운 부분은 킬러문항 배제 결정을 발표한 시기다. 수능시험을 불과 5개월 앞두고 난도를 조절하겠다는 정부의 결정이 학생들의 입장에서는 마냥 반가울 순 없다. 목표 성적을 이루기 위한 전략에는 적지 않은 변화가 필요한데, 이에 대응할 시간이 충분하지 않은 까닭이다. 대개 본격적인 수능준비에 1년을 할애하는 경향을 고려하면, 5개월이라는 기간은 결코 넉넉하지 않다. 게다가 킬러문항에서 득점하고자 과거 수능문제를 토대로 각고의 노력을 기울인 학생들에게는 이러한 결정이 허탈한 소식일 수 있다. 사교육과 얽혀 공정성을 잃은 채 존속해 온 킬러문항을 풀어내고자 묵묵히 준비에 임한 학생들에게 책임은 없다. 그러나 배제 결정의 시점이 준비 초반에 맞물려 있었다면, 불공정에 편승하지 않고 공교육 범위에서 효율적으로 학습할 수 있었을 것이다.

학생들은 엄연히 입시제도에 수긍해야 하는 약자라 선택권이 없다. 그런 상황에서 상위권 학생들에게 킬러문항은 목표달성을 위해 무척 중요한 부분이었다. 만약 정부가 한 해 입시를 큰 틀에서 미리 발표했더라면 상위권 학생들은 앞서 사교육에 의존해 킬러문항에서 득점하기 위해 노력한 시간을 더욱 알차게 활용했을 수 있다. 또, 이번처럼 때늦은 발표로 영향을 받는 대상은 상위권 학생으로 국한되지 않는다. 그동안 중하위권 학생들은 킬러문항의 난도에 도전하는 대신 운에 맡기는 방식으로 대응해왔다. 하지만 이번 결정으로 교과과정 내에서 출제될 것으로 예측되는 준킬러문항은 중하위권 학생들도 쉽게 포기할 수준은 아니다. 입시준비에 임하는 눈높이가 달라지면 전략도 바뀐다. 5개월을 남긴 시점에서 준킬러문항을 풀어내기 위한 중하위권의 노력은 아쉬움이 남을 공산이 크다. 충분히 공략 가능한 문제였다는 사실을 뒤늦게 알고 후회하는 학생이 증가하면, 차년도 수능에 재도전하는 인원이 늘어 사교육 시장만 풍년을 맞이할 수 있다. 이처럼 혼란은 상하위권 학생을 가리지 않는다. 초반부터 준킬러문항으로 전환하는 사실을 공고했어야 했다.

킬러문항 배제는 적용시기로 인한 혼란이 문제일 뿐 사교육으로부터 공교육의 입지를 되찾는 데는 확실한 역할을 기대할 수 있는 결정이다. 킬러문항과 같이 교과범위 밖의 내용에서 출제 문제를 예측해야 하는 상황에서는 사교육의 필요성이 절대적이다. 불확실성을 최소화하려는 욕구가 입시학원으로의 쏠림 현상을 조래했다. 그러나 이번 수능부터는 킬러문항이 사라지기 때문에 그간 유지돼 온 사교육의 절대성은 과거와 다른 양상을 보일 것이다.

이때 준킬러문항의 변별력 확보 여부가 관건이다. 사교육의 의존도를 낮출 수 있어야 입시 공정성의 기틀을 세울 수 있다. 변별력 저하는 사교육의 입지를 축소할 여지를 남기지만, 학생들의 노력에 대한 보상이 지나치게 희석되는 경향을 보인다. 소수점의 차이로 등급이 나뉘며 결과의 공정성이 문제로 떠오를 수 있다. 물수능보다 차라리 편차가 상대적으로 큰 불수능을 반기는 이유다. 준킬러문항은 변별력 저하에 대한 우려가 크다. 그러나 교과범위를 벗어난 방법으로 변별력을 확보한 기존 방식은 올바르지 않으

므로 설령 킬러문항 배제로 변별력이 하락해도 비난할 여지는 없다. 조절이 필요할 따름이다. 준킬러문항은 사교육의 전환점이다. 사교육 시장은 나날이 성장하고 있는데, 속사정을 들춰보면 마냥 반길 수 없다. 킬러문항이 조성한 시장과열 현상이기 때문이다. 입시를 5개월 앞둔 시점에서 출제 당국이 전환을 이뤄낼 수 있도록 더욱 세심한 노력을 기울여야 한다.

답안 분석

킬러문항 배제 결정의 시기를 문제로 지목했습니다. 혼란 초래가 불가피한 결정이라 비판 논조로 접근한다면, 시기는 거론할 만한 사항에 해당합니다. 5개월 남짓 남은 시점과 연결해 킬러문항과 준킬러문항을 다뤄야 하는 학생들의 입장차이도 추가로 언급했습니다. 공교육 범위를 벗어난 문항을 제외해 난도가 낮아질 것이 분명하지만, 목표에 따라 학생들의 준비 수준과 전략이 다른 까닭에 단순하게 바라볼 내용만은 아닙니다. 이러한 부분이 드러나도록 상위권과 중하위권으로 입장을 나눠 혼란의 양상을 한층 세밀하게 다뤘습니다.

첫 단락과 두 번째 단락에서는 결정 시기의 아쉬움을 비판했으나 전체적인 논조로는 찬성하고 있습니다. 변별력 저하에 대한 우려가 나오는 이유는 준킬러문항으로 해소할 방침이나 아직 그에 대한 구체적인 윤곽이 나타나지 않았기 때문입니다. 이는 비판의 틈새에 해당합니다. 변별력 상승은 입시에 중요한 요소입니다. 하지만, 과도하게 상승할 경우에는 사교육만 득세하는 결과를 초래합니다. 이에 킬러문항 배제를 계기로 출제당국이 사교육의 전환이자 공교육의 확립을 이뤄내는 데 앞장설 것을 당부하는 내용으로 마무리했습니다.

과도한 사교육 비용이 가계경제 부담을 가중시키나 자녀의 명문대 입학을 위한 필수 지출품목에서 빠지지 않고 있다. 부모의 주머니가 급속도로 헐거워지는 것도 안타깝지만, 더욱 우려스러운 점은 사교육 열풍이 입시의 공정성을 근본부터 훼손한다는 점이다.

불황에도 흔들림 없는 사교육 시장을 지탱하는 힘은 경쟁자들과 동일한 선상에서 입시를 준비하는 불안감이다. 킬러문항을 풀어내야 고득점이 가능한데, 공교육 수준으로는 문제에 접근하는 요령조차 익히기 어렵다. 그러니 사교육에 의존할 수밖에 없고, 일타 강사의 강의를 듣지 않고는 불안감에 온전히 입시준비에 임할 수 없는 현상이 오늘까지 이르렀다. 그러나 경제적 수준에 따라 입시의 당락이 달라지는 판도는 입시의 목적에 맞지 않는다. 이를 개선하지 않는다면, 자녀가 입시를 마칠 때까지 벌어지는 악순환을 결코 끊을 수 없다. 킬러문항 배제는 사교육이 입시 결과에 미치는 불공정한 영향력을 차단하겠다는 조치다. 공교육을 보완하는 역할로 사교육을 한정해야 경쟁을 전제한 입시에서 공정성을 보장할 수 있다. 사교육이 공교육을 대체하고 있는 현 국면을 전환하는 데 강의를 들어야 풀 수 있는 난도가 높은 킬러문항 배제는 적절한 결정이다.

일각에서는 공교육을 바로세우기 위한 킬러문항 배제를 교육 전반의 문제와 결부해 비관적으로 바라보는 시선도 있다. 대학 서열화 해소부터 문제풀이 능력 개발의 우선시까지 거론하며 킬러문항 배제의 의도를 곡해하거나 잘못된 최종 해법인 마냥 다룬다. 그러나 이는 사교육으로 기울어진 입시구조를 바로잡으려는 상식적인 접근방법일 뿐 한국 공교육의 병폐를 일거에 해결하는 궁극의 수단이 아니다. 공교육에서 배운 내용만으로 입시에 임하는 것에 대한 불안감을 불식하는 게 최우선이다.

제한시간 내 다수의 문제를 풀어야 하는 대입시험은 익숙한 지문이나 이전에 풀어본 유형과 유사한 문제가 등장했을 때 이를 미리 접한 수험생이 시간관리에 유리하다. 공교육 과정에 따라 착실히 준비한 학생이 익숙함과 유사함으로 이득을 보는 것은 정당하지만, 공교육에서 배울 수 없던 부문에서 일부 학생이 그러한 이점을 누리는 경우는 공정하다고 할 수 없다. 사교육 시장에서 킬러문항이 그 역할을 맡아온 셈이다. 2020년 수능 국어영역에 등장한 바젤협약[1], BIS 비율[2] 등이 대표적 사례다. 사교육 강의를 들은 학생은 해당 용어가 생소하지 않아 지문을 읽는 게 수월했을 것이다. 한 문제가 아쉬운 상황에서 킬러문항에 배당한 3점은 매우 크다. 이러한 문항이 사교육을 통해 예상문제를 미리 접해봐야 한다는 인식을 심어준다. 입시학원은 익숙함과 유사함을 교육이라는 숭고한 가치에 담아 불안감을 덜어내는 용도로 학생과 부모에게 판매한 것에 지나지 않는다.

비록 킬러문항에 얽힌 카르텔로 사교육이 얼룩지긴 했지만, 사교육의 순기능도 명백히 존재한다. 공교육으로는 학생 개개인의 학습이해도를 전적으로 책임질 수 없기 때문에 개인 차원의 보완 수단으로서 사교육은 활용도가 높다. 하지만 킬러문항에 대한 해법의 도구로 사교육이 군림하지 않아야 공교육 중심의 구조를 확립할 수 있고, 그 구조 내에서 사교육이 적절한 위치를 차지할 수 있다.

킬러문항 도입 취지는 변별력 확보였다. 이를 배제하는 결정이 점수 편차가 작은 물수능을 의미하는가를 놓고 설왕설래하고 있다. 정부는 준킬러문항을 마련하겠다는 결정을 내놓았는데, 충분히 가능한 방식이다. 문제풀이 기술을 익히는 대신 개념을 스스로 생각해보도록 유도하는 게 공교육의 취지에 가깝다. 공교육에서 배운 개념을 응용하는 문제로 공정성에 부합하는 준킬러문항을 만들 수 있다. 물론 출제자조차 변별력 조절이 쉽지는 않다. 이를 확실히 다루고자 여태껏 범위 밖에서 문제를 만들었고, 그렇게 킬러문항이 탄생했다. 변별력을 확보하기 위해 보다 확실한 방법을 찾다가 공교육 범위를 뛰어넘었고, 결국 사교육 시장의 비대를 초래했다. 하지만 이번 결정으로 출제자들은 더욱 고심해 준킬러문항을 만들어야 하는 상황이다. 그들은 공교육 확립에 대한 책임감으로 출제에 임해야 할 것이다.

한 해 사교육 시장에 지출하는 규모가 26조원에 이른다. 심지어 매해 꾸준히 증가하고 있다. 부모의 소득규모와 비례해 사교육 지출규모도 증가하는데, 상하위 계층 간 지출규모 차이가 3배를 웃돈다. 킬러문

항과 같이 사교육에 의존해야 하는 상황이 유지되는 한 부모의 소득규모가 자녀의 교육기회 여부를 결정할 수밖에 없다. 신속한 킬러문항 배제로 불안감이 사교육 비용을 늘리는 구조를 혁파하는 것은 옳다.

❶ 바젤협약 : 국제결제은행(BIS) 산하의 바젤은행감독위원회(BCBS)가 제안한 은행의 규제와 관련된 권고안으로 바젤 I, 바젤 II, 바젤 III으로 구성되어있다.

❷ BIS 자기자본비율 : BIS가 정한 은행의 위험자산(부실채권) 대비 자기자본비율로 건전성과 안정성에 대한 국제적 기준을 말한다. BIS 비율을 높이기 위해서는 위험자산을 줄이거나 자기자본을 늘려야 하는데, 위험자산을 갑자기 줄이는 것은 불가능에 가까운 일이므로 자기자본을 늘려 BIS 비율을 맞추는 것이 일반적이다.

답안 분석

킬러문항 배제의 타당성을 강조하는 내용인데, 사교육 비용 과다와 공정성 훼손을 주요 근거로 제시했습니다. 킬러문항의 난도가 공교육 범위를 벗어난 건 문제를 풀어보면 누구나 알 수 있습니다. 심지어 입시관계자들도 그에 대해 인정했기 때문에 이를 바로잡아야 한다는 취지의 주장은 상식적입니다.

그동안 킬러문항의 역할은 변별력 확보였습니다. 물수능보다 불수능이 편차를 형성하는 데 유리했기 때문에 출제당국은 줄곧 소수의 문제로 변별력을 확보

하는 방법을 사용했습니다. 하지만 이는 입시를 앞둔 학생뿐만 아니라 출제당국에도 부담으로 작용해왔습니다. 사교육 의존도를 높이는 주범이 킬러문항이었기 때문입니다.

킬러문항 배제를 통한 난도조절은 공교육 확립을 위해 필요한 결정입니다. 부차적으로 문제를 초래할 수 있는 부분은 킬러문항을 대체할 준킬러문항의 난도입니다. 위 예시에서는 개념 이해와 사고력을 요구하는 문제출제 방식을 제안했습니다. 다소 모호한 주장이지만, 교과과정 내에서 출제하는 것으로 대안을 제시한 내용이라 부적절하지 않습니다. 사교육 지출규모 증가세는 심각성을 나타내는 용도로 활용했습니다. 시대

자기소개서 작성 팁을 유튜브로 만나자!

필자 소개

정승재(peoy19@gmail.com)
홈페이지 오로지첨삭(www.오로지첨삭.한국)
오로지면접(fabinterview.com)
유튜브 채널 : 오로지첨삭
저서 <합격하는 편입자소서 & 학업계획서>
<합격하는 취업, 자소서로 스펙 뛰어넘기>

SD에듀
직업 상담소

행정사에 대한 이모저모!

Q1 행정사는 어떤 업무를 수행하나요?

행정사 업무는 크게 인가·허가, 등록증 등과 관련해 행정기관에 신고나 신청을 대리하는 업무와 출입국민원 대행기관으로서 출입국 업무 및 외국인 비자와 관련된 업무 두 가지를 말씀드릴 수 있을 것 같아요. 특히 출입국민원 대행기관 업무는 변호사와 일반행정사만 할 수 있습니다.

Q2 '고소득 전문자격증' 사실인가요?

사무실을 개업하는 경우 인허가 업무규모가 크면 한 건에 억단위 이상도 수임할 수 있고, 또 개업한 지 2년차가 되어 안정적인 분들은 월 1,000만원 정도는 수임하고 계세요. 그런데 행정사는 업무영역이 굉장히 넓고 본인만의 차별화되는 경쟁력이 달라서 업무역량에 따라 소득편차가 심한 편이예요. 그래서 스스로 업무영역을 개척해야 하고, 개인별 영업능력도 중요하게 작용한다고 말씀드릴 수 있습니다.

Q3 행정사 전망이 어떻나요?

현대국가에서는 행정부의 기능이 점점 강화되면서 행정국가화 현상이 심화하고 있고, 이에 따라 전문가인 행정사의 필요성도 증대되고 있습니다. 특히 저출산 문제와 노동력, 그리고 인구의 필요성으로 인해서 외국인 인력이 점점 필요해지고 있잖아요. 그에 맞춰서 출입국민원 대행기관으로서의 행정사의 역할도 점점 중요해지고 있습니다.

Q4 행정사 1·2차 시험 대비법이 있다면?

1차는 행정학개론, 행정법, 민법총칙 세 과목이 다 객관식으로 나와요. 특히 시험회차가 10회가 넘어가기 때문에 기출문제를 꼭 풀어보는 것이 중요합니다. 그래서 우선 기본이론을 빠르게 학습한 다음 기출문제 위주로 회독 수를 늘리고, 모르는 단원이 나오면 다시 기본서를 공부하는 방식으로 준비하는 게 가장 좋습니다.

2차는 전부 법 과목으로 구성돼 있는데, 다른 자격시험과 다르게 시험장에 들어갈 때 법전이 제공되지 않기 때문에 법전 없이 출제된 조문에 대한 내용을 작성할 수 있어야 해요. 그래서 기본적으로 정확하게 법조문 위주로 암기를 해야 하고, 과목의 특성과 문제에 맞게 답안지를 작성하면 됩니다.

Q5 행정사 시험, 독학할 수 있나요?

가능은 하지만 내용이 방대하고, 학습난이도가 높아서 독학보다는 인강이나 전문교재를 통해 좀 더 효율적인 방법으로 수험기간을 단축하는 것을 추천합니다.

2023년 제11회 행정사 시험일정

구분	원서접수	시험	합격발표
1차	4. 24(월) ~ 4. 28(금)	6. 3(토)	7. 5(수)
2차	7. 31(월) ~ 8. 4(금)	10. 7(토)	12. 6(수) ~ 24. 2. 3(토)

Q6 수험생들에게 격려의 한마디!

행정사를 준비하는 수험생분들 모두 각자 여러 가지 이유를 가지고 시험을 준비하고 계실 거예요. 그런데 모두의 목표는 단 하나, 행정사 자격시험의 합격이죠. 행정사를 포함한 전문자격 시험들은 보통 10회 기준으로 어려워지고 있는데, 그에 따라 경쟁률도 점점 심화하고 있어요. 그래서 지금이라도 바로 준비하시는 게 가장 빨리 합격할 수 있는 길이라고 말씀드릴 수 있습니다. 수험생분들도 행정사 시험에 꼭 합격해서 원하는 것들을 다 이루시길 바라겠습니다. 시대

행정사 **최의란**

- **학력** 서울시립대학교 도시행정학과 학석사 졸업 / 박사 과정
- **저서** Compact 사무관리론
- **저서** 일주일독 행정학 단권으로 마무리
- **현** 합격의법학원 사무관리론 전임교수
- **현** 한국갈등조정진흥원 교육문화분과위원
- **현** SD에듀 행정학개론 전임교수

SD에듀 유튜브 채널 토크레인
인터뷰 영상 보러가기

03:47 / 10:00

2023 행정사 단기완성 · 단기합격 시리즈

'2023 행정사 단기완성 · 단기합격' 시리즈는 효율적인 시험대비를 위한 기본서로 꼭 필요한 내용만 담아 본 도서들만으로도 충분히 수험대비가 가능하도록 구성했다. 출제기준을 반영한 과목별 핵심이론과 기출문제를 수록해 내용을 확실하게 학습할 수 있도록 하고, 최신 개정법령 및 판례를 반영해 수험생들에게 합격을 위한 좋은 안내서가 되고자 한다.

상식 더하기 +

WHY?

스마트폰은 정말,
변기보다 더러울까?

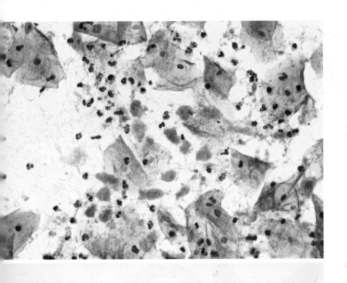

일상 속 세균, 생각보다 어마어마해

"변기시트보다 스마트폰이 더 더럽대" 이런 이야기를 살면서 한 번쯤은 들어본 적 있을 텐데요. 쉽게 믿기는 힘들지만 사실일 가능성이 있습니다. 우리가 일상에서 사용하는 휴대전화, 이어폰, 칫솔, 베개 등의 용품에는 세균이 존재하는데요. 그런데 이 세균수가 상당히 많아 자칫 건강까지 위협할 수 있다고 합니다. 과연 어느 정도이기에 그런 걸까요? 여러 연구결과에 따르면 스마트폰에는 변기시트보다 7~10배 더 많은 세균이 산다고 합니다. 국내의 한 조사에서는 흔히 사용하는 이어폰의 약 90%에서 유해균이 발견됐다고 보고되기도 했죠.

특히 귀 안으로 깊숙이 들어가는 커널형 이어폰을 사용하면서 외이도염이나 중이염에 걸렸다는 사례가 다수 보고됐습니다. 키보드에서는 변기시트의

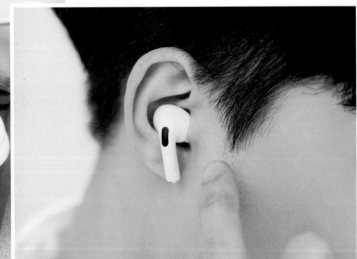

약 1.8배의 세균이 검출됐고, 베개에선 변기시트보다 96배 많은 세균과 함께 곰팡이, 진드기가 발견되기도 했는데요. 베개의 세균과 진드기 등은 천식, 비염, 피부질환을 일으킬 수 있습니다. 또 칫솔에서는 1mm²당 평균 500만마리의 세균이 검출되기도 했죠. 당뇨병, 고혈압 환자가 칫솔의 세균에 노출되면 잇몸질환이 악화할 수 있습니다.

일상용품에 세균이 왜 이렇게 많은 걸까?

물론 일상용품에 서식하는 대부분의 세균이 건강을 크게 해치지는 않습니다. 그러나 면역력이 약한 노약자는 주의할 필요가 있죠. 김봉영 한양대학교병원 감염내과 교수는 "면역이 저하된 사람들이 균에 노출되면 감염병에 취약하기 때문에 일상용품을 사용할 때 손 위생을 특히 청결하게 해야 한다"고 설명했습니다.

생활용품에 이렇게 많은 세균이 존재하는 이유는 일상에서 접촉이 많기 때문입니다. 또한 세균이 서식하기 좋은 환경이 조성되는 것도 원인 중 하나죠. 칫솔을 축축한 욕실에 보관하거나 샤워 후 귀를 제대로 말리지 않은 채 이어폰을 사용하면 세균이 더 빨리 증식할 수 있습니다.

세균을 줄이기 위한 일상용품 관리방법은?

그러면 일상용품은 평소 어떻게 관리해야 할까요? 스마트폰은 70% 알코올을 솜이나 부드러운 천에 묻

혀 닦는 게 좋습니다. 100% 알코올을 사용하면 액정이 손상될 수 있고 휘발속도가 빨라 살균효과가 줄어들 수 있죠. 이어폰은 알코올 솜 등으로 귀에 닿는 부분은 물론 선까지 꼼꼼하게 닦아 말려 사용하고 다른 사람과 함께 사용하지 않도록 합니다. 베갯잇은 일주일에 한 번씩 교체하고, 틈틈이 햇볕에 말리는 것도 좋습니다.

PLUS⁺ 톡톡!

잠깐 입댄 생수병에도 득실득실 세균 발생해요.

더운 여름, 가방에 보관하다 꺼내 마시는 생수. 하지만 뚜껑을 여는 순간부터 물속에 세균이 번식하기 시작합니다. 한국수자원공사가 실험한 결과에 따르면 뚜껑을 열자마자 측정한 페트병 생수의 세균은 1ml당 1마리였지만, 입을 대고 한 모금 마신 직후에는 900마리로 급증했습니다. 먹는 물 기준을 한참 넘어선 수치죠. 하루가 지나자 기준치의 400배를 넘어서는 4만마리의 세균이 검출됐는데요. 특히 물을 많이 마시는 여름철에는 100만마리까지 세균이 늘어나는 데 불과 4~5시간밖에 걸리지 않았습니다.

박광범 노원을지대병원 소화기내과 교수는 "입을 대고 마시면서 페트병 안에 체액이나 음식물이 들어가고, 세균에 감염돼 식중독에 걸리거나 복통 등 증상이 생길 수 있다"고 설명했습니다. 또 개봉하지 않은 생수라고 해도 고온이나 직사광선에 노출되면 해로울 수 있습니다. 1급 발암물질인 폼알데하이드와 중금속인 안티몬 등 유해물질이 발생할 가능성이 있기 때문이죠.

세균번식을 피하기 위해서는 물을 마실 때 컵에 따라 마시는 게 좋습니다. 일단 개봉하면 가급적 빨리 마시고, 하루가 지나면 반드시 버려야 합니다. 또 유해물질이 생기지 않도록 직사광선을 피하고 상온에 보관하는 게 좋습니다. 밀봉된 상태라고 해도 시간이 지나면 변질될 수 있으니 주의해야 합니다.

일곱 번째 수업
스완

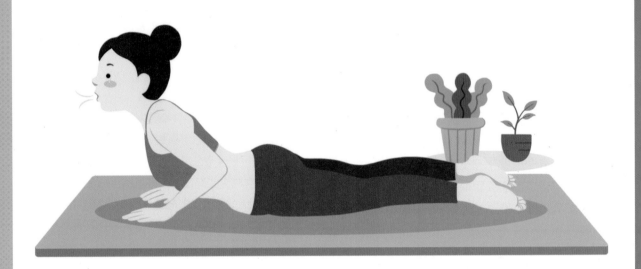

필라테스를 고안한 조셉 필라테스는 시간이 날 때마다 뉴욕 시내에 있는 동물원에 가서 한참 동안 사자와 같은 포유류의 움직임을 관찰했다고 합니다. 그래서인지 필라테스 동작에는 동물의 이름이 많이 등장하는데요. 이번 호에서는 동물의 이름이 들어간 여러 동작 중 백조를 형상화한 '스완 (Swan) 동작'을 소개하려고 합니다. 스완 동작을 할 때 수강생들은 강사에게 몸통이 어디까지 올라와야 하는지 묻곤 하는데요. 그럼 강사는 "몸통의 힘만으로 올라올 수 있는 지점까지 올라오세요"라고 대답합니다. 사실 '올바른' 높이에는 정답이 없어요. 사람마다 들어 올릴 수 있는 높이가 다르고, 또 같은 사람이라고 해도 그날의 컨디션에 따라 최적의 높이는 계속 달라질 수 있습니다.

스완 동작처럼 몸통의 힘으로만 올라와서 고개를 들어 올리고 있는 건 생각보다 꽤 불편한 자세인데요. 잘 생각해보면 평소에 우리가 이런 자세를 취하는 일이 거의 없다는 사실을 알 수 있습니다. 몸을 앞으로 구부리는 일은 일상에서 너무나 많지만, 엎드려서 몸을 뒤집는 행위는 거의 할 일이 없죠.

그런데 재미있게도 이 어색하고 힘든 자세는 우리 모두 어린 시절에 많이 해봤던 자세인데요. 보통 이 자세를 '배밀이'라고 합니다. 엄마 배에서 나와 몇 달간 잔뜩 웅크려 있던 아기는 어느 순간 뒤집기를 시도하고, 뒤집기에 성공해서 엎드릴 수 있게 되면 팔다리를 바닥에서 들어 올리는 행동을 반복합니다. 처음에는 조금만 시간이 지나도 낑낑거리며 힘들어하지만, 점차 버티는 시간이 길어지면서 어느 날에는 기어 다닐 수 있게 되고, 또 어느 날에는 스스로 앉을 수 있게 되고, 태어난 지 12개월쯤 되면 걷기 시작합니다. 이처럼 몸통의 힘만으로 가슴팍을 바닥에서 들어 올리는 작은 움직임이 인체를 기립시키기 위한 '기립근 준비운동'이라는 것을 이해한다면 스완 동작이 더 재미있게 느껴질 거예요.

척추기립근에 해당하는 근육은 매우 많지만 그중에서도 가장 핵심인 다열근을 중심으로 살펴보겠습니다. 다열근은 '여러 갈래로 갈라진 근육'이라는 뜻으로 두개골과 경추, 요추, 골반의 천골에 이르기까지 수없이 많은 부착점으로 척추를 꽁꽁 싸매고 있습니다. 척추뼈 사이사이를 그물처럼 촘촘히 지나며 스물세 개의 자잘한 척추뼈들을 '척추'라는 하나의 구조물로 만들어주는 셈이죠. 여러 갈래로 여러 뼈에 부착점을 가지다 보니 몸통을 비틀 때나 옆으로 기울일 때 등 다양한 움직임에 사용됩니다. 하지만 스완 동작에서의 다열근은 '몸통의 힘만으로 정수리를 천장으로 밀어 올리는 것'에 최선을 다합니다.

척추기립근은 수십여 개의 근육으로 이루어져 있어 '근육의 모임'이라고 불립니다. 직물(원단)을 튼튼하게 만들기 위해 촘촘하게 직조하는 것처럼 척추기립근 역시 여러 겹으로 근육들이 겹쳐져 두툼한 다발 형태를 이루고 있죠. 이러한 척추기립근의 길이는 뒤통수 아래부터 꼬리뼈에 이르고, 두께도 상당합니다. 아기의 발달과정에서 거치는 '기립근 준비단계'는 우리가 이렇게 굵고 튼튼한 근육 무리를 가지고 일어서고, 걷고, 뛸 수 있게 만들어주었습니다. ▨

HOME PILATES

스완(Swan)

❶ 매트 위에 엎드려 양손을 어깨 옆에 내려둡니다.

❷ 두 다리는 어깨너비 정도로 두고 쭉 뻗은 상태에서 양쪽 발등으로 매트를 살짝 누릅니다.

❸ 호흡을 마시면서 천천히 고개를 들어 정면을 바라봅니다.

❹ 몸통의 힘만으로 올라올 수 있는 만큼 올라와 주세요. 이때 손은 바닥에 살짝 얹어져 있는 상태입니다.

❺ 끝까지 숨을 마시면서 팔꿈치를 허리 쪽으로 바짝 붙이고, 정수리는 천장을 향합니다.

❻ 호흡을 내쉬면서 천천히 원래 자세로 돌아옵니다.

❼ 동작을 3~5회 반복해주세요.

필라테스로 배우는 근육의 세계

쉽게 배우는 필라테스! 강사의 지도 없이 혼자서도 따라 할 수 있는 필라테스 동작들과 우리 몸에서 중요한 근육들을 소개한다.

저자 김다은
필라테스 강사이자 아들러를 전공한 상담 전문가. 새로운 프로그램을 만들어 제공하는 콘텐츠 크리에이터로도 활동하고 있다.

한국의 상징
호랑이

"호랑이는 세 살 먹은
어린애가 봐도
호랑인 줄 안다"

　- 용맹하고 위엄 있는 존재는
누구나 알아본다는 의미의 속담

누군가 우리나라를 상징하는 동물이 무엇인지 묻는다면 아마 많은 사람이 '호랑이'라고 답할 것이다. 호랑이는 20세기 초까지 실제로 한반도에 서식했던 동물로서 예로부터 정사와 야사, 설화 등에 빼놓지 않고 등장할 정도로 우리 민족에게 친숙한 존재였다. 때때로 민가로 내려와 사람을 해치기도 해서 그 자체로 재앙을 상징하기도 했지만, 동시에 용맹하고 위엄 있으며 지혜와 기품을 지닌 영물로서 신성시되기도 했다.

'호랑이'의 어원

흔히 호랑이가 토박이말이라고 알고 있는 사람이 많지만, 진짜 토박이말은 '범'이다. 호랑이의 어원에 대해서는 여러 이견이 있으나 어원과 관련된 다양한 가설 중에서도 '범 호(虎)'와 '이리 랑(狼)'에 접미사 '-이'가 붙은 것이라는 의견이 지배적이다. 이러한 사실은 기록을 통해서도 어느 정도 유추할 수 있는데, '능엄경언해(1461년)', '몽어유훈(1888년)' 등에서는 동물을 언급할 때 범과 이리를 따로 표기했지만 '한불자전(1880년)' 이후부터는 '호랑'이라는 하나의 단어로 등장하기 시작했다. 즉, '호랑'이라는 말은 원래 범과 이리를 묶어 부르던 말이었으나 점차 범을 가리키는 단어로 굳어져 쓰이기 시작하면서 의미가 변화한 것이라고 추측할 수 있다.

또 반대로 지금은 황갈색 또는 적갈색 털에 검은 가로줄무늬가 특징인 호랑이와 털색이 검고 온몸에 둥근 무늬가 나타나는 표범을 구분해서 부르지만, 과거에는 호랑이와 표범을 구분하지 않고 모두 범이라고 불렀다고 한다. 실제로 조선시대에 많이 그려진 호랑이 민화 중에서 점박이 무늬가 묘사된 범은 사실 호랑이가 아니라 표범을 그린 것이다.

88올림픽의 마스코트가 '호돌이'가 된 이유

88서울올림픽의 공식 마스코트 '호돌이' 역시 한국을 상징히는 동물인 호랑이를 모티브로 한 것이나. 1993년 서울올림픽조직위원회는 김현 디자이너가 디자인한 '상모 쓴 아기범'을 올림픽 마스코트로 선정하고, 명칭을 정하기 위해 국민응모를 실시했다. 당시 도착한 엽서는 6,117통이었고, 중복된 이름을 제외하고도 2,295종의 명칭이 접수됐다. 그중 호돌이가 428장으로 가장 많이 접수됐는데, 검토과정에서 발음이 문제가 돼 후보에서 제외됐다. 호돌이의 로마자 알파벳 표기 'Hodori'가 프랑스어 등에서는 'H'가 단어 맨 앞에 올 때 묵음처리돼 '오도리'로 발음된다는 이유였다. 그다음으로 유력한 후보로 떠오른 것이 어느 나라나 유사하게 발음되는 '범

돌이(Pomdori)'와 '복돌이(Pokdiori)'였다. 당초 우리나라 심사위원들 사이에서는 '코거(코리안타이거)'와 '올리거(올림픽타이거)'가 거론되기도 했는데, 의견을 듣기 위해 초청했던 주한 외국인 심사위원들이 "왜 고유한 한국어 명칭을 두고 외래합성어를 쓰려 하냐"고 해 후보에서 제외됐다고 한다.

그러나 이런 내부논의 내용이 언론을 통해 알려지면서 "호랑이 마스코트인데 최다득표한 호돌이가 외국에서 발음이 제대로 안 된다는 사유로 탈락시킨다는 것이 말이 되냐"며 여론이 급격히 악화했다. 이에 결국 1984년 4월 '호돌이'가 최종 명칭으로 채택됐다. 국제올림픽위원회(IOC)는 서울올림픽 마스코트를 공표하면서 "호돌이라는 이름은 호랑이를 의미하는 한국어 '호'와 남성을 의미하는 '돌이'를 합친 것이다. 일반대중을 상대로 공모전을 펼쳐 2,295개의 출품작 중 선택됐다"라고 부연 설명했다.

다만 이 당시 '범'이라는 토박이말이 엄연히 있는데도 왜 한자어 '호'가 우리말이라고 국제사회에 소개된 것인지에 대해서는 다소 의문이 남아 있다. 그래서일까. 만약 명칭에 대한 논란이 터졌을 때 국어학계 전문기들이 니시시 '범'이 도박이밀이고 '호랑'은 범과 이리가 합쳐진 한자어라고 설명하면서 '범돌이'가 더 나은 표현이라고 설득했으면 어땠을까 하는 아쉬움이 남는다. _{시대}

알아두면 쓸데 있는 유쾌한 상식사전 -우리말·우리글편-

내가 알고 있는 상식은 과연 진짜일까?
단순한 호기심에서 출발할 수 있는 많은 의문들을
수많은 책과 연구 자료를 바탕으로 파헤친다!

저자 조홍석
아폴로 11호가 달에 도착하던 해에 태어났다.
유쾌한 지식 큐레이터로서
'한국의 빌 브라이슨'이라 불리길 원하고 있다.

읽고자 하는 욕망의 산물
안경

조선시대 안경과 안경집

'조선왕조실록/정조 52권' 1799년(정조 23년) 5월 5
일자에 이런 기록이 있다.

**"몇 년 전부터 점점 눈이 어두워지더니 올봄 이후로는
더욱 심하여 글자의 모양을 분명하게 볼 수가 없다. 정
사의 의망에 대해 낙점을 하는 것도 눈을 매우 피로하게
하는 일인데, 안경을 끼고 조정에 나가면 보는 사람들
이 놀랄 것이니, 6월에 있을 몸소 하는 정사도 시행하기
가 어렵겠다"**

조선의 정조대왕이 시국문제로 좌의정 이병모와 대
화하면서 토로한 개인적 고충이다. 1700년대 말에
살았던 정조가 평소 사적인 시간에는 안경을 썼다는
의미로 읽힌다. 우리나라의 안경은 16세기에 중국에
다녀온 사신들을 통해 알려졌고, 17세기에는 수입되
어 양반들 사이에 널리 퍼졌으며, 정조가 살던 시기
에는 서민들에게까지 널리 사용됐다. 다만 안경을 쓰
는 것을 예의가 아닌 것으로 생각해서 사람들이 모
인 장소나 지위가 높은 사람이나 연장자가 있는 자

리에서는 착용하지 못했다. 정조가 공적인 자리에서
의 안경 착용을 걱정한 이유가 여기에 있다.

아무튼 18세기에 우리나라에서 대중화를 이룬 안경
에 대한 최초의 기록은 1240년 라틴어로 번역되어
수많은 수도원에서 읽힌 이슬람 학자 이븐 알하이삼
(965?~1040?)의 책 '광학서'에서 찾을 수 있다. '연
마한 렌즈를 착용하면 시력장애를 겪는 사람에게 도
움이 될 것'이라는 내용이었다. 유리 구체의 일부를
사용하여 광학적으로 확대했다는 것이다. 비슷한 시
기에 이탈리아 수도승들도 석영의 일종인 녹주석으

'프로방스의 위그 대주교 초상화'(1352)

안나 도로테아 테르부슈의 '자화상'(1777)

로 반구면 렌즈를 개발했고, 이 렌즈를 글 위에 올려 두고 글자를 확대해 봤다. 안경을 뜻하는 독일어 'Brille'가 등장한 것도 이 때다. 렌즈를 만들기 위해 연마된 석영의 이름인 'beryll(베릴)'에서 유래한 말이다.

그러나 테가 있는 안경으로 발전되는 데 공헌한 이들은 따로 있었다. 그 주역은 당시 유리제조의 중심지였던 이탈리아 베네치아 북쪽의 작은 섬 무라노의 유리공장에서 일하던 유리장인들이었다. 13세기 무라노의 유리장인들은 볼록렌즈를 연마해 손잡이가 달린 나무고리에 끼우고 고리들을 금속핀으로 연결했다. 쌍안경을 보듯 눈앞에 갖다 대기만 하는 형태가 된 것이다. 물론 지금처럼 머리에 고정할 수는 없었지만, 전보다는 확연히 편안해진 것이다.

무라노에서만 제조되는 안경제조 기술은 이후 유리산업의 철저한 비밀엄수 규약이 시간에 따라 느슨해지고 제조장인들이 늘어나면서 독일로까지 보급되

었다. 이후 안경은 손잡이가 아치형 코걸이로 바뀌고 나무테는 납으로 대치됐고, 16세기 초에는 가죽, 거북이 등껍질, 뿔, 고래 뼈, 철, 은, 청동 등 테의 재료도 다양해졌다. 그리고 18세기에 다리가 달리면서 안경은 비로소 오늘날의 모습을 갖추게 됐다.

특히 21세기 질환으로 대두된 노안에 대한 해법으로 꼽히는 다초점렌즈의 원형도 이 시기에 제시됐다. 바로 1784년 미국의 정치가이자 발명가인 벤저민 프랭클린이 개발한 근시·원시 겸용의 이중초점렌즈다. 노안이 심했던 프랭클린은 가까운 곳을 볼 때는 볼록렌즈를, 먼 곳을 볼 때는 오목렌즈를 번갈아 사용하고 있었는데, 이것이 매번 번거로웠고, 결국 원시용 볼록렌즈와 근시용 오목렌즈를 절반씩 상하로 조합해 한 개의 테에 끼워 넣음으로써 안경의 상부로는 비교적 먼 데를, 하부로는 가까운 데를 볼 수 있게 했다.

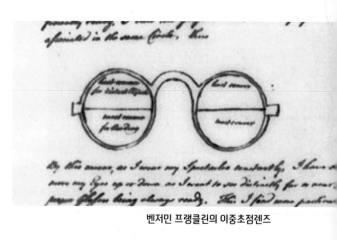

벤저민 프랭클린의 이중초점렌즈

우리의 삶에 편리를 더해주는 발명은 어느 날 갑자기 한 사람에 의해 뚝딱하고 세상에 나오기도 한다. 그러나 대부분의 발명은 안경이 그랬듯 세월과 다수의 노력으로 완성돼왔다. 아, 물론 돌연변이처럼 아주 특별한 터닝포인트가 있기는 하다. 하지만 중요한 것은 우리가 사소하다 여기는 모든 것들은 오랜 시간과 많은 숨결의 결과라는 것이 아닐까! 시대

어디에 쓰이고 있나?
3D프린터

한때 3D프린터가 엄청난 이슈였던 시절이 있었다. 앞으로의 산업혁명을 이끌어갈 첨단 혁신기술이라고 누구든 엄지를 치켜세웠다. 그런데 3D프린터 붐이 가라앉은 최근의 상황을 보면 얼핏 눈에 띄는 성과는 보이지 않고 실질적인 상용화도 지지부진한 듯하다. 그러나 자세히 들여다보면 3D프린터는 짧지 않은 시간동안 꾸준히 발전해 왔으며, 산업 영역 구석구석 유용하게 쓰이고 있다. 이번 호에서는 3D프린터의 면면과 앞으로의 전망에 대해 알아보도록 하자.

3D프린터가 최초로 상용화된 것은 무려 1988년으로 거슬러 올라간다. 1984년 미국의 찰스 헐(Chales Whull)이 3D프린터의 인쇄기술로 특허를 따 냈고, '3D시스템스'라는 기업을 세워 3D프린터 상용화의 서막을 열었다. 그러나 당시 막 싹을 틔운 3D프린터는 뜨악할 정도로 느린 인쇄속도 때문에 엄청난 운용비용이 들게되어 실제 현장에 도입되는 경우는 드물었다. 이후 새로운 인쇄기술 특허가 출원되고 생산비용이 점차 저렴해지면서 대중에게도 조금씩 알려지게 됐다.

본래 3D프린터가 고안된 목적은 흔히 '목업(Mock-up)'이라고 부르는 시제품을 만들기 위해서였다. 기업이 제품을 개발할 때 사전에 외형을 살펴보고 작동은 잘 할 것인지, 사용에 불편함은 없는지 파악하기 위함이었다. 하지만 컴퓨터상에 설계도로 구현한 상상 속의 사물을 즉석에서 뚝딱 만들어내는 능력은 누구에게나 굉장히 매력적일 수밖에 없었다. 3D프린터가 언론에 보도되고 사람들에게 알려지기 시작하면서, 매번 버튼만 한 번 누르면 새로운 사물을 만들어내는 3D프린터에 사람들은 열광했다.

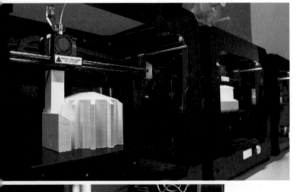

그러나 2010년대 초부터 분 이 열풍은 서서히 거품이 가라앉기 시작했다. 분명 매력적인 기술이긴 했지만, 프린터의 가격이 여전히 비싸서 사람들이 체감할 수 있을 만큼 3D프린터가 친숙해지지 않았기 때문이다. 가정에서 사용할만한 저렴한 콘셉트의 프린터가 출시되고는 있지만, 구입하기엔 "굳이?" 하고 고개를 갸우뚱하는 경우가 많다는 것이다. 그렇지만 우리가 모르는 사이 3D프린팅 기술은 야금야금 발전하고 있다.

프린터로 집을 찍어 낸다?

3D프린터의 작동방식에는 여러 가지가 있지만, 그 중에서도 대표적인 것은 적층형과 절삭형이다. 이 가운데 흔히 채용되는 것이 적층형인데, 전용 소프트웨어로 그린 물건의 3차원 설계도에 맞게 재료를 얇게 층층이 뿌려 사물의 형태를 완성시킨다. 설계도를 분석해 마치 지도의 등고선처럼 1만개 이상의 층으로 쪼갠 후에 재료(필라멘트)를 분사한다. 최근 이 필라멘트는 이전부터 많이 쓰이던 플라스틱부터 콘크리트, 세라믹, 식품, 심지어는 금속까지 다양하게 폭을 넓혀왔다. 이렇듯 사용할 수 있는 재료가 늘어나면서 제작할 수 있는 제품도 다채로워졌다. 재료를 액체나 분말 형태로 만들어 분사한 후 레이저나 자외선 등으로 굳혀 제작하는 식이다.

3D프린터 주택의 강도를 확인하기 위한 차량 충돌 테스트

식품의 경우 아직 초기단계이긴 하지만 땅콩버터나 잼, 설탕 등의 식재료를 분사해 케이크나 과자를 만드는 시도가 이뤄지고 있다. 그런가 하면 알루미늄, 스테인리스 등의 금속분말로 자동차나 항공기에 들어가는 부품을 제작하는 서비스는 이미 오래전부터 제공되는 중이다. 최근에는 대형 기계팔을 단 프린터로 콘크리트나 시멘트를 뿌려 건축물을 짓기도 한다. 거푸집 없이 집 외벽을 콘크리트로 통째로 쌓는

것이다. 그리고 이런 주택이 실제로 팔려 사람이 거주하는 사례도 나타나고 있다. 3D프린팅 건축은 자동화돼 빠르고 공정이 단순하며 재료낭비가 전혀 없다. 나아가 건축 폐기물이 안 나와 친환경적이고, 거푸집을 쓰지 않기에 기존 공법에선 기피하는 둥근 모서리나 복잡한 벽체도 수월하게 만들 수 있다는 점에서 주목을 받고 있다.

가능성 많지만 아직 한계도 명확해

3D프린터의 가능성은 무궁무진하다. 재료를 액체나 분말로 만들 수만 있다면 어떤 제품이든 제작할 수 있다. 3D프린터는 향후 우주산업에서도 유용하게 활용될 것으로 전망된다. 우주에서 체류하는 상황에서 우주선을 긴급하게 수리할 부품이 필요한 경우, 3D프린터를 이용해 즉석에서 제작할 수 있다. 또 가정에 프린터가 널리 보급되면, 인터넷 쇼핑몰에서 상품을 구매해 배송받을 필요 없이 설계도만 다운로드 받아 프린터로 바로 찍어낼 수 있다. 의료분야에서도 환자에 필요한 장기 등의 신체조직을 단백질 분말로 만들어 활용할 수 있다. 물론 아직은 먼 이야기지만 가능성은 분명히 있다.

다만 한계도 있다. 현재 3D프린터의 가장 큰 한계는 출력속도가 느리고 가격이 비싸다는 것이다. 실사용이 가능한 제품을 만들기 위해서는 프린터로만 찍어낼 것이 아니라, 많은 경우 후가공처리를 해야 진짜 쓸 만한 제품을 완성할 수 있다. 사실 후가공은 둘째 치고 프린팅 시간 자체도 만만치 않게 소요된다. 그런데도 대량생산은 어려우니, 현재로써는 소규모의 제조업 회사들이 시제품을 만들어 시험하는 데 주로 사용되고 있다. 그러나 한편으론 이같은 한계점을 극복하고 머릿속으로 상상하는 물건을 자유로이 집에서도 직접 만들어 쓰는 시대가 올지 기대가 되는 것도 사실이다. 🔲

만주지역 독립군 최고 군사전문가
박영희 장군

"1965년 한일청구권협정으로 우리 정부가 일본에서 받은 '대일 청구권자금'으로 공장을 건설하고 노동자와 산업역군, 우리 국민이 밥을 배불리 먹을 수 있게 된 것"이라는 말이 대한민국 국무회의에서 대통령의 입을 통해 나왔다. 그런데 이 말에는 중요한 게 빠져 있다. 그 돈은 일본이 우리를 거저 도와준 돈이 아니라 36년 동안 민초들이 받은 핍박의 대가이자 독립을 되찾기 위해 젊은 시절을 바친 '박영희 장군'과 같은 애국지사들이 흘린 피의 대가라는 것이다.

박영희 장군
(1896.12.28~1930?)

1913년 5월 의병장 출신으로 함경 평안 황해도의 독립의군부 총사령관이었던 이세영(1869~1938) 선생이 일제의 감시를 피해 만주로 망명했다. 이때 이세영 선생과 함께 만주로 망명한 19세의 청년이 있었다. 바로 부여 출신으로 훗날 김좌진 장군을 보좌해 청산리대첩을 이끈 박영희 장군이다.

청년 박영희는 스승 이세영이 독립군 양성과 교육을 위해 설립된 신흥무관학교의 교장 서리에 취임했듯 당연하게 신흥무관학교에 입학했고, 졸업과 동시에 신흥무관학교의 교관과 학도감으로 근무하면서 북로군정서의 교관으로 활동했다.

교관으로서의 능력은 그를 북로군정서가 왕청현 십리평에 설치한 '사관연성소(소장, 김좌진)' 학도단장이 되게 했고, 사관생도를 모집하고 단기교육을 실시하는 데 주력하게 했다. 사관연성소의 교육은 모집한 사관생들과 북로군정서의 사관생도들을 대상

으로 실시됐는데, 6개월 과정의 속성으로 정신교육·역사·군사학·술과(병기사용법, 부대지휘 운용법)·체조 및 구령법 등이 철저하게 이뤄졌다.

특히 1920년 9월 9일 졸업식을 가진 298명의 졸업생이 사흘 뒤인 12일 북로군정서에 편입해 약 300명의 교성대(敎成隊)로 편성되면서 북로군정서의 총병력은 약 1,100명, 이 중 완전무장된 정예가 600여 명에 이르게 됐다. 당시 만주 독립군부대 가운데 단위부대로서는 가장 훈련이 잘된 정예부대였던 북로군정서의 근간이 사관연성소 출신이었던 셈이다.

다시 닷새 후인 17일 북로군정서는 중국군과의 협상에 따라 그동안 닦아놓았던 서대파 근거지를 버리고 청산리 방면으로 근거지 이동을 시작했다. 그리고 한 달여 후인 10월 21일부터 26일까지 만주 길림성 화룡현 청산리에서 그동안 닦아온 군사기술을 유감없이 발휘하여 일본군을 무찌르고 독립전쟁을 빛나는 승리로 장식했다. 청산리대첩이었다. 이때 박 장군은 김좌진 장군의 부관으로 사관연성소에서 자신이 가르쳤던 병사들을 이끌고 전장을 누볐다.

이후 박 장군은 일본군의 끈질긴 추격을 피해 러시

아영토로 이동했다가 1921년 6월 자유시참변으로 다시 만주로 돌아와 북로군정서 부사령관으로 활동했다. 1924년 1월에는 총재 이범윤을 중심으로 한 대한독립군단에 투신해 행정부장, 부관장으로서 김좌진·신일헌 등과 함께 항일투쟁을 강화하는 데 헌신했다.

박 장군의 활동은 군사활동에만 국한되지 않았다. 1925년 2월에는 3·1만세운동 6주년 기념 선포문을 직접 작성해 국내 국민협회(國民協會) 등에 배포하기도 했다. 이 선언문은 군사교육의 확립, 민중생활의 근본인 식산흥업의 촉진, 민지(民志)향상을 위한 문화보급을 강조했다.

또한 항일 독립군의 대표적인 군사전문가 가운데 한 사람이자 한문학에 밝은 지식인으로서 1923년 9월 1일자로 창간된 국한문본 잡지 '배달공론' 창간호(1923.9.1) 및 2호(1923.10.1), 2차례에 걸쳐 '군사학강의'라는 제목의 글을 기고하기도 했다. 이미 학술강습소를 열어 군사교육을 실시하고 있었던 만큼 전문적인 군사지식을 보급함으로써 독립운동을 고취하고 무장독립군과 독립자금을 모집하기 위한 활동의 연장이었다.

청산리대첩 승리 기념사진(가운데 김좌진 장군)

박영희 비밀입국 관련 기사('동아일보', 1927.2.18)

1925년 1월 북만주지역의 독립운동단체들이 무장투쟁을 통해 일제로부터 국권을 회복하는 것을 목표로 신민부(新民府)를 조직하자 박 장군은 김좌진 장군과 함께 대한독립군단 대표로 참여해 교관으로 활동하며 총독 등 침략원흉들과 이들에 동조하는 친일파 암살을 위한 공작대 파견을 주도했다. 그러던 1926년 박 장군은 러시아 혁명군과의 교섭을 위해 러시아 제3국제공산당 극동본부가 있는 블라디보스토크에 파견됐다. 항일운동의 군자금 협조를 위한 러시아 혁명군의 교섭이 필요했던 김좌신 상군이 자신과 가장 가까운 군사부장 겸 보안사령관이었던 박 장군에게 중책을 맡긴 것이다.

그러나 러시아 공산당과 접촉을 취하던 중 1927년 러시아 첩보기관에 체포되고 말았다. 만주지역 군사전문가이자 최고 군사교관이었던 박영희 장군은 1930년 어느 날 연해주 고루지게에서 독립의 꿈을 이루지 못한 채 순국했다. 대한민국정부는 1977년 박영희 장군에게 건국훈장 독립장을 추서했다.

아편을 위한, 아편에 의한 침략
아편전쟁

阿片戰爭

청나라의 아편단속을 빌미로 한 영국의 침략전쟁

#아편 #동인도회사 #난징·톈진 조약 #홍콩할양

'청나라 황제의 여름별장 원명원 점령', 프랑스 삽화(1860)

예술가, 시인, 철학자들은 여름궁전을 알고 있었습니다. 사람들은 그리스의 파르테논 신전, 이집트의 피라미드, 로마의 콜로세움, 파리의 노트르담, 동양의 여름궁전에 대해 이야기했으니까요. 파르테논이 예술의 극치였다면, 원명원은 환상예술의 극치라고 합니다. 그것을 직접 보지 못한 사람들은 그 아름다움을 상상했습니다. 이처럼 그 여름별장은 마치 유럽문명의 지평선 위에 아시아문명의 실루엣처럼 일종의 어스름 속에서 멀리서 엿보이는 미지의 걸작이었습니다. 그런데 이 경이로움이 사라졌습니다. 어느 날 두 강도가 그곳에 들어갔고, 그중 하나는 약탈했고 다른 하나는 불을 질렀습니다. 마치 승리를 획득하면 강도가 되어도 좋다는 식이었습니다. 두 승리자는 원명원을 대거 약탈한 소득을 반반씩 나눠 가졌습니다. (…) 이후 역사에서 두 강도 중 하나는 프랑스라고 불릴 것입니다. 다른 하나는 영국이라고 불릴 것입니다.

1861년 대문호 빅토르 위고가 제2차 아편전쟁에 대해 자국 프랑스를 비판하며 쓴 편지의 일부다. 대문호가 자국마저 비난하게 한, 제국주의의 횡포에 쓰러져 간 동양의 여름궁전은 원명원이다. 원명원은 청나라 4대 황제 강희제가 넷째 아들인 옹친왕 윤진에게 허시한 정원으로 시작해 여러 번의 증축을 거쳐 황제의 별궁으로 사용되던 중국 베이징 근처의 정원이자 궁전으로 청조시대 건축과 조경예술의 극치를 이룬 곳이었다.

그러나 1860년 10월 7일부터 사흘간 영국과 프랑스 군대에 의해 철저하게 약탈당하고 파괴돼 폐허가 됐다. 원명원 약탈과 방화에 대해 영국과 프랑스는 청나라가 난징조약 등 조약을 위반하고 영국·프랑스 협상사절 39명을 억류했을 뿐만 아니라 21명을 사망케 한 것에 대한 '엄숙한 보복'이라고 했다. 문화적·제국적 의미가 있는 유적을 공격함으로써 청나

폐허로 방치된 원명원(1873)

라로 하여금 잘못을 깨닫게 하겠다는 의도였다. 결국 청나라는 10여 일 후 베이징조약에 서명함으로써 1840년 영국함대의 중국 본토 공격으로 촉발된 서구제국주의의 욕망에 마침내 굴복하고 말았다.

비극의 시작은 아편이었다. 영국과 청나라와의 무역이 시작된 것은 1689년이었고, 본격적이라 할 수 있는 것은 1715년 영국 상관(商館)이 설치된 이후였다. 초기에 영국은 청나라에서 주로 생사(실)·도자기·차 등을 수입했는데, 애초에 기대했던 식민지 인도에서 생산한 면직물의 수출이 부진한 탓에 무역 적자에 허덕였다. 이러한 무역의 불균형 때문에 당시 세계적으로 결제수단으로 통용된 멕시코 은화가 자꾸만 중국으로 흘러 들어갔다.

그러자 영국은 무역의 불균형을 깨뜨릴 새로운 상품으로 아편(阿片)을 등장시켰다. 산업혁명 이후 무역 적자를 해소하기 위해 동인도회사 주도로 인도 벵갈 지역에서 재배한 아편을 청나라에 밀수출하기 시작한 것이다. 중독자가 늘어나자 마약으로서의 위험성을 자각한 청나라 조정이 아편금지법을 제정하고 단

영국이 중국을 아편에 중독시켰다는 내용의 프랑스 신문기사 삽화

속을 시행하지만 일단 퍼지기 시작한 아편을 막을 수는 없었다. 1780년 1,000여 상자에 불과했던 아편 수입량은 1838년에는 밀무역이었음에도 4만상자, 300만톤을 초과할 정도로 증가하면서 영국은 막대한 무역흑자를 기록해나갔다. 이때 밀무역을 주도했던 영국의 동인도회사는 아편의 대가를 은으로만 받았다.

아편을 찾는 중국인들이 많아질수록 중국 은이 해외로 빠져나갔고, 그로 인해 청나라 국가재정의 근본인 은의 가격이 급등했다. 당시 청나라는 일상에서는 동전을 사용했지만, 세금은 은으로 환산해서 납세하고 있었다. 때문에 은가의 급등은 국고를 텅 비

'임칙서의 아편 폐기'(중국 기록화, 19세기)

게 만들었다. 이제 청나라 조정은 아편중독으로 농촌경제 파탄, 국가기능의 마비, 은 유출로 인한 재정 궁핍이라는 문제에 봉착하게 됐다.

결국 청나라 8대 황제 도광제는 흠차대신 임칙서(林則徐)를 광저우에 파견했다. 임칙서는 부임하자마자 외국인에게 포고령을 내렸다. 바로 '남은 아편을 관청에 넘기고 다시는 팔지 않겠다는 서약서를 제출하라'는 것이었다. 그러나 동인도회사는 임칙서가 뇌물을 더 받으려 한다고 판단해 흥정하고 회유하려 했다. 그러자 크게 분노한 임칙서는 관군을 동원해 외국인이 사는 지역이었던 이관을 포위해버렸고, 48시간 만에 항복을 받아낸 후 압수한 2만여 상자의 아편을 석회에 묻힌 다음 바다에 폐기해버렸다.

상황이 이렇게 되자 영국 자본가들이 영국의회를 움직였다. 이에 1840년 2월 윌리엄 멜본을 수반으로 하는 영국의 휘그당 내각은 청나라 원정을 의결했고, 4월에서 5월에 걸쳐 영국 상·하 양원은 군사비 지출을 승인했다. 전쟁의 시작이었다.

1840년 6월 마카오 앞바다에 전권대사 엘리엇을 총사령관으로 한 영국함선들이 4,000여 명의 원정군

을 이끌고 나타나 포문을 열었다. 애초에 청나라군은 영국군의 상대조차 되지 못했다. 게다가 톈진에서 타협에 나선 청나라 총독 기선(琦善)이 광저우 무역 재개, 홍콩 할양 등을 내용으로 하는 조약을 단독으로 체결하는 바람에 도광제와 청나라 조정은 격노했고, 영국은 영국대로 조약을 준수하지 않고 홍콩을 강점한 뒤 영국 영토라고 선언했다.

전쟁은 2차전에 돌입했지만, 전세는 달라질 게 없었다. 청군은 양쯔강을 거슬러 올라오는 영국군을 대적할 수 없었고, 급기야 난징이 함락되기 직전까지 몰렸다. 결국 도광제는 영국과의 강화체결을 명했고, 이는 예기치 않았던 중국 백성들의 저항으로 난항을 겪고 있던 영국으로서도 반가운 일이었다. 결국 청나라와 영국은 1842년 8월 ▲ 홍콩의 할양 ▲ 5개항구 개항 ▲ 수출입관세 협의권 등을 주요내용으로 하는 난징조약을 체결했다.

'중국범선을 파괴하는 동인도회사의 네메시스호'(1843)

난징조약은 중국이 맺은 최초의 근대적 조약이었다. 그러나 중국의 복종을 전제로 한 불평등조약이었다. 이는 사실상 청나라가 영국의 반식민지로 전락했다는 의미였다. 이후 영국은 더 많은 개항을 요구했고, 아편 자유화를 강요했다. 이런 서구의 강요에 청나라는 반발했고, 결국 협상과정에서 협상단 억류라는 사태로 이어지며 또다시 포성(제2차 아편전쟁)이 울려 퍼지게 됐다.

20년 동안 두 차례에 걸친 제국주의의 침략은 베이징조약으로 청나라가 완전히 백기를 들면서 마무리됐다. 그러나 이것은 또다른 비극의 서막이었다. 베이징조약 이후 서구제국주의 국가들은 너 나 없이 중국에 달려들었고, 중국은 미국·프랑스·스웨덴·노르웨이·러시아 등과 연달아 불평등조약을 체결해야 했다. 이에 프랑스는 가톨릭 선교사들의 중국 내 진출을 시작했고, 러시아는 시베리아와 만주에서 많은 영토를 얻었다. 미국 역시 서방열강이 이룬 무역혜택을 모두 누렸다. 무엇보다 세계의 중심이라고 자부하던 중화사상이 산산이 깨지면서 동아시아에서 가장 먼저 근대화의 길을 걷던 일본에게 '새로운 패자'라는 욕망에 불을 지폈다. 조선을 밟고 중국을 집어삼키겠다는 16세기 도요토미 히데요시의 망령이 다시 고개를 쳐든 것이다. [시대]

영화와 책으로 보는 따끈따끈한
문화가 소식

영화

뮤지컬

더 문

한국영화 사상 최초로 달 탐사를 배경으로 한 SF 재난 블록버스터가 8월 관객들을 찾는다. 천만관객을 동원한 판타지 영화 〈신과 함께〉의 김용화 감독이 메가폰을 잡았다. 서기 2029년 우리나라는 유인 달 탐사에 도전하게 되는데, 태양풍이 일으킨 예상치 못한 사고로 탐사대원 중 하나가 홀로 우주에 고립되고 지상의 항공우주센터에서 고립된 대원을 구하기 위해 고군분투하는 것이 이야기의 뼈대다. 달에 고립된 대원은 도경수가 분했고, 항공우주센터장의 역할은 설경구가 맡았다. 이 작품은 그간 작품에서 빼어난 특수효과를 선보였던 김용화 감독의 최대 도전으로 평가된다.

장르 재난, SF　**감독** 김용화
주요 출연진 도경수, 설경구 등
개봉일 2023. 08. 02

그날들 10주년 기념공연

우리나라의 대표 창작 뮤지컬 〈그날들〉이 10주년을 맞이해 특별한 기념공연을 연다. 한 시대를 풍미한 가수 故 김광석의 명곡으로 이뤄진 〈그날들〉은 청와대와 경호실을 배경으로 탄탄하고 흥미진진한 스토리를 선사하는 작품이다. 스토리를 이어나가는 김광석의 음악은 기성세대에게는 반가움을, 어린 세대에게는 신선함을 안겨주어 남녀노소 누구나 즐겁게 감상할 수 있는 만능 주크박스 뮤지컬이다. 이번 특별공연은 10주년을 기념해 유준상, 이건명, 오만석, 엄기준 등 그동안 〈그날들〉을 빛내왔던 쟁쟁한 배우들이 한자리에 뭉쳐 더욱 화제가 되고 있다.

장소 예술의전당 오페라극장
주요 출연진 유준상, 이건명 등
날짜 2023.07.12 ～ 2023.09.03

거장의 시선, 사람을 향하다

영국 런던에 위치한 내셔널갤러리의 작품 52점이 우리나라를 찾았다. '사람을 향한 시선, 시공을 초월한 감동'이라는 주제를 띤 이 전시에서는 보티첼리, 라파엘로, 카라바조, 렘브란트 등 교과서에서나 들어봤을 유명 거장들의 작품을 만날 수 있다. 르네상스 시대부터 인상주의 화풍에 이르기까지 서양 근현대미술사를 섭렵하며 여러 거장들의 다양한 화풍을 경험할 수 있는 귀한 전시다. 1824년 설립된 내셔널갤러리는 13세기부터 20세기까지의 걸작들을 무려 2,600여 점 보유하고 있다. 서양 근현대미술사 전체를 품고 있는 갤러리에서 엄선한 작품들을 실제로 경험할 수 있는 기회다. 시간의 흐름에 따라 신에서 인간으로 시선이 옮겨가는 서양 미술의 물결을 고스란히 느낄 수 있다.

장소 국립중앙박물관 기획전시실   **날짜** 2023.06.02 ～ 2023.10.09

마케팅 B 교과서

실무에서 바로 써먹을 수 있는 실전 마케팅 기본서가 출간됐다. 〈마케팅 B 교과서〉는 20여 년간 광고계에서 종사하며 국내외 유수 기업의 마케팅 전략을 경험한 전문가의 산물이다. 마케팅의 기본을 가장 쉽고 직관적으로 알려주는 책으로, 마케팅의 근본과 마케팅 전략의 최대 주안점이 무엇인지 확실하게 짚어준다. 저자는 먼저 마케팅의 본질에 대해 제대로 볼 수 있어야 적합한 전략을 짜고 효과적인 마케팅의 인사이트를 기를 수 있다고 말한다. 그는 시중에 나온 마케팅 지침서들이 대개 추상적인 내용을 담고 있어 실무에 큰 도움이 되지 못한다고 봤다. 고로 쉬운 설명과 친숙한 사례를 곁들여 실질적 도움이 되는 교과서 같은 책을 직접 쓰고자 했다고 전한다.

저자 노기태   **출판사** 드로이닥마

문과 남자의 과학 공부

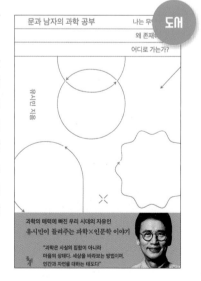

역사·정치·글쓰기 등 인문 분야의 베스트셀러를 주로 내왔던 유시민 작가의 첫 과학 책이 나왔다. 물론 순수하게 과학만을 다룬 책이 아닌, 과학을 인문학적으로 이해하고 해석하는 책이다. 작가는 과학 공부를 하며 미처 알지 못했던 자연의 진리와 마주하게 됐고, 이를 더욱 깊은 결로 이해하기 위해 인문학을 펼쳐들었다. 그리고 작가는 인문학의 한계를 깨뜨리기 위해서는 과학을 함께 공부해야 한다고 전하고 있다. 과학에 익숙지 않지만 과학에 처음으로 접근하고 싶은 독자들에게 제격인 책이다. 인문과 과학을 넘나들며 우리 존재의 기원은 어디인지, 또 지금 우리는 어디로 향하고 있는지 가늠할 수 있는 책이다.

저자 유시민   **출판사** 돌베개

내 인생을 바꾸는 모멘텀

박재희 교수의 마음을 다스리는 고전이야기

두꺼운 얼굴과 검은 마음으로!

후안흑심(厚顔黑心) – 〈후흑학(厚黑學)〉

역사를 보면 영웅호걸이나 승리자들에게는 공통점이 있습니다. 명분과 자존심에 목숨을 건 사람이 아니라 남보다 더 두꺼운 얼굴과 검은 마음을 가지고 목표에 몰입했던 사람들이라는 것입니다. 비굴했던 한나라 유방이 천하를 얻은 것과 달리 명분이나 의리를 생명처럼 존중했던 촉나라 유비는 결국 승자가 아니었습니다. 역사에서 최후의 승자는 명분에 죽고 사는 사람이 아니었던 것입니다.

승리를 위해서 명분과 의리가 아니라 간계와 실리를 강조하는 학문이 있습니다. '후흑학(厚黑學)'입니다. 두꺼운 얼굴을 방패로 삼고, 검은 마음을 창으로 삼아 난세에 생존을 도모해야 한다는 것입니다. 이 철학은 청나라 말기 학자 이종오(李宗吾)가 제기한 이래 지금도 대만과 중국에서 인기를 얻고 있습니다. '대장부는 굽히고 펴는 데 능해야 한다'는 중국 속담 역시 상황에 따라 목표의 달성을 위하여 상대방에게 무릎을 꿇거나 굽힐 수도 있고, 때로는 협박할 수도 있는 두꺼운 얼굴과 시커먼 마음을 가져야 한다는 뜻입니다.

厚顔黑心
후안흑심

얼굴은 두꺼울수록 좋다.
마음은 안 보일수록 좋다.

명분! 중요한 덕목입니다. 그러나 이목과 평가에 연연해 중요한 결정을 못 하거나 감성주의에 얽매여 목표에 대한 열정과 용기를 잃어버리고 있는 것은 아닌지 되돌아볼 필요가 있습니다. 자존심이 밥 먹여 주냐며 실리만 강변하는 것도 문제지만 명분에 얽매어 할 일을 하지 못한 것도 문제입니다.

두꺼운 얼굴로 중심을 찾는 사람이 아름답습니다.

厚	顔	黑	心
두꺼울 후	얼굴 안	검을 흑	마음 심

지록위마(指鹿爲馬)

혼란의 전국시대를 마감하고 중국을 통일했던 진(秦)나라의 시황제(始皇帝)가 전국을 순행하던 중 사구(沙丘)에서 갑자기 병사했습니다. 진시황의 유언은 장남이자 태자인 부소(扶蘇)를 불러 장례식을 치르라는 것이었지만, 환관 조고(趙高)는 재상 이사(李斯)와 함께 진시황의 죽음을 숨기고 수도 함양으로 돌아와 유서를 날조해 부소를 자결하게 하고, 후궁 소생인 호해(胡亥)를 황제로 옹립했습니다.

황제가 된 호해는 진시황의 18번째 아들로 애초에 제위 계승과 거리가 멀었습니다. 조고와 이사 덕분에 황제가 된 것이었죠. 그러니 그들이 시키는 대로 할 수밖에 없는 허수아비 황제일 뿐이었습니다. 황제는 그들이 시키는 대로 반란의 싹을 제거한다는 명분 아래 형제들뿐만 아니라 누이들까지 20여 명을 모두 잔혹하게 숙청했고, 선대의 대신들부터 말단 관리들까지 연루시켜 많은 신하들을 숙청해버렸습니다. 그 결과 조정은 텅 비었고, 그 빈자리는 이사마저 숙청하고 스스로 재상이 된 조고의 수하들로 채워졌습니다. 이렇게 되자 조고의 권세는 황제를 넘어서는 지경이 이르고 말았습니다.

그런 어느 날이었습니다. 일인지하만인지상(一人之下 萬人之上)의 위치에서 막강한 권력을 휘두르던 조고가 황제를 모신 조회에 사슴 한 마리를 끌고 들어왔습니다.

"무슨 일로 사슴을 끌고 왔는가?"

황제가 물었습니다. 그러자 조고는 정색해서 고했습니다.

"사슴이라니요? 폐하를 위해 소신이 직접 천리마(千里馬)를 사 왔습니다."

"사슴을 가리켜 말이라 하니[指鹿爲馬] 농담도 심하군."

"농담이 아니라 틀림없이 사슴이 아니라 말이옵니다."

조고는 얼굴색 하나 변하지 않고 뻔뻔하게 말했습니다. 그러자 황제는 고개를 갸웃하며 좌우에 늘어선 대신들에게 시선을 돌렸습니다. 그리고 한 대신에게 물었습니다.

"그대는 저 짐승이 무엇으로 보이는가?"

"소신이 보기에는 말이옵니다."

질문을 받은 대신은 조고의 뜻에 거스리지 않기 위해 당당하게 사슴을 가리켜 말이라고 했습니다. 그에 인정하기 어려웠던 황제는 대신들을 한 사람씩 지목하면서 사슴인지 말인지 의견을 물었습니다.

소신 있는 몇몇이 사슴이라고 대답했지만, 조고의 위세를 업고 지위를 얻은 대신들은 조고의 뜻을 거스릴 수 없어 '말'이라고 대답했습니다. 결국 황제는 고개를 갸웃하면서도 사슴을 말이라고 하는 조고의 주장에 반박하지 못한 채 수긍하고 말았습니다. 그리고 사슴을 사슴이라 대답했던 대신들은 조고에게 죽임을 당했습니다. 그 후로 진나라 조정에는 감히 조고의 말에 반대하는 자가 없게 됐습니다.

안데르센의 동화 중에 '황제의 새 옷'이란 이야기가 있습니다. 우리나라에서는 일본에서 의역한 것이 들어오면서 '벌거벗은 임금님'으로 알려진 이야기입니다. 없는 것을 없다고 말하지 못하는 '황제의 새 옷'과 사슴을 말이라고 해야 하는 '지록위마'의 상황은 힘으로 거짓을 강요하고 힘에 눌려 거짓을 내뱉는 위선이 꼭 닮아 있습니다.

지난해 '바이든-날리면 사태' 후 MBC에 쏟아진 압박이 '지록위마의 현재화'라는 비판의 목소리가 높습니다. 편향적 시사방송을 한다는 이유로 TBS에 대한 지원금을 줄인 것이나 KBS 수신료 분리징수를 추진하는 것도 마찬가지라는 쓴소리도 있습니다. 힘과 돈으로 언론의 입을 막는 것으로 보인다는 것입니다. 사슴을 말이라고 해야 하는 시대를 살고 있는 것은 아니겠지요? 시대

指	鹿	爲	馬
손가락 지	사슴 록	할 위	말 마

완전 재미있는
낱말퀴즈

가로

① 빼앗긴 주권을 도로 찾음
② 뜻밖에 일어난 불행한 일
③ 현재 사회를 이끌어 가는 나이가 든 세대
⑤ 법률을 제정함
⑥ 뜻이 같은 말
⑦ 즐겁게 놀며 장난함

세로

① 상품이나 서비스에 대한 여러 정보를 매체를 통해
   소비자에게 널리 알리는 활동
② 육체적·정신적으로 성인이 되어가는 시기
④ 조선 중후기에 여러 가지 공물을 쌀로 통일하여
   바치게 한 납세제도
⑤ 입학생을 선발하기 위해 입학지원자들에게 치르도록
   하는 시험
⑦ 아무 근거 없이 널리 퍼진 소문

참여방법

문제를 보고 가로세로로 낱말퀴즈를 풀어보세요. 낱말퀴즈의 빈칸을 채운 사진과 함께 <이슈&시사상식> 197호에 대한 감상평을 이메일(issue@sdedu.co.kr)로 보내주세요. 선물이 팡팡 쏟아집니다!
❖ 아래 당첨선물 중 받고 싶으신 도서와 이름, 주소, 전화번호를 함께 남겨주세요.

〈이슈&시사상식〉 6월호 정답

		⁷대	중	문	화
		자			
¹호	국	보	훈		
기					
²심	미	³안			
		⁴중	간	광	⁵고
		근		⁶전	기

참여해주신 모든 분들께
감사드립니다.
당첨되신 분께는
개별적으로 연락드립니다.

당첨선물 ·

정답을 맞힌 독자분들 중 가장 인상적인 감상평을 남기신 분께는
〈발칙하고 유쾌한 별별 지식백과〉, 〈소워니놀이터의 띠부띠부 직업놀이〉, 〈지금 내게 필요한 멜로디〉, 〈미국에서 기죽지 않는 쓸만한 영어 : 일상생활 필수 생존회화〉 등 푸짐한 선물을 드립니다!
❖ 참여하실 때는 반드시 희망 도서를 하나 골라 기입해주세요.

최신이슈 파악하기

 이*희(당진시 송악읍)

필기시험을 대비하기 위해 챙겨보고 있는 〈이슈&시사상식〉은 최신이슈의 현황이 잘 정리되어 있어 분야별 주요 이슈와 시사를 파악하기에 좋은 책이다. 상식시험 대비에 도움되는 필수 시사상식이나 취업과 관련된 정보를 제공하는 취업 실전문제, 다양한 주제의 이야기를 다룬 상식 더하기 등 여러 파트가 있지만, 특히 개인적으로는 맨 앞부분에 배치된 HOT ISSUE 파트가 가장 도움이 된다고 느꼈다. 이 책의 메인 파트인 만큼 주제별로 핵심용어가 함께 수록되어 있고, 꼭 알아둬야 하는 내용이 형광펜으로 표시돼 있어 중요한 부분을 중점적으로 살펴볼 수 있다.

취업준비생을 위한 도서

 임*진(김포시 풍무동)

정기간행지로 출간되고 있는 〈이슈&시사상식〉은 꼭 알아야 할 이슈들을 이해하기 쉽게 설명해주어 내용을 파악하는 데 도움이 된다. 매 호 새로운 이슈와 취업 관련 소식들이 수록되는 만큼 취업준비를 하면서 챙겨보지 않으면 안 된다는 생각이 든다. 이달의 이슈와 간추린 뉴스, 찬반토론을 통해 주요 시사를 파악하고, 필수 시사상식과 취업 실전문제 파트에 수록된 문제와 다양한 취업정보 및 면접·논술 모범답안을 참고해 실전에 대비할 수 있다. 얕은 주제부터 심오한 주제까지 다루고 있고, 평소에 찾아보지 않았던 분야도 살펴볼 수 있어서 유익한 책이다.

논술·면접 준비에 유용하게!

 이*정(서울시 마포구)

〈이슈&시사상식〉은 분야별 주요 이슈와 취준생들에게 도움이 되는 정보를 전달해주는 정기간행 잡지다. 특히 면접이나 논술시험을 준비할 때 참고하기 좋은 코너들이 있어서 여러모로 유용하게 활용하고 있다. 찬반토론에는 각 주제별로 논란이 된 이유와 찬반의 근거가 제시돼 있고, 답변의 기술에는 면접에서 나올 수 있는 대표 질문들과 함께 적절한 예시답변이 소개되어 있다. 또 레벨업 논술에는 최근 쟁점이 된 주제를 두고 두 가지 관점의 모범답안 및 답안 분석 내용이 수록되어 있다. 이를 통해 내 생각과 예시답안을 비교하면서 실전준비를 할 수 있어 좋다.

상식공부의 재미를 느끼다

 김*진(성남시 수정구)

흔히 일반상식과 시사 공부를 한다고 하면 '재미없겠다'고 생각하는 사람이 많은 것 같다. 경제나 과학처럼 어느 정도 전문지식이 필요한 분야는 이해하기 어려운 내용이 많고, 사회나 정치처럼 생활과 밀접하게 연관된 분야에서도 평소 잘 알지 못했던 키워드가 종종 등장하기 때문이다. 하지만 〈이슈&시사상식〉은 시사를 어렵고 재미없다고 느끼는 사람들도 쉽게 이해할 수 있도록 주요 이슈에 대한 내용이 잘 정리되어 있고, 시사용어도 자세하게 설명해준다. 또 지식 교양을 함양할 수 있는 코너들도 함께 수록되어 있어서 입문자들도 부담 없이 읽어볼 수 있다.

독자 여러분 함께해요!

〈이슈&시사상식〉은 독자 여러분의 리뷰를 기다리고 있습니다.
분야·주제 모두 묻지도 따지지도 않습니다. 보내주신 리뷰 중 채택된
리뷰는 다음 호에 수록됩니다.

참여방법 ▶ 이메일 issue@sdedu.co.kr
당첨선물 ▶ 정답을 맞힌 독자분들 중 가장 인상적인 감상평을 남기신 분께는 〈발칙하고 유쾌한 별별 지식백과〉, 〈소워니놀이터의 띠부띠부 직업놀이〉, 〈지금 내게 필요한 멜로디〉, 〈미국에서 기죽지 않는 쓸만한 영어 : 일상생활 필수 생존회화〉 등 푸짐한 선물을 드립니다!

❖ 참여하실 때는 반드시 희망 도서를 하나 골라 기입해주세요.

나눔시대

함께 배우고 성장하는 배움터! (주)시대고시기획 시대교육(주) 입니다.
앞으로도 희망을 나누는 기업으로서 더 큰 나눔을 실천하겠습니다.
나눔은 행복입니다.

다문화학생 지원
도서기증식

일시: 2016. 4. 14.(목) 14:00   장소: 경인교육대학교 경기캠퍼스 행정관

다문화학생 지원
도 서 기 증

재외동포재단, 경인교육대학교
한국어능력시험 관련 **교재 기증**

조국통일의 선봉

제 1군단
장병 1인 1자격
도서 2,000권 기증

장병 1인 1자격,
학점 취득 지원

전국 야학 지원
청소년, 어린이 장학금 지원

> **❝ 숨은 독자를 찾아라! ❞**

〈이슈&시사상식〉을 함께 나누세요.

대학 후배들이 하루의 대부분을 보내고 있을
동아리 사무실에 〈이슈&시사상식〉을 선물하고
싶다는 선배의 사연

마을 도서관에 시사잡지가 비치된다면 그동안
아이들과 주부들이 주로 찾던 도서관을
온 가족이 함께 이용하게 될 것으로
기대한다는 희망까지…

2022 01 **이슈&시사상식**
🔊 오디오북, 무료동영상

Hot Issue

시험에 나오는 취업문제

〈이슈&시사상식〉, 전국 도서관
및 희망자 나눔 기증

양서가 주는 감동은 나눌수록 더욱 커집니다. 저희 〈이슈&시사상식〉도 힘을 보태겠습니다.
기증 신청 및 추천 사연을 보내주세요. 사연 심사 후 희망 기증처로 선정된 곳에 1년간 〈이슈&시사상식〉을 무료로 보내드립니다.

* 보내주실 곳 : 이메일(issue@sdedu.co.kr)
* 희망 기증처 최종 선정은 2023 나눔시대 선정위원이 맡게 됩니다. 선정 여부는 개별적으로 알려드립니다.

SD에듀
(주)시대고시기획

맞춤형
핏 모의고사

합격시대 맞춤형 온라인 테스트
www.sdedu.co.kr/pass_sidae_new

핏모의고사
(30개 무료 쿠폰)

※ 합격시대 맞춤형 온라인 테스트는 모든 대기업 적성검사 및 공기업 · 금융권 NCS 필기시험에 응시 가능합니다.

※ 무료쿠폰으로 "핏모의고사 (내가 만드는 나만의 모의고사)" 문제 30개를 구매할 수 있으며(마이페이지 확인), "기업모의고사"는 별도의 구매가 필요합니다.

합격시대 맞춤형 온라인 테스트 · @ www.sdedu.co.kr/pass_sidae_new · 📞 1600-3600 평일 9시~18시 (토 · 공휴일 휴무)

 시대로

이제 AI가 사람을 채용하는 시대

1회 사용 무료쿠폰

모바일 AI면접 캠이 없어도 OK	준비하고 연습해서 실제 면접처럼~	다양한 게임으로 실전 완벽 대비	AI가 분석하는 면접 평가서

실제 'AI 면접'에 가장 가까운 체험	동영상으로 보는 셀프 모니터링	단계별 질문 및 AI 게임 트레이닝	면접별 분석 및 피드백 제공

※ 쿠폰 '등록' 이후에는 6개월 이내에 사용해야 합니다.

※ 윈시대로는 PC/모바일웹에서 가능합니다.

"**합격**" 보장! 각종 '시험' 합격 대비 도서

각 분야의 1등 강사진과 집필! 공무원 시험부터 NCS 및 각종 기업체 취업 시험, 중졸/고졸 검정고시와 같은 학습 관련 시험 및 매경테스트, 그리고 IT 관련 시험 및 TOPIK, G-TELP, ITT 등의 어학 시험 등 각종 시험에서의 '합격'을 보장하는 도서!

9급 공무원

경찰공무원

군무원

PSAT

지텔프(G-TELP)

NCS 기출문제

SOC 공기업

대기업 · 공기업 고졸채용

ROTC 학사장교

육군 부사관

한국사능력검정시험

영재성 검사

일본어 한자

토픽(TOPIK)

영어회화

엑셀